福建省哲学社会科学规划项目成果（项目编号：FJ2021B027）

黄益军 ◎ 著

非遗产业数字化转型研究

中国财经出版传媒集团

经济科学出版社

Economic Science Press

·北 京·

图书在版编目（CIP）数据

非遗产业数字化转型研究／黄益军著 . -- 北京 ：
经济科学出版社，2025. 1. -- ISBN 978 - 7 - 5218 - 6546 - 2

Ⅰ. G114 - 39

中国国家版本馆 CIP 数据核字第 2024AA3728 号

责任编辑：周国强
责任校对：孙　晨
责任印制：张佳裕

非遗产业数字化转型研究
FEIYI CHANYE SHUZIHUA ZHUANXING YANJIU
黄益军　著

经济科学出版社出版、发行　新华书店经销
社址：北京市海淀区阜成路甲 28 号　邮编：100142
总编部电话：010 - 88191217　发行部电话：010 - 88191522
网址：www. esp. com. cn
电子邮箱：esp@ esp. com. cn
天猫网店：经济科学出版社旗舰店
网址：http：//jjkxcbs. tmall. com
固安华明印业有限公司印装
710 × 1000　16 开　19. 75 印张　300000 字
2025 年 1 月第 1 版　2025 年 1 月第 1 次印刷
ISBN 978 - 7 - 5218 - 6546 - 2　定价：118. 00 元
（图书出现印装问题，本社负责调换。电话：010 - 88191545）
（版权所有　侵权必究　打击盗版　举报热线：010 - 88191661
QQ：2242791300　营销中心电话：010 - 88191537
电子邮箱：dbts@ esp. com. cn）

序　言

　　非遗的商品化或产品化开发利用一直以来都存在争议，本书认为，既然现实中存在规模化的非遗产品或服务供给，那么非遗产业的概念和外延也是可以明确的。数字经济浪潮下，非遗产业主体也面临利用数字技术手段和方式提高非遗产品和服务的有效性、可持续性和创新性，进而促进非遗产业转型升级的需求。本书在非遗数字化理论文献和产业实践梳理基础上，系统阐述非遗产业数字化转型的现状、环境、驱动因素、模式路径、政策建议等重要问题，并探讨了非遗产业数字化转型的风险，最后以福建非遗产业为例进行案例分析。

　　全书共分十章：第一章提出非遗产业数字化转型的概念，归纳其双轨并行、复杂多元、跨界融合、资源与技术错配等若干特征，并从新动能、新市场、新主体等方面阐述非遗产业数字化转型的重要意义。第二章对非遗产业数字化转型涉及的价值转移、业态创新、虚拟价值链、产业数字化等理论进行了介绍，并综述文化产业数字化转型、非遗产业、非遗数字化等相关研究文献。第三章借鉴联合国教科文组织提出的创造、生产、传播、展览/接受/传递、消费/参与五个阶段的文化周期框架，重点梳理了不同产业及技术视角下的非遗数字化发展现状。第四章探讨非遗产业数字化转型的政策、经济、社会和技术环境，并对非遗产业数字化转型的优势、劣势、机遇和挑战进行分析。第五章分析非遗产业数字化转型的驱动因素，包括产业技术进步和传承人理念更新的内生动力，以及产业政策导向和消费需求升级的外生动力。

第六章基于转型范围和战略定位两个维度，将非遗产业数字化转型模式划分为技术主导的技术改进型和技术外包型、客户主导的客户驱动型和创新主体并购型、生态主导的自主创新型和产业链协同型六种模式，并结合具体案例展开阐述。第七章提出非遗产业数字化转型若干创新路径，包括建构非遗产业数字化动态能力、打造非遗虚拟价值链、强化非遗数字业态创新、拓展非遗数字商业模式、推进非遗跨界融合、加强非遗数字营销等。第八章从治理能力、政策规制、人才培育、载体建设、专业服务等方面提出非遗产业数字化转型政策建议，包括提升非遗数字产业治理水平、加强非遗数字产业行政指导、构建非遗数字产业人才体系、打造非遗数字产业平台、提高非遗数字产业转型效率等。第九章分析非遗产业数字化转型可能面临的文化缺失、数字版权侵权盗版、数字信息安全等风险，并提出应对措施。第十章选择福建省域的惠安石雕、片仔癀、沙县小吃和梨园戏四个典型案例，在分析其数字化转型实践探索过程及存在问题基础上，针对性提出数字化转型的路径建议。

本书具有如下特点：第一，聚焦产业数字化转型视角研究非遗。已有非遗产业方面的研究多数立足资源本身，探讨非遗利用的价值、现状、原因、对策等，数字化转型机制和机理研究较少。而非遗数字化方面的研究则较为分散，涉及非遗数字化保护、传播、应用、风险等，缺乏产业视角的系统探讨。产业数字化转型不仅为学术界提供了非遗新的交叉研究视角，也对非遗产业主体在数字经济浪潮下"为何转型""怎么转型"具有理论借鉴意义。第二，系统阐述非遗产业数字化转型机理和路径。本书试图厘清非遗产业数字化转型的发展现状、面临形势、驱动要素、转型模式，并据此提出非遗产业数字化转型的创新路径和政策建议，对数字经济背景下非遗产品设计开发、管理、营销和非遗产业链延伸等具有一定现实意义。第三，剖析非遗产业数字化转型的福建案例。选择数字经济基础良好、非遗资源密集的福建地区作为个案，借助代表性非遗产业案例的实地调研和资料整理，可以成为一个具有研究可能和研究价值的特定样本，为其他地区更好开展非遗产业数字化转型提供借鉴。囿于笔者研究水平和研究条件，本书也存在如下不足：一是本书虽然也引用了部分国外参考文献，但整体还是以国内研究文献和研究案例为主，在非遗产业数字化转型的国际比较方面有待提升；二是鉴于非遗数字化理论研究较为分散，非遗产业又兼具社会效益和经济效益，本书的部分术语表述不够统一，部分案例选择的逻辑自洽性也有待加强。

本书是福建省哲学社会科学规划项目"数字经济背景下福建非遗产业数字化转型机理和路径研究"（编号：FJ2021B027）的资助成果，在写作过程中得到泉州师范学院商学院院系领导的大力支持，学院艺术管理专业研究生贺盈琪、杨思等参与了部分案例的搜集和整理工作，也十分感谢经济科学出版社在出版过程中的支持和帮助。

目　录

第一章
非遗产业数字化转型概述

本章提出非遗产业数字化转型的概念，归纳其双轨并行、复杂多元、跨界融合、资源与技术错配等若干特征，并从新动能、新市场、新主体等方面阐述非遗产业数字化转型的重要意义，明晰本书的研究对象和研究边界。

第一节　非遗产业数字化转型概念

一、非遗产业

非遗作为一种文化资源，其与非遗产品、非遗产业并不能简单等同，有些非遗资源本身可供直接消费，有些非遗资源则必须通过产品化或产业化的过程方可供人们消费。刘宇和张礼敏（2012）认为非遗项目或其物质载体具有商品属性，是参与市场竞争的"商品"，具备与现代文化创意产业接轨的先天属性优势。以非遗资源作为基础，经过非遗传承人或企业等生产主体利用传统或现代技艺进行设计、创新与生产，能够形成满足消费者审美、精神愉悦、文化体验、功能性等方面需求，并可供使用和消费的产品或服务。规模化的非遗产品或服务供给构成非遗产业。非遗产业可以界定为：以提供非遗产品创作、流通、消费及服务为主要活动的市场主体、单位机构及其活动与环境的集合（西沐，2019：96）。

文化产业本质上是一种商业经营模式和形态，其与非遗的融合，往往更注重它的使用价值，而不在于它的存在价值。因此，非遗资源产业化运作过程中会受到企业追逐利润本质的影响。此外，非遗资源又具有作为民族文化组成部分的准公共品性质，过度开发和利用会造成非遗异化、衰减，甚至断裂、消亡，这又与文化遗产保护的初衷背道而驰。因此，学术界对非遗资源的产品化、产业化利用并未形成一致意见。王志平（2013）通过定量评价，将非遗资源分为保护项（濒危类）、可适当利用项（衰退类）、可规模开发项（产业开发类）三类，为区分哪些非遗资源适合进行规模产业开发，哪些只适合保护和适当利用而不可规模开发提供了实证参考。借鉴该分类，本书所指向的非遗产业主要涉及可规模开发类。典型的非遗产业如非遗工艺品产业、非遗美术产业、非遗医药产业、非遗餐饮产业、非遗服饰产业、非遗视听产业、非遗电商产业等。据《中国非遗及其产业发展年度研究报告（2018—2019）》统计，2018年中国非遗产业规模保守估计为1.4万亿元（西沐，2019：107）。

二、产业数字化转型

自20世纪50年代开始的信息通信系统的数字革命，带来数十亿人通过移动设备连接在一起的可能性，再加上前所未有的数据处理和存储能力以及通过智能机器获取知识的能力，为企业家和创新型管理者创造了巨大的机会。比尔克达尔（Bjrkdahl，2020）将数字化视为数据的迭增、分析和使用，强调其提高公司内部效率和增加客户价值的作用。企业从战略和优先层面依托数字技术对商业活动、流程、能力和模式进行加速变革即为数字化转型（Demirkan，Spohrer & Welser，2016）。沃纳和韦格（Warner & Wäger，2019）将数字化转型定义为使用移动互联网、人工智能、云计算、区块链和物联网等数字技术以实现重大业务改进，进而构建更新或取代组织的商业模式、协作方法和文化的能力的过程。利用数字技术进步开展数字化转型会引发个体、组织、产业等多个层面的变革，数字技术既能直接作用于产业网链组织的变革和创新，也能间接通过企业成长、技术和制度创新、产业环境改善等路径推动产业生态整体优化。产业数字化转型指通过充分利用现代信息通信技术、大数据、信息物理系统等数字技术和手段促进产业与技术相结合，推动产业向智能化转型（余东华、李云汉，2021）。可以看出，学者对产业数字化转型着重强调两点：一是数字理念、技术、手段、方式方法的运用；二是数字化促进产业的转型升级，即产业向高级化和智能化转变。

三、非遗产业数字化转型

数字化和社会化技术可以被用来探索、协商和反思非遗的连续性和动态性（Stuedahl & Mörtberg，2012）。贾卡尔迪和帕连（Giaccardi & Palen，2008）也认为通过跨媒介互动，信息和通信技术正在开辟体验和思考遗产的新方式。目前，学术界并未明确提出非遗产业数字化转型的针对性定义，但部分学者提出了一些关联概念。黄永林和谈国新（2012）提出数字化虚拟非遗即以关键的虚拟现实技术为主对非遗进行数字重建，并强调相应的高性能硬件设备是其产业化的重要条件。王钦（2020）将非遗数字化传承定义为通过数字手段对非遗进行整理、归类、记录、编辑、管理和再现，开展多元化、多层次、全方位的动态性传承保护。基于上述相关定义，本书将非遗产业数字化转型界定为：非遗产业主体利用数字技术手段和方式提高非遗产品和服务的有效性、可持续性和创新性，进而促进非遗产业转型升级的过程。

第二节　非遗产业数字化转型特征

一、非遗产业数字化转型呈现双轨并行格局

有学者指出，文化产业的数字化大体沿着两条路径发展，即基于"数字

化+"的新型数字文化产业，以及传统文化产业的"+数字化"（左惠，
2020）。多样化的非遗资源催生了众多子产业，并且产业组织规模和性质不
同，因此数字化程度呈现差异化态势，数字技术应用在不同的价值链环节，
实现了不同程度的增值，使得非遗产业的数字化也呈现双轨并行的发展格局。
一方面，以满足人们精神需求为主的非遗产品和服务，其供给较多以纯数字
的形态呈现，依托数字技术和互联网架构，其整个产业价值链的形成和增值
过程均通过在线或云端完成，如非遗云展览和云直播、非遗数字藏品、非遗
短视频、非遗数字游戏等。另一方面，以满足人们功能需求为主的非遗产品
和服务，其供给兼具实体形式和数字形式，产业价值链的形成和增值过程以
线上加线下的混合模式进行，如非遗工艺品、非遗医药、非遗餐饮、非遗电
商等。

二、非遗产业数字化转型具有复杂多元性

数字技术与文化产业的深度融合促使文化产业向立体多维的网络化、生
态化方向转变（杨秀云、李敏和李扬子，2021），激发了文化产业长尾经济
的发展（严若谷，2021），使非遗市场利益相关主体呈现传承人、文化企业、
政府、社会组织、社区、媒体等协同集聚的情况。在非遗产业化实践中，产
业链上不同身份参与者的价值判断和价值取向，催生了不同产业主体之间复
杂的权力关系，如传承人和社区关注遗产满足自我生活与生产的需求；商业
群体追求非遗的市场效用和交换价值；政府以文化多样性和文化遗产保护传
承为宗旨；专家学者、媒体、民间社团等主要起到社会监督、为非遗发展和
文化传播献计献策的作用；消费者希望通过产品和服务获得高质量的非遗体
验（见表1.1）。即使在同一主体内，如传承人之间也会存在年龄、理念、数
字伦理等代沟。不同产权主体和利益相关者责、权、利的相互作用，导致非
遗产权的分散化、非遗利益相关者的多元化和非遗利益分配的复杂化（刘
利，2022），使非遗产业的数字化转型呈现复杂多元的特点。

表 1.1　　　　非遗产业化中各利益主体的价值提供和利益诉求

利益主体	价值提供	利益诉求
传承人	拥有非遗核心技艺，传播非遗文化	首要利益诉求是基本的生存，在此基础上保护、传承非遗，实现个人价值
政府	拥有超越经济利益的调控能力，能够将保护放在开发利用之上，为非遗保护和传承提供政策支持	推动非遗保护与经济发展融合，促进非遗合理利用
企业	有资金和实力将非遗转化为文化资源并进行市场化运作	追求自身经济利益最大化，社会责任较强的企业会追求经济利益和社会利益统一
消费者	非遗产品的需求方和最终检验者	非遗体验的质量和满意度
专家学者	为制定非遗政策和实施非遗保护提供研究成果，为非遗市场开发提供智力支持	通过田野调查获得第一手非遗材料，推动非遗研究与实践
社区	非遗保护传承的土壤和非遗可持续发展的依托	改善生活质量，维护当地文化，提高经济收入
媒体	通过传媒组织和工具开展宣传，提升民众文化自信	完成传播非遗工作，承担文化传承责任
民间社团	通过专业化的成员或团体传承非遗，弥补政府保护行为的不足	获得社团成长和壮大所需的资源，并得到社会关注和重视

资料来源：吴兴帜和彭博（2020）、石美玉（2022）。

三、非遗产业数字化转型体现跨界融合特点

一方面，数据比其他生产要素更具深度和广度的融合能力，具有增加生产要素获取、减少交易成本等优势。另一方面，数字技术能够促进供给主体打破传统边界，促进企业之间的数据共享，建立产业链上下游企业以及跨行业的企业之间的合作，推动产业之间跨界融合（肖旭、戚聿东，2019）。数字经济背景下，跨界融合是非遗产业提升产品和服务价值、获取竞争优势的有效途径。目前，越来越多的非遗手工艺、医药、餐饮、服饰等企业打通原料采购、物流配送、生产加工、批发零售等业务流程数据通道，通过数据助力企业改善业务流程，提升资源配置效率，同时将非遗元素与不同的品牌符号相互渗透、交叉，帮助企业获得品牌资产绩效、创新绩效和成本绩效，加

快产业链数字化进程，利用数据驱动全产业链和全供应链的互联互通，进而推动跨产业和跨区域的产业协同（杜庆昊，2021）。

四、非遗产业数字化转型存在资源与技术错配

数字化在为公众日常交流和终端消费提供便捷的同时，无形中也扩大了区域、群体和城乡之间的数字鸿沟，带来文化数字产品生产空间差异性大、消费空间覆盖面小等不足（刘倩、王秀伟，2022）。从宏观角度看，区域的非遗资源丰度、数字经济水平、文化产业发展不均衡的问题仍然突出。一方面，中西部多民族地区往往也是非遗资源的富集区，但其网络基础设施建设、工业互联网普及率和文创产业发展程度与东部沿海地区具有较大差距。另一方面，很多非遗资源分布在农村和较为落后地区，互联网发展程度有限，存在城乡非遗产业发展的数字鸿沟。从微观角度看，年纪偏大的老一辈传承人掌握着熟练的非遗技艺和技能，但很多不会使用数字工具或较少接触网络，年轻传承人生活于互联网时代，对各种数字技术的应用并不陌生，但接触非遗的时间一般比较短，对其文化内涵的理解和各项技能的掌握程度均不及老年群体。即使是那些能够利用一定数字技术的传承人，在视频审美与制作、粉丝社区运营、平台参与和运营、数字产品创意及商业变现等数字运营管理素养方面也有很大差距。因此，在非遗产业宏观层面存在较为明显的区域、城乡数字鸿沟，微观主体上也存在一定程度的文化资本和数字技能错配的现象，在客观上阻碍了非遗产业的数字化转型。

第三节　非遗产业数字化转型的重要意义

一、数字化转型为非遗产业提供发展新动能

首先，数字化为非遗内涵的彰显、体验、传播和创新转化提供强有力的

技术支撑。传统非遗展示以文字、图片、音频为主要形式，借助短视频、虚拟现实（VR）、人工智能（AI）等科技手段，非遗及相关产品可以通过线上展播、直播互动、话题讨论等方式，以及以互联网、手机、可穿戴设备为代表的新型媒介载体送达更多人群，极大扩展了非遗的受众接受面和文化影响力。

其次，数字化有利于促进非遗产品类型多元化，更好融入现代智能社会。借助网络渠道，非遗传承人可以通过直播带货开通新的销售渠道，通过社交媒体联通文创设计师和企业协同合作创新。"数字藏品""元宇宙"等拓展了非遗内容 IP(intellectual property，知识产权）的衍生形式，不仅提升了非遗内容本身所具有的吸引力，还丰富了非遗产品的售卖和提供方式。

最后，数字化有利于推动非遗产业的经济、社会和文化价值实现线下线上互融共通，重塑非遗文旅产业的产业链与价值链。如中国妇女发展基金会"天才妈妈"公益项目收集并系统化整理了包括蜡染、黎锦、皮雕、刺绣等多项非遗技艺及传统纹样，通过对经典纹样进行标签化处理和录入索引库，为设计师进行产品二次创作带来更多便捷。文旅融合背景下，旅游活动是能最广泛接触非遗并加以记录和传播的休闲娱乐活动，而数字新媒体为非遗提供了个性化、便利化、低成本的传播平台（曹星，2015），非遗借助新媒体与旅游的联动已经成为一种共享双赢的产业现象。

二、数字化转型为非遗产业开拓消费新市场

首先，社交网络和电商平台的兴起，拓展了非遗及相关产品的数字化传播和交易平台。借助互联网资源和技术，各类社交网络和电商平台通过有效整合各地区非遗资源，突破非遗信息传播和交流的时空限制，创新了非遗产品和服务的供需方式，创造了巨大的社会和经济效益。根据中国社会科学院舆情实验室、《中国旅游报》联合阿里巴巴发布的《2021 非遗电商发展报告》，淘宝天猫平台非遗店铺数量增长迅速，截至 2021 年 6 月已超过 35000家，且空间分布快速向二线和一线城市聚集，二线城市超越三线及以下城市成

为淘宝非遗店铺数量集中的区域，一线城市的淘宝非遗店铺数量增速为42%。①

其次，非遗传承人和文化企业的网络直播，精准切入潜在非遗爱好者市场。利用互联网平台和直播去中介化的优势，传承人和文化企业可以直接与消费者双向沟通，推介非遗产品及其文化内涵，同时通过网络传播无远弗届的手段，使过去分散和碎片化分布的非遗产品触达更大范围的消费群体，实现非遗产品的精准营销。根据《2021非遗电商发展报告》，淘宝非遗店铺的直播场次不断增加，与2018年相比，2020年新开通淘宝直播的非遗店铺数量增长了32%，开通淘宝直播的非遗店铺数量增长了115%，总体直播场次达380万场，其中商家直播场次占八成，有力推动了非遗复兴。

最后，大数据、VR、AR与智能交互等技术能够打造出一个真实感极强的虚拟世界，不断创新非遗产品和服务形式。大数据能够促进非遗内容的可视化，实现实体场景与虚拟成像的完美结合，提升非遗产品表现力，并通过数据迭代积累，方便用户认知和体验更多非遗信息知识。相较传统的信息展示方法，VR和AR可以在不损坏现有资源的基础上对非遗信息资源进行组织、修复和整合，能够对真实场景进行3D化的模拟设置，使其更加立体、具象、直接地呈现在用户周围（程秀峰、张小龙和翟姗姗，2019）。虚拟智能交互提高了用户的参与度，优化了非遗消费用户体验，增强了用户的感知力、理解力和认同感。

三、数字化转型为非遗产业培育业态新主体

首先，网络短视频、电商、数字文化服务等平台为非遗传承人提供了商业和管理教育、产业和品牌等资源，激发了非遗市场主体活力和消费主体潜力。数字经济时代下平台与传承人可以借助网络技术的进步，建立起有效的双向互动，在特定场景中实现非遗传承过程的智能化，从而形成互为反馈的传承人才培养网络。目前，已有不少网络平台注意到传承人的文化价值和市

① 刘志明，等.2021非物质文化遗产电商发展报告［N］.中国旅游报，2021－09－28（3）.

场价值，如抖音开展"非遗合伙人计划""看见手艺计划"，快手推出"非遗带头人计划"，天猫推进老字号拓新计划等，这些平台均借助庞大流量优势和科技力量加持，从品牌营销、消费者运营、新品研发等方面赋能更多传承人，助力非遗项目和非遗老字号复兴。

其次，数字技术和工具在加速非遗资源整合、提升信息获取便利性、加速人力资本积累、降低物质资本门槛等方面提升了非遗创新创业的可行性。非遗资源的智能化传播和数字化赋权有助于提高非遗数字档案的处理效率，压缩传承人对数字技术认知的差距（牛金梁，2020）。便捷的移动互联网和数字应用终端，使信息获取更为便利，成本也更低，有助于边缘化传承人和潜在创业者完成传承资格和能力积累，进而做出非遗创新创业决策。数字技术的运用，尤其是电商平台的快速发展，使得创业门槛不断降低，有利于低物质资本的传承人或群体从事非遗创业行为。

最后，非遗数字创新创业成功案例带来的"滚雪球"效应，不断吸引资本、信息、创业群体向非遗数字产业领域集聚。平台经济和"粉丝效应"为非遗发展带来了新的机遇，传承人在各类数字平台上通过优质内容输出，能够以广告、直播、流量分成、商品或演出销售等多种商业变现方式获得经济收入，从而激发传承人的能动性（袁梦倩，2021）。不少传统非遗借助网络平台实现"新生"，激活非遗的经济属性和产业价值，如紫砂茶壶、生丝刺绣、"乔师傅皮雕包"等上榜抖音最受欢迎的非遗产品榜单，泸州老窖、荣宝斋、海天、张一元、五芳斋等老字号销量增长可观。根据《2021非遗电商发展报告》，阿里、淘宝、天猫等平台上的老字号企业成交额从2015年的112亿元增至2020年的467亿元，平均年增长率达52.8%。非遗产品销售渠道的拓宽吸引了不少年轻创新创业群体投身其中，日益年轻的非遗店铺店主和企业经营者通过理念现代化、营销直播化、产品时尚化等方式，正在改变电商和社交平台的产业生态，而获得的正向反馈反过来进一步增强其职业自尊和信心，维持和强化了职业认同感。

第二章

理论基础与文献综述

本章对非遗产业数字化转型涉及的价值转移、业态创新、虚拟价值链、产业数字化等理论进行介绍，并综述文化产业数字化转型、非遗产业、非遗数字化等相关研究文献，为后续章节提供理论支撑。

第一节 理 论 基 础

一、价值转移理论

（一）价值转移定义

斯莱沃茨基（1998：4）认为企业的经营策略一般相对固定，而市场上消费者的需求偏好则瞬息可变，两者在适应机制不对称时就会导致企业市场价值发生转移。价值转移中的价值指利润收益或市场价值，转移即其在企业内部不同部门或企业之间甚至行业之间的动态过程（刁兆峰、高恒，2009）。胡晓鹏（2004）将价值转移内涵归纳为三个方面：（1）价值垂直转移，即价值流在企业产品系统模块之间或部门之间产生转移。（2）价值水平转移，即价值流在不同企业的产品或部门之间进行转移。（3）价值混合转移，即价值的垂直转移与水平转移同时发生。

（二）价值转移阶段

价值转移通常有三个阶段：价值流入、价值稳定和价值流出（见图2.1）。在流入阶段，企业经营策略顺应消费者新的需求偏好，因而在市场中极具竞争优势。在稳定阶段，企业的经营模式已经能够很好适应消费者的需求偏好。此时尽管竞争者日益增多，但总的来看大多数企业都有利可图。但是，企业经营策略的独特性日益遭到侵蚀，许多竞争者如法炮制，建立起类似的经营策略，生产着相似的产品。在流出阶段，更有效满足消费者需求的企业成为新的价值转移洼地。由于无法满足消费者最重要的需求偏好，企业常常只有采取降价措施以图维持原有的市场份额，企业利润及市场在这一阶段将承受巨大的冲击。王文倩、肖朔晨和丁焰（2020）基于价值共创与价值转移，将企业数字化转型策略划分为用户需求驱动的双赢模式、员工赋能和用户赋能双重驱动模式、基于用户需求的全面化数字赋能模式三个阶段。

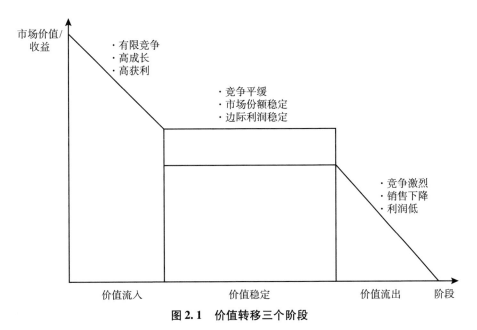

图 2.1 价值转移三个阶段

资料来源：斯莱沃茨基（1998：7）。

（三）价值转移影响因素

价值转移的根源是产业技术和消费需求（李显君，2003）。王文倩、金永生和崔航（2019）归纳了数字经济驱动产业价值转移的共同因素（客户需求、商业模式和技术创新）及独特诱因（数据资源、共享平台和跨界融合）。王建磊（2020）以网络视听行业为例，认为新的用户结构和需求变动是形成价值转移的根本动力，而政策面指向决定了视听产业的最大边界。

（四）价值转移模式

价值转移的分析流程包括以下步骤：（1）明晰顾客偏好的变化。（2）识别竞争对手。（3）新旧经营策略对比分析。（4）创建新型经营策略以赢得价值增长。在此基础上，斯莱沃茨基（1998：107）提出价值转移的七种模式，即：从一体化向多维转移、向不盈利的行业转移、创新价值转移、多种方式的价值转移、从一体化向专业化转移、从传统销售转向低成本分销、从传统销售转向高位经营。

综上所述，价值转移以企业市场价值或收益为衡量标的，以消费需求和技术进步为驱动要素。价值转移根据企业规模与类型的不同，其模式不一，强调核心竞争优势的形成与保持。

二、业态创新理论

（一）业态创新定义

业态原意指流通业尤其是零售业的经营形态，后来逐渐延伸为包含企业或产业生态的多维概念。名词意义上的业态创新强调结果，指具备创新理念或形式的行业生产、经营、销售、服务和管理形态（李凤亮、宗祖盼，2017）。动词意义上的业态创新强调过程，侧重业态发展中的资源配置优化、商业模式运作、价值链重构等的创新过程（徐运保、曾贵，2018）。

（二）业态创新模式

基于对资本、内容、组织等资源整合利用侧重点的不同，邓向阳和荆亚萍（2015）将文化产业新业态的模式归纳为商业运作、组织管理、表征呈现、内容创意、资本运作等五种。商业运作模式基于产业链的延伸和融合，资本运作模式通过多元化投融资的资本运作方式开展，组织管理模式强调对文化生产和资源组织管理方式的变革、调整和创新，表征呈现模式借助新技术对传统文化业态进行多渠道和多元化的呈现，内容创意模式突出差异化的运作，是文化产业业态创新的核心模式。

（三）业态创新路径

业态创新不仅体现为企业内部营业、经营形态的演变和创新，还体现为企业与其他利益相关者之间"生态圈"的不断竞合和演化。雷瑾亮、王海花和王延峰（2013）提出整合企业内要素和协同企业间要素，结合价值创造流程创建企业开放式创新生态网络，通过企业自主创新和开放式协同创新撬动产业形态变革和产业结构升级，以及明确生态位，在产业共生中形成产业生态系统等业态创新路径。

非遗产业数字化转型的重要表征即涌现出具备数字技术和数字消费特征的各类新业态。业态创新的内涵、模式和路径反映了数字经济背景下产业主体对经营形态的探索，为非遗产品和服务的数字化创新提供了理论借鉴。

三、虚拟价值链理论

（一）虚拟价值链提出

拉波特和斯维克拉（Rayport & Sviokla，1995）指出企业在物质世界和虚拟世界创造价值的过程有所不同，通过引入虚拟价值链，他们扩展了将信息视为增值辅助元素的传统价值链模型。虚拟价值链的增值步骤立足信息并与信息一起运行，在虚拟价值链的任何阶段创造价值都包括五个活动：收集、组织、选择、合成和分发信息，构成一个价值矩阵（见图 2.2）。首先，企业获取的信息可以用于提高实体价值链各个阶段的性能，并在整个价值链之间进行协调。其次，还可以对信息进行分析和重新打包，以构建基于内容的产品或创建新的业务线。最后，企业可以利用信息接触到其他企业的客户或业务，从而重构行业的价值体系，其结果可能是传统行业部门的界限消失（Cosmin，2016）。

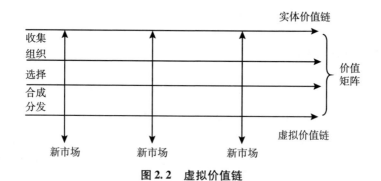

图 2.2　虚拟价值链

资料来源：Rayport & Sviokla（1995）。

（二）虚拟价值链特征

根据张孟才和李永鹏（2008）的归纳，虚拟价值链具有非物质性、灵活性、独特性和持久性等特性。非物质性强调虚拟价值链价值活动是非物质形态的信息。灵活性一方面指企业对信息进行灵活处理以提供多样化服务，另一方面也意味着企业可以从虚拟价值链任一或多个环节同时提炼价值增值点。独特性强调企业拥有不同类型信息带来生产方式和产品的特殊性以及不可模仿性。持久性则指缄默经验与技能等信息能够在较长时间段保持企业竞争力。

（三）虚拟价值链阶段

拉波特和斯维克拉（Rayport & Sviokla，1995）将企业构建信息增值的虚拟价值链一般程序归结为透视信息阶段、映射价值链阶段和创建新型客户关系阶段，分别对应透视能力、映射能力和创新客户关系能力（陈荣、吴金南，2006）。在透视信息阶段，管理人员通过获得在传统经营活动过程中产生的信息，帮助他们将实体价值链视为一个综合系统，从而获得新的见解，将价值链作为一个整体来管理。在映射价值链阶段，一旦企业建立了必要的透视信息基础设施，就可以开始管理运营，甚至在市场空间中更快、更好、更灵活、更低成本地实施增值步骤，进而在实体价值链基础上创建平行的虚拟价值链。在创建新型客户关系阶段，企业开始能够熟练管理其跨平行价值链的增值活动，如通过建立网站为产品做广告或征求顾客的意见，或建设自动化的客户接口，从而以较低成本识别和满足客户需求（Rayport & Sviokla，1995）。

（四）虚拟价值链作用机理

巴特和伊马达德（Bhatt & Emdad，2001）从信息经济学、营销4P、顾客亲密度、信息代理商四个方面，归纳了虚拟价值链如何为客户提供增值服务以及制造商和供应商如何利用虚拟价值链（见图2.3）。首先，从信息经济学角度看，信息可以以较低成本创建副本并在利益相关者社区之间共享，同时，电子商务网络在收集、组织和分析围绕虚拟价值链构建的活动方面具备"到达"和"范围"的优势。其次，从营销4P组合看，虚拟价值链可以为客户定制产品和服务提供更多选择，通过提供对不同价值链活动的即时访问形成渠道和时间优势，为希望获得额外价值的客户提供不同的价格收费选择，以及多样化的宣传产品和服务的场所。再次，从顾客亲密度来看，通过邮件、电子数据、万维网等工具挖掘客户信息，公司可以与客户接触并建立长期的关系，也有助于提高公司产品和服务的质量。最后，从信息代理商角度看，虚拟价值链在瓦解实体中介的同时发挥新的信息中介作用，可以混合和匹配不同客户的需求、定制产品和与客户保持联系，以满足他们的长期需求。

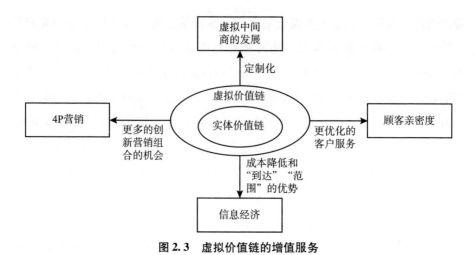

图 2.3 虚拟价值链的增值服务

资料来源：Bhatt & Emdad（2001）。

四、产业数字化理论

（一）产业数字化定义

随着全球数字产业快速发展，数字化驱动产业转型升级近年来引起诸多学者关注。胡西娟、师博和杨建飞（2021）认为大数据、数字平台、人工智能、互联网等数字经济元素赋能产业发展是构建现代产业体系的必然趋势和必然选择。王桂军、李成明和张辉（2022）也认为产业数字化是数字经济发展的主阵地，是数字经济赋能经济高质量发展的重要抓手。肖旭和戚聿东（2019）将产业数字化界定为传统产业利用数字技术进行业务升级以提升生产数量和效率的过程。杜庆昊（2021）则强调新技术、新要素的应用促进了产业效率提升和产出增加，所带来的传统经济的增值部分即为产业数字化。

（二）产业数字化阶段

费尔霍夫等（Verhoef et al.，2021）将数字化转型分为数据化、数字化和数字化转型三个阶段：数据化指对模拟信息进行编码，使其成为便于计算机存储和传输的数字格式；数字化描述了如何使用 IT 或数字技术以改变现有的业务流程；数字化转型是最普遍的阶段，描述了导致新商业模式发展的全公司范围内的变化。李颖（2021）将数字经济驱动下产业组织演化分为产业模块化、产业平台、产业生态系统、产业创新社区四阶段。徐映梅和张雯婷（2021）认为中国产业数字化主要沿着"基础硬件设备—软件定制和信息技术—数据和知识应用开发"的路径发展，应针对产业的不同数字化阶段定制发展战略。严若谷（2021）通过对深圳网络文化经营单位的分析，发现文化产业数字化发展经历"若干增长中心—多核心—团块状集聚"的演变过程。曾可昕和张小蒂（2021）认为数字商务促进产业集群经历了"点—线—网—生态圈"的演化过程，在各个阶段数字商务分别起到提升要素配置效率、构建要素共享平台、形成协同网络、构建数字生态圈等作用。

（三）产业数字化模式

李永红和黄瑞（2019）提出数字产业化信息增值与产业数字化融合驱动两种模式，并认为产业数字化融合驱动模式核心力量是平台，强调将信息技术应用于传统行业，促进传统行业的效率提升以及数字化、自动化转型，然后基于网络再造公司，通过利用信息技术生成大量的数据资产和构建平台生态系统以拓展新的生存和发展空间。杨卓凡（2020）认为影响产业结构演变的主要因素包括企业内生驱动的组织与业务流程变革、商业模式创新、数字化产品与解决方案等创新动因，以及由外部环境变化、社会需求转变、经济不确定性风险等导致的生产与消费需求变化、竞争压力、制度变迁、产业结构升级等社会动因，并据此将我国产业数字化转型的模式归纳为由社会动因主导的倒逼模式和由创新动因主导的增值服务模式。

（四）产业数字化影响机理

李腾、孙国强和崔格格（2021）认为数字技术通过"互补整合"和"优化整合"使现有产业结构发生变化，前者指数字生产要素与非生产性增值活动联结产生新的产业形态，后者指数字生产要素降低生产性增值活动成本且提升效率。姚维瀚和姚战琪（2021）提出数字经济通过提高劳动力素质、提高产业生产效率、改善产品结构、产生新的业态、引发新的需求来促进产业结构升级。陈兵和裴馨（2021）认为数字经济与财政支出、城市化融合助推产业结构高级化，数字经济与人力资本相互配合助推产业结构合理化。刘洋和陈晓东（2021）认为数字经济不仅能直接促进产业结构升级，还通过加速人力资本积累和提高科技创新水平间接对产业结构高级化和产业结构合理化产生显著积极影响。王凯（2021）认为数字经济通过信息机制优化、"平台加持"等数字化手段融入企业的生产、协作和创新过程，能够缓解产业资本的错配程度，实现资本供需配置能力的优化，进而推动我国产业结构优化升级。陈晓东和杨晓霞（2021）研究发现数字经济能够有效提高产业链强度，并指出数字化硬件设施是我国产业链强度提升的制约因素，而数字化软件服务是产业链强度提升持续而显著的驱动力，也是数字经济提升产业链强度的关键所在。李治国、车帅和王杰（2021）研究发现创新创业水平是数字经济产业转型升级效应的重要传导路径，数字经济通过激发区域创新创业活力可加快产业转型速度、促进产业结构的高度化和合理化。周夏伟、杨彬如和岳太青（2022）认为引致创新优势强化了产业数字化的经济增长效应，体现为引致创新强化产业信息化过程中的技术研发能力，推动信息技术与实体经济深度融合，以及强化产业内部数字化生产力，促使产业结构升级。

（五）产业数字化效应

祝合良和王春娟（2020）将数字经济对产业发展影响效应归纳为成本节约、规模经济、精准配置、效率提升和创新赋能五个方面。王桂军、李成明和张辉（2022）发现产业数字化通过提高企业研发资金的供给效率和使用效率产生技术创新效应。高杰和王军（2022）认为产业数字化可通过居民收入水平提升效应和产品供给扩张效应来提振居民消费，前者体现为数字技术推动生产效率的提升，后者反映了产业数字化通过提升产品供给的多元性、高质量和与市场需求的匹配程度促进居民消费提升。杜庆昊（2021）基于不同研究视角对数字技术对产业的影响效应进行分析，产业经济学视角下数字技术有助于优化产业组织、提升产业层级和提升产业竞争力；产业生命周期视角下数字化可以提升产业效率、促进产业跨界融合、重构产业竞争模式；政治经济学视角下产业数字化可以促进数字技术、数据要素与实体经济深度融合，有利于推动产业升级和畅通国际大循环。胡艳、王艺源和唐睿（2021）研究发现长三角地区数字经济对产业结构升级具有显著正向空间溢出效应，且城市完善的互联网基础设施放大了数字经济规模效应，使得这种溢出在都市圈城市更为显著。

可以看出，产业数字化是学术界近年来关注的热点，对于产业数字化的阶段及影响机理的文献尤其丰富。在产业数字化阶段方面，从早期的基于企业的讨论拓展到整个产业及产业生态层面。在产业数字化影响机理方面，既强调数字经济的直接效应，也探讨了人力资本、科技创新、信息机制、创新创业等中间作用。在产业数字化效应方面，学者研究以提升产业效率、优化产业结构、促进消费转型等正面效应为主，负面效应的探讨较少。研究方法上多数基于定量实证，构建回归模型进行分析。

第二节　文化产业数字化转型相关研究

一、数字化与文化产业转型升级

在数字经济快速发展和文化产业转型升级全面推进的语境下，学术界围绕数字化对文化产业转型升级的阶段、影响因素、路径、结果等内容进行了探讨。王安琪（2019）将文化产业转型升级视为文化产品和业态持续创新、文化产品附加值不断提升、文化产业结构不断优化和文化产业竞争力不断增强的逻辑演进过程。蔡尚伟和丁锦箫（2021）将文旅产业与数字经济融合发展分为三个阶段：第一阶段仅由计算机等数字设备提供简单的数据管理和信息处理服务，以技术初级应用为主要特征；第二阶段体现为文旅产业主体在原有生产流程和生产要素上叠加数字技术的产品融合；第三阶段则是文旅产业以数据和技术为逻辑起点重构文旅产业链的完全融合阶段。

在数字化对文化产业转型升级的影响因素方面，王安琪（2019）指出科技创新通过推动和拉动双向动力机制助推文化产业转型升级。黄蕊、徐倩和李雪威（2021）提出文化产业数字化转型的重要影响因素包括数字技术介入后的平台化文化资源运作、数字技术驱动下的要素协调配置能力提升和收入与利润增长。王爽（2021）则从媒介形态变革引发文化旅游消费习惯变化的角度，指出新媒介强化用户参与文旅体验的交互建构机制构成文化旅游产业持续发展的核心驱动力。

在数字化对文化产业转型升级的影响路径方面，卫军英和吴倩（2019）认为在生产与消费、全球与地方、线上与线下的关系网络中提升文创产业集群的连接力和变通力，是文创产业集群转型和升级的基本路径。赵卫军和朱建民（2023）的研究显示：人力资本以技术进步为中介促进文化产业转型升级，且人力资本在促进文化产业转型升级过程中的要素功能作用发挥较大，而通过技术创新促进文化产业转型升级的作用较小，通过技术进步促进中国文化产业转型升级存在较大空间。

在数字化对文化产业转型升级的影响结果方面，陈少峰（2013）认为数字化的平台与传媒正在成为文化产业的核心。范周（2020）指出数字化转型给文创发展带来重大历史机遇，在内容供给上要协调数字技术与文创创新，在文化消费上要兼顾网络应用及内容供给的区域均衡发展，在监管层面要加强网络内容版权监管、构建互联网文化生态圈、强调社会参与。意娜（2020）认为由数字、生物和物理创新融合驱动的第四次工业革命改变了创意经济的三种范式，即商业准入门槛降低、跨界发行和消费者获利。

可以看出，学界对数字赋能文化产业转型升级给予了充分的关注，且以定性分析数字技术影响文化产业转型升级的具体表现和过程结果为主，在影响路径方面，部分学者开始尝试利用宏观经济数据开展实证研究。

二、数字化与文化产业业态创新

随着媒体融合的加剧以及文化消费渠道的变迁，文化经济系统子系统间以及跨产业系统的界限越来越模糊，衍生出数字游戏、数字动漫、新媒体、云旅游、云展览等新业态。诸多学者均认为数字技术是文化产业业态创新的重要驱动力量。郭鸿雁（2013）认为推进文化业态创新的动力因素主要包括需求增长、消费转型与技术革新。李凤亮和宗祖盼（2017）认为科技创新、产业升级、消费驱动、国家意志构成我国新兴文化业态涌现的主要动力结构。解学芳和陈思函（2021）强调以数据、算力、场景为基础的"5G＋AI"技术群对文化产业业态创新的主导作用。在数字化对文化产业业态创新的影响路径方面，解学芳和陈思函（2021）认为"5G＋AI"技术群在生产端、运营端、营销端、物理终端、数据端赋能文化业态，体现在传感器生产与云端化、平台化与制播服一体化、推荐算法与场景营销、升维空间与自定义现场、精准服务与圈层重构等方面。温雯和王青（2017）从对创客运动的讨论出发，认为科技推动下文创产业的业态创新可从内容、技术、平台和跨界四个方面考量，创客技术能够促进文创产业技术的开发与应用，众筹平台、在线交易平台和企业开放平台等创客平台促进了文创产业平台的创新。

综上所述，学者主要从政策、供给、需求等层面探讨数字化对文化业态创新的影响，既有整体分析，也有结合具体数字技术应用如"5G＋AI"展开论述，但相关文献有待进一步丰富。

三、数字化与文化商业模式

数字技术在要素层面通过数据、平台整合文化企业内外部资源，在组织层面优化文化企业技术应用能力和制度创新框架，在产业层面提升文化产业智能化、规模化和专业化水平，不断诱发文化商业模式创新。尹宏（2014）归纳了三类文化和科技融合的新商业模式，即虚拟物品交易盈利模式、互补产品整合捆绑盈利模式及数字内容平台盈利模式。王肖芳（2017）提出"互联网＋"背景下新兴文化业态培育的四种发展模式，即多样化发展模式、外延式发展模式、开放式发展模式和创新性发展模式。薛贺香（2018）认为文化产业创意园区是文化产业集群化发展的重要模式，其利用空间载体为科技创新和文化产业融合发展提供了便利条件。

综上所述，部分学者开始关注数字化带来的文化产品交易方式、盈利模式、内容生产方式等方面的影响，但与其他行业的研究相比，探讨数字化融合文化商业模式研究的文献尚不多见。

第三节　非遗产业相关研究

一、非遗资源产业价值

非遗可以作为内源性动力影响现代产业的资源配置，陆霓和张继焦（2020）在新古典"结构－功能论"分析框架讨论了非遗在现代产业发展中的作用形式：既能从非遗小作坊发展为规模企业，也可以根据区域非遗资源的不同构建不同门类的现代非遗产业集群，拓展非遗价值链的长尾边界。

与非遗旅游化、文创化利用的产业实践相对应，已有文献集中于讨论非遗的文旅产业价值。黄永林和纪明明（2018）讨论了我国非遗元素在发展文化产业中的经济和社会价值。朱伟（2015）认为全球化和市场化双重背景下传统非遗面临地方性消解、经济对文化的冲击及传承人身份认同困惑等现实情况，导致非遗与文创产业的边界不断融合和消弭。非遗蕴含的人文精神给大众精神层面带来满足感与文化黏性，是非遗成为文旅产业核心驱动力之一的主要原因（高静、高宇，2020）。非遗鲜明的地方性对"他者"而言具有的异域风情特点和存在并依托于物化载体而外显的文化事项特点，使非遗成为稀缺性的文化资源进而为创意经济提供了文化资源基础（王明月，2020）。

金准（2019）认为非遗的深度利用带来旅游业增长方式的多维转变，如更加注重旅游发展中文化资源内涵的深层挖掘和融合，以及从业者知识水平和企业运营效率的提升等。可以看出，非遗的产业价值尤其是文旅价值得到了诸多学者的认同。

二、非遗产业发展模式

在文化遗产活态传承日益受到重视的背景下，生产性保护逐渐成为具有特色的非遗产业发展模式。李志雄（2013）提出将创意产业与非遗资源有机结合的创意性保护模式，具体做法包括加强非遗文创消费需求市场调研、促进非遗与科技融合创新、开展非遗文创产业化准入评估和动态监测等。崔彦彬和李慧（2013）提出河北民间艺术产业化的层次开发、特色区域联动发展、支柱型产业拉动三类发展模式。朱淑珍和李睿（2014）借鉴波特的价值链理论，探讨了以非遗为核心的旅游商品文化产业链建设模式：基于基本活动的旅游商品文化产业开发链、基于辅助活动的旅游商品文化产业服务链和基于扩展活动的旅游商品文化产业生态链。徐传谌和王艺璇（2018）归纳了非遗与旅游业融合发展的三种主要模式，即以非遗为基础的旅游产品开发、旅游业与非遗的产业联动发展和带动关联产业形成产业集群。黄永林（2022）提出多种"非遗＋"的产业利用模式，非遗可以结合的载体类型涉及旅游、影视、节庆、演艺、文博、饮食、民宿、主题研学、文创产品、特色村镇和街区等。

综上，非遗产业模式的研究具有如下特点：（1）借鉴成熟的理论研究工具，如价值链、产业融合、资源开发等。（2）聚焦于文化产业、创意产业和旅游产业。（3）多数属于对产业现象的归纳和总结，较少机理、机制等方面的探讨。

三、非遗产业发展路径

拓展数字文创产品市场，推动非遗品牌化和产业化是获取市场认同的重要举措，薛可和龙靖宜（2020）提出应加强非遗数字资源与社会、技术、文化市场元素跨界融合发展，具体方式包括非遗游戏、非遗文旅、非遗 IP 运营及衍生品开发等。高静和高宇（2020）认为可以通过非遗元素的地方文创开发和品牌打造及非遗产品融入地方文旅产业发展格局两种方式进行非遗市场化突破。唐琳（2020）提出双循环背景下非遗产业数字化转型应围绕产业链上下游和价值链的各个环节进行数字赋能，重点任务包括培育非遗数字产业主体、提升非遗产业供应链和价值链效率、拓展非遗数字消费市场等。

在非遗结合具体产业类型的发展路径方面，陈思琦（2018）提出非遗与文创产业融合发展的实施路径包括：以非遗为核心的现代文化元素嵌入式融合、以文化创意为核心的非遗元素衍生开发融合、结合非遗体验性特征的创造性产业融合。黄永林和纪明明（2018）认为非遗资源在文化产业中的创造性转化和创新性发展的途径包括：寻求非遗项目与市场经济的新结合、用现代审美思维进行创造性转化、利用现代科技提高非遗保护传承水平等。少数民族地区往往也是非遗资源富集区，李远龙和曾钰诚（2017）提出黔南少数民族非遗产业开发可以从文化旅游、文艺演出、影像制品、影视文学、民族工艺品等方面入手。董鸿安和丁镭（2019）认为景宁畲族自治县非遗开发可选择渗透型融合、重组型融合和延伸型融合三种路径，具体包括建立产业协调机制、开展非遗资源普查、培育非遗文化载体阵地和拓展旅游开发新手段、新途径等。

四、非遗产业个案研究

非遗产业个案研究的对象较多针对少数民族地区，涉及的非遗类型以民族特点鲜明的传统技艺、民俗等为主。丁智才（2013）探讨了壮族织锦技艺市场化和产业化的可行性及其开发利用与保护的良性互动关系。高薇华和白秋霞（2015）以非遗傩文化为例，提出融合舞台艺术与商业展示、打造乡间傩文化狂欢节、发展傩文化立体产业等建议。宋河有（2015）从产业链延伸的角度出发，探讨蒙古族"男儿三艺"的创意旅游开发，提出文脉追踪、产品多元化设计、产业融合等方法。安妮和张瑞萍（2016）以西南地区纺织类非遗为例，基于服装产业链提出遵循非遗原初工艺、产品设计体现非遗特色、以非遗制造加工工艺为标准、明确非遗产品市场定位、重视非遗传播和管理等传承路径和措施。孙兰（2018）探讨了非遗语境下长沙窑陶瓷传统技艺传承与产业复兴，提出改良传统手工制陶技艺、完善传统制陶技艺传承方式、推动传统制陶技艺创新、发展陶瓷艺术文化产业等建议。朱韬、谢洪忠和肖杰丁（2020）以怒江傈僳族自治州的民族服饰非遗扶贫就业工坊为例，提出通过民族服饰产业化巩固脱贫攻坚成果的若干建议。

第四节　非遗数字化相关研究

一、非遗数字化保护

王龙（2017）认为非遗数字化保护即利用数字和网络技术实现非遗的数字形态转换、储存、传播、利用的整个过程。张效娟（2018）提出非遗数字化保护意味着非遗数字资源的长期可储存、可获取和可传播。在非遗数字保护方式方法方面，黄永林和谈国新（2012）认为非遗数字化保护与传承具体应从确立数据采集和分类技术标准、利用新技术和新平台丰富表达和交互形式、构建宏观层面保护传承技术体系等。

在非遗保护的具体技术应用上，马晓娜、图拉和徐迎庆（2019）认为非遗数字档案建设还是以数据库等基础技术为主，非遗传播领域则借力于虚拟现实、增强现实、区块链等更具展示张力的新兴技术。吴瑞丽（2018）认为非遗资源整合与保护可以借助文本挖掘、地理信息系统、虚拟现实、增强现实、混合现实、可视化等数字人文技术工具。向前、向瑞琪和陈海玉（2021）归纳了区块链技术应用于非遗数字资源建设的优势，如去中心化、集体维护、追溯信源、公开透明等。

数字档案式保护是学者关注的焦点，数字赋能在创新非遗档案管理思维、拓展非遗档案价值挖掘路径、驱动非遗档案有效整合等方面具有密切关联（聂云霞、龙家庆和周丽，2019）。相关研究以个案居多，如戏剧编码、民间舞蹈数字编舞、土耳其旋转舞视频化、非遗舞蹈动态4D建模、羌族刺绣数据库设计等。隆巴尔多等（Lombardo，Pizzo & Damiano，2016）提出通过计算机编码与可视化系统来保存和展示戏剧的解决方案。多拉米斯等（Doulamis et al.，2017）将4D建模（3D几何加时间）用于非遗舞蹈展示，具体流程包括计算机视觉机制开发、拉班动作分析和内容符号表示。彼得罗博诺（Pietrobruno，2014）以土耳其梅夫拉纳塞马赫仪式（非遗舞蹈）为案例，探讨YouTube作为一种产生叙事的视频内容和生成列表的新的档案结构在非遗保护中的作用。帕什科夫斯基等（Skublewska-Paszkowska et al.，2021）将3D数据捕捉系统应用于乌兹别克斯坦Lazgi（非遗舞蹈）的保存和学习，力图开发出一套通用的舞蹈动作扫描方案。刘（Liu，2022）认为根据数字保护规则建立的数据库可分为三类：文本数据库、图像数据库和视频数据库，并基于此提出羌族刺绣数据库的设计方案。

二、非遗数字化传播

非遗数字化传播方面的研究较为丰富，涉及定义、特征、影响因素、模式和个案研究等。数字媒介通过数字载体、数字平台和数字技术不断介入非遗资源的再利用与传播。贾卡尔迪和帕连（Giaccardi & Palen，2008）认为通过结合不同的媒体和技术，跨媒介互动支持了遗产的社会生产，并创造了作为文化生产场所和服务于生活遗产实践持久价值的"基础设施"。高金燕（2020）也认同作为媒介的非物质文化遗产，既有文化传播的媒介特征，又有多元文化共生关联的融合基础。

在非遗数字传播的定义和特征方面，薛可和龙靖宜（2020）将数字传播界定为以电脑和多媒体为主要功能工具，通过互联网途径传播各种图文和音视频信息的传播形式。根据该定义，当数字传播的对象为非遗信息时，即为非遗数字传播。哈立德和乔杜里（Khalid & Chowdhury，2018）确定了三种主要的非遗数字传播角色：（1）非遗表征角色（即代表非遗的媒体格式）。（2）非遗传播角色（即变革者的行为）。（3）非遗接受者或采用者角色（即客户或访问者表现出兴趣的行为）。赵跃和周耀林（2017）认为信息技术时代下非遗数字产品形态趋向多媒体融合和强交互性。薛可和龙靖宜（2020）提出数字生态环境下的中国非遗传播特征呈现出可塑性、流变性、无界性、共享性和交互性等新特征。

在非遗数字传播的影响因素方面，许鑫和孙亚薇（2017）实证研究发现结果预期、易用预期、他人干预、促进条件对非遗数字传播中公众技术采纳意愿和采纳行为有显著影响，性别、年龄、学历等调节变量也会产生一定影响。李（Li，2022）基于扎根理论的方法发现，数字传播意识、文化传播能动性、数字技术适应性、受众接受与认知、不可控因素五个核心因素对手工艺非遗的数字传播具有显著影响，并在此基础上构建了"意识－行为－态度"理论模型。

在非遗数字传播的模式方面，谈国新和何琪敏（2021）认为非遗数字化传播模式主要有大众传媒、数字典藏和互联网三种。吕燕茹和张利（2016）将新媒体技术在非遗数字化中的创新应用归纳为传统文化类非遗的动画可视化创新应用、传统技艺类非遗的移动交互式应用、传统表演类非遗的虚拟仿真展示、基于移动终端的智慧展览体验等。王蒙、黄本亮和 Chen Qing（2021）认为数字媒介通过空间、展陈、体验、公共等设计实践介入非遗的重塑。宋俊华（2023）认为非遗数字化受媒介进化规律支配，呈现为玩具、镜子、艺术和元宇宙等四种演进模式，反映了人类对共同体记忆建构的不同需求。

在非遗数字传播的个案研究方面，埃内西（Hennessy，2012）基于加拿大不列颠哥伦比亚省和泰国的田野调查，提出旨在记录、传播和复兴非遗的参与性多媒体作品是当地文化产权话语发起和表达的生产性空间。塞尔曼诺维奇等（Selmanović et al.，2020）以波黑的莫斯塔尔老桥跳水传统为例，认为通过虚拟现实呈现的 360 度视频有助于非遗的用户沉浸体验。哈穆等（Hammou，Aboudou & Makloul，2020）通过探索性研究得出社交媒体传播与摩洛哥马拉喀什手工艺品的推广之间具有强正向关系。薛可和李柔（2020）以苏绣为研究对象，以微博信息为样本，探讨了数字信息对城市认同产生的影响。邱和张（Qiu & Zhang，2021）以微博博客为研究对象，发现非遗旅游在社交媒体上的认知形象可分为七个维度：机构、非遗与传承人、旅游产品、传统节日与季节、旅游设施与服务、游客和地区。

三、非遗数字化应用

数字化对非遗的资源整合和虚拟环境下的展示、传播和生产起到巨大作用，促进非遗项目和资源发挥更大的文化和经济价值（黄永林，2015）。相关文献主要论述非遗的数字化应用模式，如非遗大数据、非遗展览、非遗教育、非遗旅游、非遗游戏、非遗元宇宙等。文博展览是非遗数字化应用的主要领域，济库（Ziku，2020）概述了画廊、图书馆、档案馆和博物馆的遗产（包括非遗）数字化转型。白建松（2011）认为数字化再现及增值服务、数字内容的订阅等是非遗博物馆的内容展示模式的重要组成部分。齐兹马等（Tzima et al.，2020）发现数字故事可以激发学前儿童对非遗文化资产的兴趣。白志如和苏士梅（2020）将非遗的新媒介内容生产模式归纳为三种：一是新媒体平台对非遗内容的直接呈现，如非遗文化机构的公众号和微博、非遗网站上的数据库等；二是新媒体平台对非遗内容的再生产和阐释，如抖音和快手上以非遗为创作或表达元素的各种短视频、B站上"UP主"非遗主题的二创作品等；三是基于新媒体的课堂知识体系建设。2021年骤然升温的元宇宙也引起部分学者的重视，刘中华和焦基鹏（2023）认为元宇宙重塑了非遗的传播、保护、传承和产业化等全流程环节，并提出元宇宙赋能数字非遗场域架构的映射与孪生（基础层、软件层）、开放与编辑（数据层、算法层、治理层）、确权与社交（激励层、应用层）三个阶段七个层级。

在非遗数字应用的个案研究方面，主要体现为数字技术与某项或某类非遗的结合。目前非遗数字化所采用的技术主要有数据库、数字影像、三维、数字动画、主题图、动作捕捉等（周亚、许鑫，2017），此外，区块链、云计算、虚拟现实、增强现实、5G 等新兴技术的应用也在加速（见表 2.1）。项建华（2013）展示了数字化模拟与再现、计算机辅助制作与优化、数字化展示与发布等数字化手段在常州乱针绣技艺的保护、再现和培训中的应用。高薇华和白秋霞（2015）探讨了全息投影技术在傩文化的保护、展示、商业等方面的应用。章立等（2016）分析了三维影像采集、增强现实交互和互联网等技术在惠山泥人保护和传播中的应用。何晓丽和牛加明（2016）以端砚三维数字化实验为例，利用三维扫描与数字摄影测量方式相结合的方法建造端砚纹理虚拟图像。张效娟（2018）提出数字化保护与开发青海刺绣艺术包括学习和传承、保护和记录、归档和存储、服务和管理四个方面。贾菁（2020）列举了人工智能在皮影戏、舞狮等智能化展示方面的应用。卡罗齐诺等（Carrozzino et al.，2011）展示了 3D 虚拟互动平台在意大利彼得拉桑塔青铜"熔铸"手工艺艺术展示中的应用。蒙泰安等（Muntean et al.，2015）讨论了交互式桌面应用在温哥华马斯凯姆（Musqueam）非遗文化展示中的应用。李荣锋、李学明和柳杨（2019）以昆曲、京剧及古乐器演奏的工尺谱作为研究对象，建立工尺谱自动翻译系统。金等（Kim et al.，2019）建议使用数字技术来创建博物馆内容，并提出虚拟现实技术在韩国"Jultagi"（走绳杂技）和"Daemokjang"（传统木工技艺）两项非遗数码展览的应用。谢（Xie，2021）探讨了傣族制陶技艺及其产品展示中虚拟现实技术的应用，认为其增强了展览的真实感和互动性。章颖芳等（Zhang，Ding & Shen，2020）以上海卢氏心意拳为研究对象，探讨了基于非遗数字化保护的体感游戏角色设计的艺术风格、造型设计和三维造型创作。张等（Zhang，Han & Chen，2018）认为数字景区是实现景区建设与非遗保护双赢的有效途径，并以浙江龙泉青瓷文化园为例，讨论了 3D 可视化、地理信息系统、虚拟现实等数字技术在景区规划、项目立项、旅游管理模式等方面的应用。贡萨尔维斯等（Gonçalves，Dorsch and Figueiredo，2022）以地中海非遗饮食 App 为例，讨论了虚拟路线在旅游实践当中的应用。李川、朱学芳和冯秋燕（2023）以华佗五禽戏为例分析 XR（extended reality，扩展现实）技术如何应用于非遗项目服务。

表 2.1　　　　　　　　　　非遗数字化应用相关研究

研究者	非遗类型	数字技术	应用方向或产品（服务）
项建华（2013）	常州乱针绣技艺	数字化模拟与再现、计算机辅助制作与优化、数字化展示与发布等	非遗保护、再现、培训
高薇华和白秋霞（2015）	傩文化	全息投影	非遗保护、展示、商业
章立等（2016）	惠山泥人	三维影像采集、增强现实交互和互联网等	非遗保护、传播
何晓丽和牛加明（2016）	端砚	三维扫描、数字摄影测量	三维虚拟图像
张效娟（2018）	青海刺绣	三维扫描、图像仿真、PS、GIS等	非遗保护与开发
李荣锋、李学明和柳杨（2019）	昆曲、京剧、古乐器演奏的工尺谱	序列转换模型	传统音乐教学
贾菁（2020）	皮影戏、舞狮等	人工智能	智能化展示
李川、朱学芳和冯秋燕（2023）	华佗五禽戏	XR	非遗仿真数据服务平台
Carrozzino et al.（2011）	青铜"熔铸"手工艺	3D、VR	虚拟互动平台
Muntean et al.（2015）	温哥华马斯凯姆（Musqueam）非遗	人机交互	非遗展览
Zhang, Han & Chen（2018）	龙泉青瓷烧制技艺	3D、GIS、VR等	虚拟景区
Kim et al.（2019）	"Jultagi"（走绳杂技）和"Daemokjang"（传统木工技艺）	VR	非遗展览
Zhang, Ding & Shen（2020）	卢氏心意拳	3D	非遗游戏
Xie（2021）	傣族制陶技艺	VR	非遗展览
Gonçalves, Dorsch & Figueiredo（2022）	地中海饮食	AR	旅游 App

四、非遗数字化风险

非遗数字化实践快速发展的同时，数字化带来的风险也引起部分学者的关注。王明月（2015）认为非遗数字化保护的基本理念、语义设计、分类与评价体系、组织规范、社会效益等均存在文化风险。宋俊华和王明月（2015）认为非遗数字化保护可能存在地方性知识缺失、数字非遗活态性不足、形式大于意义等潜在问题。高旸和陈鹏（2020）认为非遗数字化过程中技术参与主体过大的话语权会导致文化不足甚至为零的技术伦理问题。毕传龙（2016）认为一旦盲目跟风大数据热潮，对民俗文化资源进行简单的数字化处理可能会造成信息缺失和文化碎片化的问题。王蒙、黄本亮和 Chen Qing（2021）指出数字媒介与非遗项目具有不同的价值指向，非遗展示和传播空间在数字媒介介入后可能会导向复现与异化。数字技术传播可能导致非遗再生产因失去文化生态语境而异化，产生流失、变异和被损害等潜在风险（解梦伟、侯小锋，2021）。袁梦倩（2021）指出短视频平台的过度商业化容易消解非遗的文化属性，而非遗多频道网络（MCN）机构及网红专业生产的马太效应，使得普通非遗传承人以及那些不易在市场上变现的非遗项目处于更为边缘化的位置。梁莉莉和布瑞丰（2022）指出非遗传播实践中对于视频直播的过度依赖可能会造成流量规训下传承人主体性消减、场景脱域带来展演失序、文化逻辑让渡于市场逻辑等问题。斯图达尔和默特贝里（Stuedahl & Mörtberg，2012）强调要考虑到线上线下技术在生产和复制遗产知识方面的复杂情况，手工艺人在通过视频录制、在线摄影、博客等社交媒体分享非遗知识和技能的过程中，可能面临数字能力不足、非遗知识根植性和文化嵌入性与实践场所分离、非遗重要元素丢失等问题。翟姗姗等（2021）认为智能算法推荐机制容易混淆类似非遗主题的短视频内容，使得信息茧房影响下用户观看到的视频质量良莠不齐，引起用户反感。刘中华和焦基鹏（2023）对元宇宙赋能数字非遗进行了伦理反思，如缺乏顶层设计和统一规范标准、技术缺陷、资本炒作、侵权等。

综上，可以将非遗数字化的风险归纳为以下几方面：（1）传承人话语权缺失。（2）非遗信息整体性和原真性不足。（3）非遗生产和传播实践中过度追求经济利益的异化倾向。（4）信息茧房造成非遗受众接受面狭窄。（5）非遗数字化过程中的技术监管、资本泡沫和盗版侵权等问题。

在非遗数字化风险的对策建议上，集中于以下几方面。第一，强调传承人的主导性。传承人掌握非遗的核心技能，也具有借助数字技术开展非遗保护和利用的内在驱动力，是衔接非遗与数字技术的关键枢纽，其配合度、参与度和话语权是缓解非遗数字化风险的关键。宋俊华（2015）强调只有非遗拥有者和传承者自觉将数字化技术融入非遗实践中，数字技术才能真正内化为非遗的一部分。高旸和陈鹏（2020）认为需对非遗数字化的技术主导性进行反思，尊重传承人和受众的话语权，将数字技术与日常文化实践相结合，引导非遗数字化由注重文化吸引力向注重文化感染力发展。第二，强调利益相关者之间的互动。宋俊华和王明月（2015）提出赋予传承人和拥有者参与非遗数字产品设计与开发话语权的"参与式数字化保护"。吉列托等（Giglitto，Lazem & Preston，2019）提出非遗数字档案化的三项建议：一是注重社区利益。二是促进动机、所有权和真实性。三是追求设计者和社区成员之间的共同身份。第三，强调非遗数字生产"内容为王"。翟姗姗等（2021）提出提高自身创造优质内容的能力、突出非遗视频特色、重视视频内容与结构的完整性、增加娱乐与科普性非遗短视频的发布、加强非遗短视频传播的互动与推广等突破信息茧房、扩大非遗短视频传播的策略。第四，通过优化算法形塑非遗数字生产新秩序。梁莉莉和布瑞丰（2022）以非遗视频直播为例，认为应该一方面利用算法向公众推送优质非遗传媒内容，打破信息茧房困境；另一方面，制定相应的直播分类标准，加强非遗网络空间的源头治理。第五，增强抗风险冲击能力和治理能力。刘中华和焦基鹏（2023）针对非遗元宇宙的发展，提出完善顶层设计和规范标准、警惕资本炒作、加强非遗数字化应用的文化感染力等建议。

第三章

非遗产业数字化发展现状

数字技术与文化之间的双向赋能，正成为非遗保护与利用的重要趋势。本章借鉴联合国教科文组织提出的创造、生产、传播、展览/接受/传递、消费/参与五个阶段的文化周期框架（见图 3.1），重点梳理了不同产业及技术视角下的非遗数字化发展现状，为后续非遗产业数字化转型的驱动因素、模式和路径等研究提供实践基础。文化周期源于联合国教科文组织 2009 年颁布的文化统计框架，该框架是迄今为止影响最为广泛的文化测量框架。英国、澳大利亚、加拿大、欧盟等许多国家和地区都选择采用该框架，或在此基础上予以文化独特的定义，从而制定符合本国国情的文化产业政策。文化周期

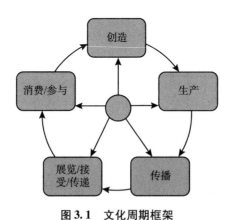

图 3.1　文化周期框架

资料来源：2009 年联合国教科文组织文化统计框架。

框架一直延续下来，成为界定文化统计中数据收集范围和类型的指南（郭熙保、储晓腾，2015）。文化周期框架阐明了文化活动之间的相互关系，包括文化生产从创意产生到产品的生产和传播，通过各种途径的展览、接受或传递，被消费、参与并反哺文化产品的创造和生产整个完整的闭环流程。

第一节　创造：非遗数字化内容的孵化

非遗创造即对非遗的创意生成或内容输出进行翻新、再创造，具有非重复性生产的特点。现如今，非遗创新转化已成为趋势，传承人和文化企业多将传统非遗作为一种创作灵感和素材，借助数字技术工具创造出新的非遗形式和元素。数字技术不仅提高了非遗创作的效率，拓展了非遗创作的群体规模，还极大创新了非遗作品的表现形式，为数字社会背景下非遗更好融入现代生活提供了场景和技术支撑。非遗数字化创造多以个案探索的形式呈现，主要涉及数字化提升非遗创作效率、创新非遗产品表现形式、强化非遗创作能力三个方面。

一、数字化提升非遗创作效率

人工智能、大数据、物联网、云计算等新兴信息技术通过介入非遗的传承过程，极大提升了传承人及其传承项目的创作效率。一方面，人工智能在非遗产品生产过程中可以通过"机器换工"替代人力完成生产线上的体力劳动，如部分木石雕刻、刺绣美工工作，还可以辅助生产者进行创意、创作和决策。以蜀绣为例，其工艺程序主要包括设计、勾稿、上绷、配线、刺绣、装裱等，前期人工设计绣稿极其费时费力。随着人工智能进入绘画领域，可以利用手机或相机拍摄照片，再通过 AI 制图技术设计不同风格的绣稿图样，最后绣工再根据新生成的图样绣制作品，能够节省大部分作图绘画的时间，大大降低设计成本，体现出一定程度上的智能机器代替人类创作技能的现象。

另一方面，在手工生产流程中融入数字化元素，可以显著缩短创作和生产加工周期，并有效拓展创意来源。例如，北京荣宝斋采用现代技术对木版水印工艺进行改造，设计并建立一条使用电子分色技术进行勾描、使用数控木雕机进行刻板、使用机械旋钮等方式调节和固定木版进行水印印刷的生产线，促进木版水印产业化进程（西沐，2019：2）。又如德化同鑫陶瓷推出的静电釉工艺系列花盆、电镀圣诞礼品、3D陶瓷打印创意花盆等，先通过电脑软件编程出陶瓷花盆数字模型，再将模型输入3D打印机，利用瓷土与陶瓷复合材料快速成型，最后在陶瓷表面采用静电釉、渐变色电镀、烤漆等工艺，不仅利用智能化提升了创作效率，也丰富了产品的造型、色彩与触感。

二、数字化创新非遗产品表现形式

利用数字技术创新非遗产品表现形式体现在材料、造型等方面。第一，智能材料的应用。在非遗服饰、工艺品等产业中，已经开展将智能织物融入非遗产品的尝试。智能织物作为新型纺织材料与系统，可以借助人机交互技术感知环境的刺激并做出响应。目前主要分为两类：一类是通过将微型处理器、传感器等电子元件与纺织材料融合，另一类是本身具有传感或执行功能的智能纤维与织物。具体应用上，如同济大学设计创意学院联合非遗品牌龙凤旗袍，在面料上选择融入智能算法的智能织物，制作以传统龙凤旗袍为载体的龙凤四季动态交互旗袍。第二，助力非遗立体化呈现。借助三维测绘和造型技术，一些非遗实物作品得以以立体多维的形象在网络平台展示。例如，版藏数字藏品交易平台通过与国内蛋雕传承人合作，将其创作的反映中国上古传说的系列蛋雕作品开发为数字藏品。蛋雕属于立体作品，需要360度呈现，工作人员在开发过程中通过灯光透影、3D技术赋予作品以科技感和沉浸式视觉观感，使传统非遗作品产生新的表达语言。[1]

---

① 蔚晓贤. 用数字技术守护非遗，"版藏"数藏助力传统文化焕新［EB/OL］.（2022－06－22）［2024－05－07］. http：//news. sohu. com/a/559995500_121218495.

三、数字化强化非遗创作能力

第一，智能交互辅助非遗作品创作。智能交互是人工智能和计算机技术融合的产物，除典型的智能语音交互应用外，还具有位置、体态、情感等多方面感知和交互能力（谈国新、张立龙，2019）。在非遗作品创作中，传承人或创作者可以借助计算机及可穿戴式设备进行动作捕捉，也能通过知识可视化展现、图像识别传感器等与他人进行实时互动。例如，东莞理工学院工业设计专业团队通过动作捕捉技术，对舞草龙传承人黄耀林编织草龙的动作及王藻记花灯制作技艺进行数字化采集，然后对数据进行后期处理和调整，这些动捕数据不仅有助于深入分析传统技艺技术特点，通过虚拟仿真辅助草龙和花灯制作，还能优化技艺的三维展示视频，为构建非遗数字化虚拟展示空间提供多维度素材。[①]

第二，虚拟现实提供更灵活的传承形式。虚拟场景具有沉浸性、多感知性、交互性、实时性的重要特征，可以结合虚拟现实软硬件设计高度仿真的非遗技能学习和训练平台，营造出可信度高、可线上交互、可反复探索、相对低成本的传承环境。例如，南京艺术学院设计的云锦织造虚拟学习平台，传承人或学习者可以通过模拟器或计算机系统观看云锦纹样的妆花织造工艺流程，再借助3D输入、动作捕捉、眼动仪、力反馈等设备与平台程序进行交互，可以更便捷、深入地了解和学习云锦织造过程中的工具、步骤、织造原理等（卢毅，2020）。

第二节　生产：非遗数字化内容的形式

区别于创造的从无到有，非遗生产指对已有作品的重复性制作，包括产

[①] 余晓玲. 深读东莞│数字技术助力非遗传承"破圈"［EB/OL］. (2022 – 09 – 02)［2024 – 05 – 07］. https：//www. sohu. com/a/581846234_120046696.

品形式本身及所需的工具、设施、流程、相关产品等。目前非遗数字化生产形式多样，包括数字影像、数字游戏、数字藏品、App 和小程序、虚拟互动体验产品等（见表 3.1）。

表 3.1 　　　　　　　　　　　**部分非遗数字化产品/服务案例**

非遗项目/元素	数字技术	产品/服务形式	具体案例
昆曲	VR	纪录片	《昆曲涅槃》
黑暗传	VR	动画短片	《烈山氏·幻觉》
粤剧	4K	电影	《白蛇传·情》
民间文学、剪纸、皮影戏等	CG 动画	国风音游	《尼山萨满》
三国传说	VR	游戏	《三国虎将传 VR》
端午节、石狮、灯笼等	区块链	互动游戏	《龙腾虎跃——一水同舟向未来》
惠山泥人、留青竹刻	区块链	数字藏品	"惠山泥人"和"留青竹刻"系列
十竹斋木版水印技艺	区块链	数字藏品	"二十四节气"系列木版水印作品
西湖绸伞	区块链	数字藏品	"三潭印月"西湖绸伞
古琴、唢呐、马头琴、琵琶、笛、箫、埙	区块链	数字藏品	《古曲今声》
制扇技艺（王星记扇）	区块链	数字藏品	真丝刺绣宫扇《凤穿牡丹》、檀香拉烫雕扇《乐西湖》、红檀拉烫雕扇《钱塘月色》等
京剧	AR	App	睟颜 App
白蛇传	AR	虚拟导游	宋城导览 App
京剧	AR	画册	《大花脸 AR 脸谱》
川剧	VR	文创产品	《白蛇传》"快闪"
粤剧	VR	虚拟体验	《西楼错梦》
书法	VR、AR、3D 打印	展览	《虚实意象——焦山碑林书法艺术体验式展览》

一、数字影像

数字影像为非遗的大规模复制提供了重要素材，本身也是最为常见的非遗数字化生产流程。利用现代技术丰富非遗数字影像的表现形式、满足现代审美需求，是传承人及从业者关注的重要话题，非遗数字影像涉及的形式包括数字纪录片、数字电影、数字动漫等。第一，数字纪录片。例如，由中央广播电视总台拍摄并上线的昆曲 VR 纪录片《昆曲涅槃》，不仅展示了传统昆曲典雅的曲词、婉转的行腔、优美的身段以及新生代昆曲艺术创新，还糅合了书法艺术的流畅奔放、园林的自然景致、艺术的视觉设计等众多领域之美。第二，数字电影。例如，陕西省新闻出版局先后推出《大树西迁》《铡美案》《十五贯》等秦腔数字电影系列作品；全景声粤剧电影《白蛇传·情》借助 4K 技术手段，活化戏曲艺术，打破了年轻人对戏曲艺术的固有印象。第三，数字动漫。数字动漫具有虚拟性、再现性和综合性等特征，对于非遗项目元素和情境的视觉重述，可使大众更直观地了解各类非遗的相关内容，推动非遗在 5G 时代传播环境的创新转化（蒋慧、朱倩文，2020）。非遗动漫化比较常见的模式是以 IP 塑造的形式，将非遗本身故事化和概念化，再结合设计变得时尚化与全龄化，促成消费者的口碑传播。例如，非遗梦文化公司携手蚂蚁文化传媒、新会蔡李佛始祖拳会启动非遗动漫系列电影计划，并发布非遗动漫电影《星际小蚂蚁之英雄蔡李佛》。新技术的引入也在不断创新非遗数字动漫的表现形式，例如：中国 VR 动画平塔工作室（Pinta Studios）将非遗《黑暗传》改编为 VR 动画短片《烈山氏·幻觉》；德国视觉艺术家、动画师托拜厄斯·格雷姆勒（Tobias Gremmler）制作的《中国戏曲虚拟角》（*Virtual Actors in Chinese Opera*），采用 3D 虚拟演员演绎京剧，节奏明快的中国传统乐器伴奏加上飘逸经典的京剧动作，效果十分惊艳。

二、数字游戏

游戏元素可以涵盖有形和无形文化遗产以及自然文化遗产，是现代文化遗产传播的重要组成部分，通过整合艺术、讲故事和数字技术，可以作为现代工具支持遗产知识的教与学（Theodoropoulos & Antoniou，2022）。数字游戏的教育性、虚拟性、娱乐性、交互性、社交属性、目标与激励系统等特点与非遗产业数字化具有较高契合度。教育性可以提高游戏者的认知技能和增长见识，虚拟性可以反复练习技能与学习知识，娱乐性和社交属性有助于非遗的趣味传播，交互性与参与性有助于专业知识的深度消化，目标与激励系统有助于丰富内容与多次传播（王宏昆，2014；张宇、程晓皎和王琳，2014）。数字游戏化首先可以使传统的非遗传播方式得以优化和提升，体现寓教于乐的教育理念；其次，可以帮助非遗文化传播，使体验者更好学习和感受传统非遗文化的魅力和精髓；再次，为非遗游戏开发提供了更多的可能性，为游戏设计增添更多的特色优势；最后，能够提升大众主动探索非遗的动机与行为的潜力（王娜娜等，2022）。

专门的非遗数字游戏较少，较常见的是将非遗元素应用于各类数字游戏中。在游戏中重现非遗场景和细节，是对传统非遗文化进行内容再创造再阐释的过程，在创作出具有感染力和文化意义的游戏作品同时，也展现了非遗文化的精髓和魅力。例如，网络游戏《龙之故乡：神奇画卷》《天下3》《仙剑》等在角色造型或场景中大量运用传统戏曲元素，网易在游戏《逆水寒》中复刻了"西湖龙井"的产地龙井村茶田，并根据各地采茶民歌改编谱写《采茶歌》，在游戏环节中有机植入"曜变天目盏"等知名茶盏。2021年出品的国风音游《尼山萨满》故事背景源自满族非遗民间文学《尼山萨满传》，画面风格综合了剪纸和皮影戏等非遗元素。

同时，新的混合现实、体感技术等也正在不断创新非遗数字游戏类型、丰富非遗数字游戏体验。例如，艺术游戏绘本《AR中国经典故事：花木兰》在耳熟能详的花木兰从军故事基础上增加了AR互动游戏，提升了互动性与趣味性。网络体感游戏能够模拟出三维场景，玩家通过驱动程序和3D传感器，可以同步控制游戏角色的动作或与游戏角色和场景实时互动，增强了玩家的游戏参与感和沉浸感；同时体感游戏因其操作简单和可在线升级更新降低了玩家学习游戏规则的时间成本，市场上不同年龄的用户均可找到特定的游戏类型，因此体感游戏的受众范围比传统的端游更广（鲁雯、欧达和雅柔，2022），是非遗数字游戏创新的重要路径之一。例如，2018年出品的VR游戏《三国虎将传VR》（*Sanguo Warriors VR*），通过Oculus Rift和HTC Vive头显让玩家体验到了紧张刺激的打斗和剧情；2022端午节期间由电影频道融媒体中心出品的新媒体互动产品《龙腾虎跃——一水同舟向未来》，通过划龙舟的互动游戏，吸引了众多网友一边看龙舟比赛一边参与游戏。

三、数字藏品

非遗数字藏品融合了区块链技术与数字媒体艺术，实现了艺术和商业的破壁融合，采用虚实结合、线上藏品与线下实物相互转化的推广方式，通过潮流玩法将传统文化推广到年轻群体中，成为非遗传播与传承的新方式。

第一，塑造非遗IP打造数字藏品。目前，多地的文化和旅游部门或传承人常借力具有一定知名度的非遗IP，将非遗价值拓展瞄向数字藏品。例如，无锡打造"惠山泥人"和"留青竹刻"两个系列的非遗国潮IP形象数字藏品，德化通过白瓷数字藏品平台创新"大师IP＋数字藏品"。国家级非遗十竹斋木版水印技艺传承人魏立中推出"二十四节气"系列木版水印数藏作品，杭州市文旅数字平台非遗板块推出西湖绸伞传承人宋志明"三潭印月"西湖绸伞，王星记制扇传承人孙亚青的作品真丝刺绣宫扇《凤穿牡丹》、檀香拉烫雕扇《乐西湖》、红檀拉烫雕扇《钱塘月色》等数字藏品。

第二，运用非遗元素创新数字藏品。典型做法是将非遗元素作为数字藏品的创意来源或构成元素，进行有目的的设计和运作。例如，宜昌以"粽子"和"龙舟"等端午节符号为灵感，在2022年端午节前夕推出融合当地特色文化元素的12款数字藏品。又如2022年文化和自然遗产日期间，酷狗音乐联合中国青年报以我国代表性的古琴、唢呐、马头琴、琵琶、笛、箫、埙等非遗乐器为设计原型，创作推出"古乐华章"数字音乐纪念票，内容包含相关音乐创作和演奏、手绘图片、非遗推广曲等。[①]

第三，数字藏品与实体经济虚实结合。依托"数字藏品＋传统文化"跨界融合的方式，将数字经济与实体经济有效结合，通过数字方式传播非遗文化，增强实体产品的文化属性，实体产品同时又反向成为传播载体，进而达到"虚实结合，双向赋能"的目的。例如，福茶网、人民美术出版社、福建春伦集团联合开发的联名定制数字文化茶"天香茉莉"。该款数字文化茶本着"以茶入画，以画示茶"的开发理念，将唐代传世名画《簪花仕女图》应用到茶产品，并在福茶网线上独家发售，同时结合"中版数资"平台，采用银联区块链技术进行存证和确权，线下购买茶叶产品的用户可免费获得数字藏品《簪花仕女图·舞纬逗犬》一份。[②]

四、App 和小程序

开发 App 和小程序需要将内隐于非遗资源的隐性知识转化为能够为消费者理解和消费的显性知识。借助知识可视化技术，可以将非遗文化内容以文字、图案、纹样等静态形式呈现，或以交互、特效、视频、音频等动态方式表达。

非遗本身的活态性使其 App 开发具有信息型和功能型产品的特点（张婷、彭莉，2020）。根植于移动智能终端的各类非遗 App，在非遗资源展示基础上，一般兼具体验、交流、教学、导览、分享等拓展功能。例如，以介绍与推广京剧为目的的睟颜 App，在应用程序内融入京剧虚拟人物的 AR 展演功能，用户点击就可以欣赏京剧的唱念做打。杭州宋城景区导览 App 内设

---

① 奇创旅游集团. 当"非遗"搭上"元宇宙＋文旅"快车道　能否跑出加速度？［EB/OL］.（2022－07－13）［2024－05－07］. https：//www.163.com/dy/article/HC6B1EG10514BTAB.html.

② 央视网. 福茶网跨界联动推出首款数字文化茶产品［EB/OL］.（2022－07－24）［2024－05－07］. https：//jingji.cctv.com/2022/07/24/ARTIX8JRX3Gvanm17Mrefqx5220724.shtml.

AR 虚拟导游"小青",可以为游客提供景区导览和讲解服务,为参观游览提供了极大新鲜感和便利性。百度 App 曾于 2020 年推出可以拍照的"我要上年画"小程序,用户在拍摄界面可以自由选择明星同框或单人年画以及年画背景,以拍摄和转发年画照片拜年的形式,创新了年画和节俗的内容表现形式。"以观书法""不厌书法""墨趣书法""书法工具"等书法 App 均提供书法名帖库和碑帖查找、集字等基础功能,一些书法 App 还开发了视频资源、AI 看图识字交流、智能作品装裱、拍照识古书画等多种功能。类似的产品还有 Tag Design 公司研发的"榫卯""折扇"民艺系列 App 等。

小程序是一种不需要下载安装即可使用的应用,用户扫码或搜索便可打开应用,较具代表性的非遗微信小程序有"南京非遗""华夏非遗文创中心""东莞非遗墟市"等。其中,南京非遗小程序开设非遗头条、非遗纵览、动态速报和会场直击等版块,举办云展览、云分享、云课堂和云旅游等线上展播,动态发布南京市代表性非遗活动资讯,多样化开展地方非遗文化传承(耿蕊、刘静,2021)。东莞市推出的非遗墟市小程序设置了非遗美食、非遗手艺、演艺和研学、非遗文创、城际交流、书籍和音像、墟市介绍等版块,用户通过微信流量入口可以快速浏览和购买东莞及周边地市的非遗产品。①

五、虚拟互动体验产品

非遗虚拟互动体验产品借助 AR、VR、全息影像等技术,为大众带来多样化、互动性和沉浸式的新奇体验,相关的产业实践涵盖了教育、文创、旅游、会展等领域。在教育领域,《大花脸 AR 脸谱》画册选取京剧版《大闹天宫》中 10 个经典场景,为 16 个京剧脸谱人物进行 AR 技术嫁接,达到寓

① i东莞.东报智库·调查│东莞非遗发展报告②:购买非遗产品,男生注重使命和传承,女生偏爱颜值和实用[EB/OL].(2021-06-12)[2024-05-07].https://idg.timedg.com/p/21196515.html.

教于乐、普及京剧艺术的效果。香港教育大学粤剧传承研究中心设置的"虚拟实境粤剧体验"，以不同角度和场景拍摄粤剧片段供使用者欣赏，受众戴上 VR 眼镜装置后，可从台上主角或舞台中间的视角欣赏剧目。在文创领域，VR 版川剧《白蛇传》对"变脸""吐火"等特技进行了生动逼真的数字化立体还原和创新，受众戴上 VR 头显就能获得如亲临剧场观看川剧变脸的体验，制作方还同步推出书籍、VR 定制头盔、《金山寺》VR 视频和川剧变脸玩偶等系列文创产品。内蒙古安达文化传媒有限公司开发出 VR 射箭、VR 祭敖包、AR 蒙古族服饰试衣间等上百款非遗互动产品，受到了市场的欢迎。在旅游领域，北京 2019 新春文化坊会推出了科技味十足的 VR 京剧体验区，采用体积捕捉、动作捕捉、3D 扫描等技术为游客带来新颖的观剧体验。江苏大学艺术设计团队运用虚拟现实、增强现实与 3D 打印技术，设计了以情景体验为核心的焦山碑林书法艺术展览系统（张文莉、周明玥和韩啸，2021）。在会展领域，内蒙古自治区展览馆引进非遗舞蹈全息影像剧场，受众无需借助外在设备就能够通过光影特效向虚拟演员学习筷子舞、顶碗舞等蒙古族传统舞蹈。

第三节 传播：非遗数字化内容的渠道

非遗传播指将具象化非遗展示内容通过各类渠道呈现给不同的受众群体。传统的非遗传播是一种动态或活态方式的传播，它不依赖于物质载体，更偏重以口传心授的方式进行文化传播。数字媒介搭建起受众对非遗从陌生到认同的桥梁，构建网络空间非遗传播的共情互动。在现代科技文明与受众心理需求的双重挑战下，传统传播方式已经很难让非遗得到延续发展，新媒体的高速发展使得数字化传播走进大众视野，极大提高了信息传播的效率，也扩展和延伸了非遗的传播空间。社交媒体、电商平台、视频网站、非遗网站、各类产业与非遗的线上线下交融成为非遗传播的主要方式和渠道。

一、社交媒体

社交媒体具有范围广、成本低、内容多、效果强的传播特点，是非遗影像和文本裂变式传播的主要渠道。非遗的社交媒体渠道包括新浪微博、微信公众号/朋友圈、抖音、快手、小红书、B站等。

建立微信公众号、视频号推广视频和图文是非遗机构常见的传播方式。根据中国传媒大学非遗展示传播研究团队的调研，截至2018年10月全国共有天津、河北、内蒙古、黑龙江等19个省级非遗机构开设非遗专题微信公众号，辽宁、江苏、福建、广东等4个省级非遗机构综合性公众号开设非遗专栏（杨红、李晓飞，2018），市县级非遗机构的公众号更是数不胜数。各公众号栏目设置具有较强趋同性，以组织机构、政策法规、传承人及项目名录、保护载体和机构、新闻动态和资讯、学术研究、音视频记录等为主，有的结合当地非遗保护和推介活动设置热门专题栏目，如浙江非遗公众号整理了2011年以来开展的代表性系列专题活动，方便受众回溯查看；也有的兼具机构信息公开和申报指南功能，如云南省非物质文化遗产保护中心公众号对机构财务和工作动态以及申报资讯和申报动态进行公开。一些非遗公众号还开发了场馆预约、培训报名、演出票务、衍生品售卖等辅助功能，如广东省文化馆公众号"文化活动"版块提供非遗主题的展览、演出、讲座、公益、赛事的资讯和预约功能，"培训驿站"版块提供非遗文化慕课和线下体验报名，"文化在线"版块提供全省各地市文化馆的直达链接、资讯及活动等。随着自媒体的发展，传承人也将微信视为非遗传承发展的新机遇。例如，山东魏氏柳编制作技艺传承人魏福庆利用视频号等平台，前端通过短视频和直播展示作品吸引关注，后端通过工作坊研发产品、保障供应，打开了编织工艺品的线上市场。现在魏氏编织有300余种工艺品，一天能卖出500多个，每月营收将近50万元。魏福庆将女儿魏文轩制作柳编的视频放上视频号，其中一条视频播放量高达 2.9 亿人次，魏文轩也因此收获全网 700 万"粉丝"。[1]

非遗微博传播主要是一种参与非遗活动的小众化的集体传播，其线上行为源于线下的非遗活动，具有典型的线下引导线上行为的特征（达妮莎、李建阁，2018）。例如，新浪微博经常联合明星、人文艺术领域博主及各地非遗相关机构发起各种热点话题；酷狗音乐围绕音乐类非遗主题，以影音展览的方式上线"听见非遗·音乐留声机"专区，同时推出"乐舞雅集"非遗直播音乐会，集中展示传统非遗音乐。

非遗短视频具有信息共享方式多样、交流方便快捷、文化空间借助媒介空间不断扩大、社会力量对非遗保护的参与更加广泛等传播特点（蒋恺，2022），已成为非遗展示、传播的新载体。热门短视频平台上以非遗为标签的内容具有很高的播放量和点赞量。抖音平台上以非遗为核心话题的视频内容除了传统的"手工艺""传承人""非遗抖起来""非遗合伙人"等，还出现了"炫目特效展示国粹""精美复刻传统非遗""探访记录背后故事""街头摆摊宣传解说""课堂非遗随拍出圈""老手艺创造新工艺"等新形式。根据抖音《2024 非遗数据报告》，截至 2024 年 5 月抖音上共有 1428 名非遗传承人；2023 年共有 1379 万网友在抖音分享非遗体验，国家级非遗相关视频累计分享量同比增长 36%，国家级濒危非遗相关视频数量同比增长 33%。[2]《2024 快手非遗生态报告》显示，2023 年快手非遗相关视频播放量同比增长 40%，非遗直播获得超 370 亿次观看，非遗深度兴趣用户超过 9500 万。[3] 平台、专业机构和专业生产者、用户等针对特定主题，从某个或多个视角对已有的信息内容进行搜集、筛选、组织、保存、呈现和分享，构成短视频平台参与非遗传播创新与网络文艺生产的关键路径。多样化的线上参与形式是短

---

① 央广网. 在数字时代做"学习型非遗传承人"：微信·非遗传承人数字技能专题培训课程上线［EB/OL］.（2022 – 06 – 11）［2024 – 05 – 07］. https：//baijiahao. baidu. com/s？id = 17353287634857 89307&wfr = spider&for = pc.

② 文汇报. 2024 抖音非遗数据报告显示：30 岁以下传承人同比增长 72%［EB/OL］.（2024 – 06 – 06）［2024 – 06 – 10］. https：//baijiahao. baidu. com/s？id = 1801111119364933189&wfr = spider&for = pc.

③ 快手.《2024 快手非遗生态报告》：非遗创作者人均总收入同比增长 55%［EB/OL］.（2024 – 06 – 08）［2024 – 06 – 10］. https：//new. qq. com/rain/a/20240608A01PB400.

视频平台的一大特色。快手发起"新市井号角儿""新市井匠人"等话题活动，为戏剧达人和传统匠人提供展示平台，同时利用传统节气节日开展"快手节气活起来"视频分享活动，让非遗更加接近现代人们生活。抖音打造"抖音非遗市集"话题，邀请传承人线上开讲、连线教学，展示口技、古琴等非遗内容，也鼓励用户秀出身边的非遗故事，拍摄雕漆、油纸伞、陶瓷、景泰蓝等非遗相关素材。① 抖音在 2022 年"6·18"活动期间特别推出"守艺非遗"社会价值专区，借助"看见手艺计划"的扶持，在线上搭建"衣""食""住""行"四大主题会场，同时开启抖音互动话题助力传承人及传统手工匠人，通过直播、短视频、"非遗好物推荐官"等形式"种草"非遗技艺，推介传统手工艺品、老字号产品和国潮好物。"抖音广州非遗馆"在2022 年"广州非遗购物节"期间发起"遇见广州非遗"等话题，对优质非遗短视频进行流量扶持，主办方还进行"最佳直播间""最佳非遗主播""最佳创意短视频""最具人气短视频"等评比，形成"人人都是非遗带货达人"的热潮。②

哔哩哔哩（Bilibili，简称"B 站"）是年轻人潮流文化娱乐社区，UGC（user generated content，用户生产内容）作为其特色优势模块一直在行业中独占鳌头。例如，"卢正义的雕刻时光"在 B 站拥有 200 万粉丝，木雕手艺人卢正义通过记录以二次元为主题的木雕雕刻全过程，找准"二次元与趣味性"这一沟通元，极大拉近了传统木雕手工技艺与年轻人的距离。非遗还成为众多 B 站视频的创作来源，B 站博主"盗月社食遇记"就曾二创豫剧《花打朝》中程七奶奶吃鱼的片段，将其演绎成古代"吃播"，利用现代流行语境实现受众对传统剧目的共情，得到了受众尤其是年轻群体的认同（杨天宏，2022）。

此外，自媒体也成为非遗题材影像作品传播不可忽视的重要途径，例如，

---

① 青原. 一千六百余部影像集中呈现非遗魅力 非遗"云"上展芳华 [EB/OL]. (2020 – 06 – 17) [2024 – 05 – 07]. http：//gz. people. com. cn/n2/2020/0617/c370110 – 34093746. html.
② 王彬. "非遗购物节"：享文化 购好物 [N]. 中国文化报，2022 – 06 – 14 (4).

常州梳篦传承人邢粮与知名度较高的自媒体"二更"合作，在平台上发布一条名为"扬州胭脂苏州化，常州梳篦第一家"的微纪录片，作品时长仅6分34秒，以邢粮的陈述为主线，讲述了常州梳篦的发展历程、制作工艺等，在"二更"发布后点击量达到200多万人次（刘丹、杨会，2019）。

二、电商平台

随着消费者购物渠道由线下向线上迁移，电商平台成为非遗资源批量接入入口。从综合性电商平台看，淘宝、京东、拼多多等主流电商平台因其庞大的用户基础，获得大量非遗卖家的青睐，也是非遗消费的主要阵地。数据显示，2022年淘宝平台非遗店铺数为32853家，非遗产品消费者规模达亿级，非遗交易额超30亿元，18个非遗产业带在淘宝天猫年成交额破亿元。[1]淘宝常态化开展"天猫拾遗计划""淘宝匠人计划""非遗火种计划""神店有神人"等传承人扶持计划，提升传承人搭建运营电商店铺和营销非遗产品的能力，为非遗产品和传承人突破年轻圈层提供助力。这些平台还积极参与各地政府及文化和旅游部门组织的非遗购物节活动。例如，淘宝在2020年非遗购物节采取主播推荐非遗好物、"淘宝匠心会场"等形式推介非遗文化和产品。京东在非遗购物节围绕吃、穿、住、用、玩等维度，聚焦近百家非遗品牌，开展"舌尖上的非遗""针尖上的非遗""时间中的非遗""指尖上的非遗"等场景推介活动，除站内京东直播频道外，还联合京东JD. COM视频号打造"京东非遗购物节"行业直播日，实现公私域、微信域资源百万级曝光，集中站内外资源将更多具有传统文化元素的非遗产品通过直播形式让大家熟知。[2]

从垂直性电商平台看，目前聚焦非遗领域的电商平台以"e飞蚁"和东

---

① 电商最前线. 共创"中国式浪漫"，看非遗商家如何在淘宝打造生意增长新曲线［EB/OL］.（2023 – 09 – 14）［2024 – 06 – 10］. https：//baijiahao. baidu. com/s？ id = 1777007784411005399&wfr = spider&for = pc.

② 青原. 一千六百余部影像集中呈现非遗魅力 非遗"云"上展芳华［EB/OL］.（2020 – 06 – 17）［2024 – 05 – 07］. http：//gz. people. com. cn/n2/2020/0617/c370110 – 34093746. html.

家较具代表性。"e飞蚁"主要从事非遗展览、展示、交易，以"1+N战略，O2O模式"汇聚非遗大师作品、青年艺术家作品、非遗衍生创意产品，为非遗传承人和文化企业构建全方位推广平台，为非遗产品搭建立体营销平台。"e飞蚁"通过搭建电商平台PC端及微信版，并和后台内容系统对接，最终打通整个非遗产品供需业务流程。PC端电商平台具有基于全网数商B2B2C产品标准功能，微信版可以实现前端商品详情展示、订单处理、会员中心登录、扫码查看商品详情、就近门店配送、支付、查询物流信息等功能。东家则以App为主要载体，是一个聚焦匠人手作的电商平台，平台上传统非遗手艺人接近20%，截至2020年累计成交金额超过3亿元。在东家特色的创新型电商工具和营销策略中，押窑、拍卖、直播和众筹等最有利于非遗商品成交转化，帮助东家非遗匠人用互联网营销方式提高销售，扩大影响力。2020年非遗节期间，东家利用App线上平台优势集中展示上千位非遗匠人逾万个商品，并在站内外平台持续大量推广非遗商品与匠人。据统计，每天有10~20位非遗匠人代表不间断直播，在向用户普及非遗文化和非遗保护的同时讲解商品，完成相关售卖转化。

三、视频平台

视频平台的非遗内容包括视频分享模式和网站自制内容模式。视频分享模式下网站只提供播放平台，非遗视频由网站运营商或网友上传，符合网络互动性和分享性的媒体特征，且成本低廉，但也存在视频类型单一、质量良莠不齐、盗版侵权等缺陷。网络非遗视频内容以传统戏剧、曲艺、传统技艺、传统美术、民俗等可以直接欣赏的类型为主，优酷、爱奇艺、腾讯、酷6网等综合性视频网站均存储了大量非遗视频。此外，专门性非遗网站上也积累了为数众多的视频资源。以戏剧和曲艺为例，可以分为三类：一是综合性戏曲网站，如中国戏曲网、神州戏曲网、九九戏曲网等网站上均有大量各地戏曲剧种的视频选段，涵盖京剧、越剧、豫剧、黄梅戏等数十种代表性戏曲；二是聚焦某类戏曲的垂直类网站，如中国京剧艺术网、中国沪剧网、中国川剧网等网站有各自剧种的视频资源可供在线观看和下载；三是区域性戏曲网站，如山西戏剧网、河南戏曲网等网站集合了域内代表性戏曲的视频资源。这些网站戏曲视频种类繁多，有的还提供曲谱和伴奏下载，基本能够满足受众群体的观看和学习需求（周秋良，2015）。

随着网络视听内容的日益多元化，也有一些视频平台避开影视、娱乐等热门视频消费的红海，转向相对冷门的非遗视频利基（Niche）市场，开始推出特色自制非遗影像专区，创造视频产品和服务的差异性优势。例如，腾讯视频着重打造"美食"标签，聚合《非遗美食》《早餐中国》等多部美食纪录片，展现丰富多样的非遗美食。优酷连续多年上线非遗影像展，集中展示《国宝100》等数百集非遗相关纪录片，并开启"非遗公开课"公益直播，打造直播版《了不起的匠人》。五洲传播中心推出的《指尖上的传承》纪录片于2015年7月在爱奇艺网首发，之后又在优酷土豆、腾讯、芒果TV、凤凰视频等网络视频平台播放，仅上线三天点击率便突破了3000万次，网友评分高至9.3分，很多网友都把视频分享到自己的朋友圈，传统技艺仿佛掀开了自己神秘的面纱，刷爆各大社交媒体。

四、非遗网站

非遗网站指以网页为载体，以互联网为传播途径，集中呈现非遗数字图文、音视频等信息的展示形式，内容一般涵盖资料介绍、知识聚合、互动交流、产品推广和销售等。

第一，资料介绍。多数非遗网站均提供代表性非遗项目和传承人的图文介绍，有的网站还按行政区划提供非遗地图，点击即可查看所在地区的非遗名录，如中国非遗传承网、湖北省非物质文化遗产网等。部分非遗网站提供书籍、报刊的在线阅读或下载服务，例如：浙江非遗网非遗视界栏目提供非遗书籍推介和在线阅读，类型涵盖丛书、大观、读本、课题出版物、论文报告集、传承人口述史丛书等多种类型；贵州省非遗保护中心网站的内刊阅读栏目提供《贵州非物质文化遗产》电子杂志下载及当地非遗书籍的推介，有的甚至可以免费寄送。多数非遗网站上都有大量非遗音视频资源可供下载，如中国非物质文化遗产网资源栏目除了提供各地代表性非遗音频和视频资源，还有少量 H5 赏析。此外，在文旅融合大背景下，各地旅游宣传网站在介绍当地文旅资源的时候往往也融入大量非遗资料和活动资讯（郭会娟、庄德红，2017），如河北旅游资讯网的探秘河北栏目、好客山东网的初识山东栏目等。

第二，知识聚合。除了直接展示非遗项目外，部分网站还对非遗知识进行整合和再加工，推出非遗主题的电子杂志、在线慕课、动漫故事、讲座、书籍、音像制品等，或者将非遗重要事件、资讯、活动整合成专题形式，形成新的非遗知识聚合体（倪晓春、张蓉，2017），如中国非物质文化遗产网学术栏目就搜集整理了论坛、调研、访谈和学科建设等资料，方便受众进行查阅。

第三，互动交流。部分非遗网站注意到网络双向交流的便利性，设置了受众信息反馈和收集的入口，例如：杭州市非遗网的"建言献策""你问我答"和"在线调查"版块；苏州非遗信息网提供"市民信箱"，市民可以将意见及建议直接发送至电子邮箱。

第四，产品推广和销售。非遗网站不仅可以作为了解非遗信息的重要窗口，还可以成为非遗产品的展示平台和销售的流量入口，或引入第三方非遗店铺或卖家获得广告收益。例如，贵州省非遗网就对苗族银饰、苗绣、蜡染等当地特色非遗产品进行介绍；中国手艺网也以非遗工坊为重点，推出非遗店铺"云探店"活动，通过让传承人介绍非遗产品及其蕴含的非遗技艺和传统文化，展现非遗助力就业增收的动人故事。

五、线上线下联动

线上线下联动是目前各行各业在互联网时代背景下的共同选择，同时也可以成为非遗打通时空壁垒、拓宽传播范围的有效方式。非遗机构和企业一方面可以借助互联网媒介受众群体广泛和传播范围突破时空限制等优势，提升非遗网络影响力。另一方面可以实现线上流量线下变现，带动非遗实体空间和产品的体验和消费；同时，线下人气的提升也能够进一步提升非遗网络热度，反哺线上。

第一，"社交媒体/电商平台＋线下活动"形式。在社交媒体与线下活动相结合上，如每年"文化和自然遗产日"期间，各地的非遗相关公众号就会集中报道当地非遗主题系列活动。例如，"江苏非遗"公众号推送的《538项活动精彩纷呈，2024年"文化和自然遗产日"宣传展示活动新闻发布会召开》等系列文章，对省级及省内各地市的非遗宣传展示活动进行集中介绍，还通过问答的形式对大众比较关心的问题进行说明，方便大众及时了解活动总体安排及亮点特色。电商平台开展的线上线下非遗主题活动多数集中于文化遗产日、电商促销节庆期间，与地方政府、企业、传承人的互动效应明显。例如，2022年6月山东省文化和旅游厅组织开展"2022山东非遗购物节"，联合淘宝、京东、抖音、快手、新浪微博等线上平台及万达集团、银座集团的线下门店等开展非遗销售和展演展示活动。山东各地525名网红达人、非遗传承人在线参加活动，参与的线上线下店铺达640余家，相关非遗产品涵盖衣、食、住、行各个方面。地方政府牵头组织的线上线下非遗主题活动也较常见，如四川省文化和旅游厅等6单位以"非遗传承健康生活"为主题举办的"四川非遗购物节"，截至2023年6月已举行四届，涉及省内21个市州。活动期间推出购物专区和集成平台，邀请全省非遗传承人、非遗工坊、老字号和非遗相关企业共同参与，涵盖云端购物、线下活动等多个环节。各市州甄选非遗优质产品，开启云端购物和直播带货大比拼。除了提供折扣优惠外，"四川非遗购物节"还联动各网红主播，与观众一同探寻非遗好物，体验技艺背后的故事和文化。线下活动在成都市天府新区南新村线下集市举行，即便没有时间亲临现场，观众也可跟随网络达人的直播"云游"集市。

第二，"数字藏品＋线下活动"的形式。随着数字藏品在年轻群体的热度越来越高，开发主体也注意到数字藏品带动线下消费的虹吸效应。例如，杭州市拱墅区利用大运河非遗数字藏品实现了虚实结合和线上线下联动，致力于打造成一个大运河城市非遗"会客厅"。部分数字藏品会附赠线下权益，如能在位于大运河畔的全国传统工艺工作站杭州拱墅站与大运河非遗项目"亲密接触"，兑换非遗体验课程、运河茶歇等非遗项目权益。[①] 南京夫子庙文旅集团于 2022 年 5 月推出《秦淮灯彩》系列数字藏品，并正式上线网易星球数字平台。线上购买独一无二数字藏品的同时，有机会获得南京中国科举博物馆的线下参观权益，藏家凭身份证与相应编号的数字藏品，可前往秦淮·非遗馆兑换专属纸质门票，游览这一埋藏在地下的历史"宝匣"。[②]

第四节　展览/接受/传递：非遗数字化内容的空间

非遗展览、接受和传递指为受众群体提供非遗的展示场所及活动空间。数字技术的发展使非遗的保护与展示突破时空限制，可以在虚拟空间中以一种更为直观的方式再现其真实的历史、文化和地理信息。目前非遗的数字化展览、接受和传递主要有虚拟博物馆、沉浸式场景、数字元宇宙三种方式。

一、虚拟博物馆

虚拟博物馆突破非遗传统实体档案资料和展陈实物的空间和材质限制，为非遗资源的信息化存储和利用提供了新的思路，促使其走向更深更广的社会空间（潘彬彬，2019）。与传统的实物展示相比，数字展示在非遗自然属性和文化属性展示方面具有可以现场体验非遗、体现品牌形象、扩大信息的开放和交流、综合多种功能等优点（见表 3.2）。非遗虚拟博物馆在各类技术应用上已较为普遍和成熟，具体实践中首先要注意非遗类型的匹配度，如习俗类可以采用动漫和 H5 等形式，营造体验氛围；其次，要注意深入挖掘非

---

① 杭州日报．数字化共享　激活非遗传承"新活态"［EB/OL］．（2022 - 07 - 12）［2024 - 05 - 07］．https：//baijiahao. baidu. com/s？ id = 1738156585345086543&wfr = spider&for = pc.

② 南报网．首发!《秦淮灯彩》系列数字藏品明日正式上线［EB/OL］．（2022 - 05 - 23）［2024 - 05 - 07］．http：//www. njdaily. cn/news/2022/0523/44636891764878889149. html.

遗文化内涵，如民间文学可以通过虚拟数字人进行讲述和互动；最后，要以恰当的互动形式链接观众，如传统技艺和传统美术的展示可以搭配体验类操作。

表 3.2 非遗实物展示与数字展示比较

特征比较	实物展示	数字展示
自然属性	优点：有氛围和展示空间感；有经组织和规划的展厅 缺点：不可触碰；时效性的考虑；安全问题；投资成本	优点：可以现场体验非遗（如陶瓷）的质地和物理性能；实现品牌形象的符号化，也是重要的非遗信息来源 缺点：受众自身条件受限制；展览规模独立
文化属性	优点：显示效果针对性强；显示类别灵活多变；信息盲点减少 缺点：数字信息转换标准不统一；珍贵的收藏品不能被复制	优点：扩大信息的开放和交流；综合多种功能 缺点：社会接受度低；数字知识产权问题

资料来源：Xie（2021）。

目前，非遗虚拟博物馆主要有三种形式（刘清堂等，2017）。第一，网站式博物馆。即以网页集成的形式展陈非遗图文及音视频资料，用户通过点击网址链接的方式浏览观赏。例如，晋中非遗数字博物馆设置了非遗名录、非遗传人、非遗地图、行业知识库、多媒体专区和在线课程等版块，对当地非遗生态进行比较全面的介绍。此外，还有针对某个非遗门类的专题博物馆，如中国美术学院图书馆建设的皮影数字博物馆，包含皮影相关的图片、音视频、道具、口述史、艺人、文献等众多数据库资料（彭建波，2012）。第二，实地拍摄博物馆。以实体博物馆全角度多空间拍摄为基础，再通过图片处理软件实现后期拼接剪辑，最后再上传网络供用户自主参观。例如，陕西非遗数字博物馆的"云赏非遗"版块，下设"省级非遗馆""市级非遗馆""区县级非遗馆"三个子版块，通过文字、照片、音频、视频、模型、场景等形式，利用全景720、VR等技术形象展示馆内的非遗项目，为全省各级非遗陈列馆提供云端平台和掌上窗口。第三，Web3D虚拟博物馆。结合3D投影技术与3DMax等三维建模软件，可以实现类似裸眼3D屏幕的沉浸式体验。

Web3D 虚拟博物馆为用户提供了一个高度仿真的非遗体验环境，实践上可以采用虚拟漫游、虚拟拍照、虚拟问答、虚拟游戏等形式，同时用户可以借助界面互动和人机交互技术实现与虚拟场景或人物的链接，提升其参与感和沉浸感。例如，襄垣炕围画数字博物馆借助三维数字模型技术和 VR 技术，将炕围画知识、襄垣本土戏曲、曲艺（鼓书）、民歌、文学作品、特色民俗活动、特色手工艺、地方土特产等与炕围画有效链接、有机融合，打造出一个多维度的炕围画数字 VR 交互体验空间。

二、沉浸式场景

场景是由消费设施和消费实践组成的具有符号意义的社会空间（陈波、延书宁，2022）。沉浸式场景一方面依赖数字声光电设备、三维投影、虚拟现实、增强现实、人机交互等技术支持，另一方面要为受众提供具有象征意义的明确主题，使其在场景中能够开展社会交互实践并获得区别于他者的新的身份和文化价值（龚思颖，2020）。

沉浸式场景为非遗数字化展示空间提供了实践创新的思路，目前主要有线上和线下两种形式。第一，线上沉浸式场景，以数字游戏为最常见的类型。例如，由腾讯北极光工作室研发的 3D 武侠题材游戏《天涯明月刀》，于 2021 年 12 月在福建永定土楼环兴楼打造集"沉浸式导游""互动式展览馆""角色扮演实景剧本杀"于一体"客从何处来"主题沉浸式剧场，《天涯明月刀》游戏内也同步更新东越土楼场景，融入万应茶、太公家训等当地非遗与客家文化元素，连通线上线下，打造数字文旅新体验。第二，线下沉浸式场景，多见于非遗沉浸式舞台展演。王铉和戴姗珊（2019）介绍了《声影·中国》全景声多媒体电子音乐会的"技术研发"与"艺术呈现"创新，通过电子音乐与现场器乐演奏、舞蹈戏曲表演与投影及 LED 视频互动、感应装置与计算机交互等多种舞台表现形式的创新融合，营造了包括音乐非遗在内的中国传统音乐沉浸式多维空间。

三、数字元宇宙

受益于日新月异的数字化技术、新冠疫情带来的非接触文化以及互联网产业的风口，元宇宙成为经济和科技领域炙手可热的概念之一。元宇宙是利用科技手段进行链接与创造、与现实世界进行映射和交互的虚拟世界和具备新型社会体系的数字生活空间（詹一虹、孙琨，2022）。元宇宙演进可以大致分为3个模式，即以文学、艺术、宗教为载体的"幻境"，以游戏和社交软件为载体的交互空间和以去中心化的虚拟社交为载体的元宇宙形态（铁钟、夏翠娟和黄薇，2023）。元宇宙的基础是利用数字孪生技术完成对现实世界的镜像化架构，再通过区块链和扩展现实等技术完成对虚拟世界社会和经济生态系统的构建，受众在其中可以自由进行内容生产和时空编辑，最终实现虚拟世界与现实世界的联动对接，使受众获得更为真实、更具沉浸感的多感官综合体验。

非遗数字化的元宇宙模式，指利用扩展现实、数字孪生、区块链等技术链接、创造一个与现实非遗世界映射与交互的虚拟非遗世界，构建具有新型社会关系的数字非遗空间（刘中华、焦基鹏，2023）。从非遗产业实践发展来看，非遗产品已经从单一的、初级的手工艺品、表演节目、民俗活动演变为"全过程"产品，如非遗体验课堂、沉浸式非遗演艺、非遗民宿、非遗研学线路等，而元宇宙恰恰可以充分满足"全过程"非遗产品的设计、互动、传播等方面需求。[①] 元宇宙具备边界突破与非线性叙事、多重身份与多世界诠释、高度的交融性等关键特征（卢勇、任思博，2022），从一定程度上消解了人、物、场割裂的状态。以元宇宙展览为例，其综合了传统线下展览与虚拟现实展览的优点（见表3.3），在元宇宙中搭建非遗文化产业场景可支持对非遗产品的线上消费和体验，也可通过虚拟化身与从业者进行互动与交流，

[①] 杨飞. 非遗可否元宇宙？［EB/OL］.（2022 – 01 – 06）［2024 – 05 – 07］. https：//baijiahao. baidu. com/s？id = 1721167393344364923&wfr = spider&for = pc.

观摩非遗展演或制作过程，并可通过数字代币产生交易行为，实现非遗文化价值的最大化。

表 3.3　　　　　　元宇宙展览与传统线下展览和虚拟现实展览比较

	传统线下展览	虚拟现实展览	元宇宙展览
真实感	强	弱	强
沉浸感	强	弱	强
是否是受制于时空	是	否	否
互动形式	多感官 + 肢体	视听手为主	多感官 + 肢体
多媒体交互形式	较少	丰富	丰富
设计成本	高	低	低

资料来源：申若希、吕林雪（2022）。

在非遗元宇宙的实践上，广州、西安、北京等旅游热点城市较具代表性。广州非遗街区（元宇宙）以北京路骑楼为原型搭建，包含广彩、广绣、榄雕、箫笛、通草画、象牙微雕、岭南古琴、西关打铜八大项目，每个项目均挑选了代表性的精品进行 3D 数字建模，结合 5G 云计算、AR/VR 等技术，高精度全方位展示非遗工艺和产品细节。现场还有基于"联通 5G + 北斗"的无人零售车，可供市民和游客扫码完成非遗产品的支付购买，全面体验集文化、场景、消费于一体的非遗新模式。[1] "非遗广州红"元宇宙虚拟营地依托数字建模与虚拟引擎核心技术，复刻房车帐篷和天幕戏台，构造虚拟露营场景，营地特邀广东音乐、广东醒狮、粤剧、粤语讲古、洪拳、广州剪纸、广式月饼制作技艺、舞火龙八个代表性非遗项目进驻，打造集非遗展示、数字体验、互动打卡于一体的非遗综合体验空间。[2] 2023 年 1 月，陕西自然博

---

[1]　何钻莹. 全国首创元宇宙非遗街区，广州非遗街区（北京路）今日开街［EB/OL］. (2022 – 06 – 12)［2024 – 05 – 07］. https：//www. gzdaily. cn/amucsite/web/index. html#/detail/1854615.

[2]　邓潇丽. "非遗广州红"元宇宙虚拟营地线上线下同步开营［EB/OL］. (2022 – 09 – 15)［2024 – 05 – 07］. https：//www. gzdaily. cn/amucsite/web/index. html#/detail/1920438.

物馆推出"山海长安"元宇宙灯会，其间市民和游客可在灯会现场进行观展、挂灯、祈福等活动，还可以在元宇宙生活空间上传照片创建自己的数字人形象，并通过道具装扮、捏脸、AI语音、灯会场景装扮等交互模式，完成全新体验的拜年祈福分享。市民和游客在光年元宇宙所有的挂灯、祈福等行为，均会通过区块链形成永久唯一的可信数字权益凭证。① 北京市西城区2023年春节推出"元宇宙·厂甸庙会"，市民和游客通过小程序可以观赏到一比一复刻的北京琉璃厂古文化街，在基于现实构建的虚拟场景里参与"拼手速·吹糖人""猜灯谜·云探店""放烟花·迎福气""逛非遗·买年货"等丰富多彩的民俗活动，完成相应任务后还可以前往线下琉璃厂老字号商铺领取节日礼品。②

第五节 消费/参与：非遗数字化内容的体验

从需求的角度出发，非遗消费和参与指受众群体付费或免费参与、体验非遗内容的过程，包括观赏非遗现场演出、听非遗戏曲、看非遗视频、体验非遗项目等。数字时代大众的非遗消费呈现"便于传播""易于获取""主动选择""双向选择"等消费特征（张纯，2012），给非遗消费和参与带来新的发展空间。非遗消费和参与本身即为受众对非遗产品的体验，即受众在使用非遗产品或享受非遗服务之前、使用期间和使用之后的全部感受，包括情感、信仰、喜好、认知印象、生理和心理反应、行为和成就等各个方面（郭会娟、庄德红，2017）。本节从感官体验、情感体验、文化体验三个方面总结非遗数字内容消费和参与的产业实践。

---

① 秦毅，赵楠. 虚实融生·神兽降临 元宇宙新春灯会幻美呈现"山海长安"［EB/OL］. (2023 – 01 – 15）［2024 – 05 – 07］. https：//baijiahao. baidu. com/s？id = 1755069819231142021&wfr = spider&for = pc.

② 李航. 当庙会遇上元宇宙 科技让非遗有了"新玩法"［EB/OL］. (2023 – 01 – 27）［2024 – 05 – 07］. https：//m. gmw. cn/baijia/2023 – 01/27/36323007. html.

一、感官体验

感官体验指用户通过视听嗅触味等五感接触及感知产品的过程。多数非遗数字内容的消费属于偶然型消费，因此首先要让消费者感受到审美共鸣和感官愉悦，以获得良好的第一印象。

第一，非遗数字产品要体现自己便捷的操作、独特的风格和新颖的创意，以便快速将用户引入非遗信息交互的场景过程（郭会娟、庄德红，2017）。例如，抖音上短视频的滤镜、时间均可以植入特效，实现文字特效、叠覆特效、动画元素及分屏效果等，为用户直观感知非遗提供了更多样和有趣的体验媒介。AR 贴纸特效和变装特效就被经常采用，京剧武旦和越剧小生角色贴纸受到广大用户的喜欢，用户借助动态脚本技术也可以无门槛体验川剧变脸，方便用户理解和体验非遗戏曲行当的扮相。又如江南丝绸文化博物馆借助虚拟现实技术打造的 VR 全景织机体验项目，通过影像数据采集手段建立织机实物三维模型，保存文物原有的各项数据和空间关系等重要信息，同时利用虚拟现实技术让观众亲自"上手"了解大花楼织机和云锦织造的运行原理。只要戴上 VR 设备，就能近距离 360 度"触摸"大花楼织机，还可以将织机的 1000 多个零部件进行拆分、组合，了解每一个部件的名称和用途。

第二，一致性的视觉体验设计容易使用户将交互界面与非遗元素关联起来，增强对非遗产品和品牌形象的感知。例如"江苏非遗"微平台一般将受众比较关注的非遗资讯、展演预告和非遗云课堂作为推荐标题，封面设计尺寸、像素与标题风格比较统一。在文章页面较多以方框形式加以区隔，配以色彩明艳的关联图片，文字处理上标题与正文内容采用不同字号和大小的字体，整体视觉观感上较为舒适，有效增强了用户对公众号辨识度（王文聪，2017）。

二、情感体验

情感体验指用户通过非遗体验所引起的心理变化过程。互动仪式理论指出，仪式上高度相互关注所带来的在场感会使参与者产生情感上的关联，形成具有共同身份符号意义上的认同感，也会给参与者带来驱动其进行道德上所容许行动的情感能量（柯林斯，2012：71-72）。很多非遗本身就具有一定的仪式性和互动性，围绕非遗展演者为中心形成具有文化仪式和表征意义的参与和交流空间，受众在与展演者互动的过程中（如现场语言、肢体动作交流）构成在场的精神交互实践。借助数字平台还可以实现非遗的身体虚拟在场，通过算法可以对局外人进行设限，通过非遗垂直内容分享可以实现共同聚焦，通过非遗点赞评论可以分享共同情感，进而促进对于非遗文化的认同（彭慧、秦枫，2021）。

在用户同数字信息交互的过程中，情感体验是影响非遗数字传播质量的关键，是用户认知行为层面的情绪反映。积极情感体验对用户行为具有正向的鼓励和引导作用，可以促使其产生浏览、下载、点赞、转发等有利于非遗数字内容口碑的行为；反过来，消极的情感体验则可能造成用户的反感和抵制，甚至成为负面口碑的源头（郭会娟、庄德红，2017）。在非遗数字化产业实践中，情感也正在成为产品或服务提供者引导消费、参与竞争、塑造品牌的一把"利器"。例如，快手上的"侗族七仙女"素人主播，在其短视频作品中较多采用直播的形式，从不同角度延展与受众的情感链接：一是直播捕稻花鱼、做黑糯米饭、上山采树叶、推牛下地耕田等充满生活气息内容，满足观众对乡村生活的渴望，也会令其产生陪伴感。二是身穿侗族传统服饰和银饰，直播唱侗族大歌、制作酸汤鱼、侗族婚礼、长桌宴等民族特色的内容，增强视频内容的辨识度和现场感。三是借助综艺节目和媒体采访等契机，与观众进行连麦互动、玩游戏、唱歌等活动，增强粉丝黏性（栾轶玫、张杏，2020）。

三、文化体验

非遗项目蕴含的文化内涵是特定地域和群体世代传承的社会实践、观念、知识、技能及其物化表现形式。文化体验即受众对非遗文化内涵感知所带来的身份认同塑造的过程。作为符号消费的一种，文化产品的消费更多是一种差异性消费，缺少区别于其他产品的独特符号价值，文化产品就会失去市场竞争力。各地区非遗的原创性决定了其具有独特性、不可替代性和稀缺性等特征，从而使其成为最能体现差异性的文化产业资源，能够带来经济效益的增量价值（李昕，2008，2011）。

受众通过对非遗数字内容产品的体验，能够基于内容质量和体验满意度产生主观评价，进而会影响对非遗文化的归属感和认同感产生影响（郭会娟、庄德红，2017）。例如，北方昆曲剧院基于数字游戏《2048》的规则，推出《2048 牡丹亭版》游戏，原版的数字由《牡丹亭》的折子戏和曲词图片替代，昆剧戏迷或爱好者可以通过参与游戏重温或熟悉昆曲经典剧目。中央美术学院 2012 年发布的《中国古典家具》App 以明代榫卯家具为主要内容，通过动画演示和交互设计进行虚拟家具组合的游戏，较好吸引了用户沉浸于精美绝伦的传统非遗木作文化，使用户短时间内对榫卯家具产生立体的认知（宋方昊、刘燕，2015）。文化产品生产商在了解消费者偏好的基础上，主动丰富产品的差异性价值，提供消费者观察、感受、体验异地或异质非遗文化，有利于满足其求新和求异需求，是文化产业未来发展的一个重要方向。例如，快手进行的非遗知识付费市场化探索，在用户学习体验非遗文化的同时，也为平台和传承人带来可观的经济效益。快手于 2018 年推出快手课堂，众多用户通过课堂传统文化版块的非遗直播课程进行付费学习，课程涉及曲艺、传统美术、传统体育、美食等非遗门类，提供从教学到辅助工具、服饰、原料售卖等内容。唢呐演奏家陈力宝通过开设"百鸟朝凤"的吹奏教学课程和唢呐销售，获得了超过 40 万元的收入。①

---

① 中国新闻网．让传统文化活起来 快手发布"非遗带头人计划"［EB/OL］．（2019 - 03 - 28）［2024 - 05 - 07］．https：//baijiahao．baidu．com/s？id = 1629216231362821407&wfr = spider&for = pc.

第四章

非遗产业数字化转型环境分析

本章通过探讨非遗产业数字化转型的政策、经济、社会和技术环境，并对非遗产业数字化转型的优势、劣势、机遇和挑战进行分析，对非遗产业数字化转型的宏观和中观环境进行较为系统的阐述。

第一节　非遗产业数字化转型 PEST 分析

一、政策环境

（一）《非物质文化遗产法》为非遗保护利用提供立法保障

2011 年 2 月颁布的《非物质文化遗产法》第三十七条申明"国家鼓励和支持发挥非物质文化遗产资源的特殊优势，在有效保护的基础上，合理利用非物质文化遗产代表性项目开发具有地方、民族特色和市场潜力的文化产品和文化服务"，明确了非遗的文化价值和经济价值，鼓励非遗以保护为前提的开发利用。第十二条申明"文化主管部门和其他有关部门进行非物质文化遗产调查，应当对非物质文化遗产予以认定、记录、建档，建立健全调查信息共享机制"，为非遗数字资料的整理和系统化管理提供了必要的立法保障。

（二）国家文化数字化战略促进非遗产业转型升级

习近平总书记指出："要顺应数字产业化和产业数字化发展趋势，加快发展新型文化业态，改造提升传统文化业态，提高质量效益和核心竞争力。"① 党的二十大报告对繁荣发展文化事业和文化产业作出重要部署，提出"实施国家文化数字化战略"。2023 年 2 月，中共中央、国务院印发的《数字中国建设整体布局规划》提出打造自信繁荣的数字文化，推进文化数字化发展，深入实施国家文化数字化战略，建设国家文化大数据体系，形成中华文化数据库，打造若干综合性数字文化展示平台，加快发展新型文化企业、文化业态、文化消费模式。国家文化数字化战略的制定和实施，有利于促进非遗文化和科技深度融合，推动非遗产业数字化转型迈上新台阶。

（三）党的意识形态政策引导非遗数字产业转型方向

《中华人民共和国国民经济和社会发展第十四个五年规划和 2035 年远景目标纲要》提出，要把社会主义核心价值观要求体现到文化产业数字化发展全过程，发展积极健康的网络文化。中办、国办 2021 年 9 月印发的《关于加强网络文明建设的意见》强调，要注重引导网站、公众账号、客户端等平台和广大网民创作生产积极健康、向上向善的网络文化产品等。文化和旅游部 2020 年 11 月发布的《关于推动数字文化产业高质量发展的意见》强调要深刻把握数字文化内容属性，加强对文化产业数字化发展的规范和支持，创造出更多提振人民精神力量的数字文化产品（郑自立，2022）。这些意识形态政策为非遗产业数字化转型提供了正确的方向指引，同时也为非遗产业数字化转型作出了意识形态正当性辩护。

（四）税费优惠政策为非遗产业数字化转型提供良好营商环境

近年来，税务部门积极开展惠企利民行动，精准落实各项税费优惠政策，

---

① 习近平. 习近平重要讲话单行本：2020 年合订本［M］. 北京：人民出版社，2021：142.

支持非遗产业、民族文化产业的发展，提振手艺人们扎根行业、传承技艺的信心，带动当地创业就业，也间接为非遗产业数字化转型提供了良好营商环境。2021 年 8 月，文化和旅游部等八部门联合印发的《关于进一步推动文化文物单位文化创意产品开发的若干措施》鼓励包括非遗保护中心在内的各级各类单位开展文化创意产品开发，提出用足用好支持科技创新、改制重组和小微企业普惠性税收减免等优惠政策。地方也不断出台相关政策，如新疆哈密税务部门通过精准推送，精细辅导，帮助刺绣行业及各类小微企业享受税费优惠政策，助力打造"密作"品牌；四川省合江县通过退税减税政策助力先市酱油企业扩大生产规模，拓宽销售渠道，带动了周边村民就业。目前，小规模纳税人阶段性免征增值税、小微企业"六税两费"减免、小型微利企业减征所得税等税收优惠政策，为非遗企业提供了不断优化的税收营商环境。部分非遗资源富集的地区，还通过提供专家团队服务、"一对一"政策宣传辅导、畅通线上线下税企沟通渠道、建设大数据税务平台等形式提供高效便捷的办税服务。

二、经济环境

（一）文化产业高速发展拓展非遗产品供给渠道

据国家统计局核算，2021 年全国文化及相关产业增加值达到 52385 亿元，占 GDP 的比重为 4.56%，接近 5% 的国民经济支柱性产业标准。通过对全国 6.9 万家规模以上文化及相关产业企业调查，2022 年文化企业实现营业收入 121805 亿元，比 2021 年增长 0.9%。其中，文化新业态特征较为明显的 16 个行业小类①实现营业收入 43860 亿元，比 2021 年增长 5.3%，快于全部

---

① 16 个行业小类是：广播电视集成播控，互联网搜索服务，互联网其他信息服务，数字出版，其他文化艺术业，动漫、游戏数字内容服务，互联网游戏服务，多媒体、游戏动漫和数字出版软件开发，增值电信文化服务，其他文化数字内容服务，互联网广告服务，互联网文化娱乐平台，版权和文化软件服务，娱乐用智能无人飞行器制造，可穿戴智能文化设备制造，其他智能文化消费设备制造。

规模以上文化企业 4.4 个百分点。非遗是文化资源的重要组成和文旅产业的重要接口，在种类、跨度、数量和可变性上，都为文化供给和文化业态提供了持续创新的资源。而文化业态不断生发新的增量变化，也为非遗的深度利用和非遗产品的供给渠道提供了更广阔的市场空间。

（二）人均 GDP 增长促进非遗文化消费时代到来

依照国际经验，人均 GDP 与文化消费水平存在正相关。人均 GDP 表明一个国家人民可支配收入和生活水平的提高，相应地，属于精神消费领域的文化消费可能会出现快速乃至井喷式增长。2022 年，我国人均 GDP 达到12741 美元，已经进入文化产业和文化消费的快速发展时期。从文化消费总量上看，国家统计局公报显示，受新冠疫情影响，2022 年全国人均教育文化娱乐支出同比下降约 5%，随着我国平稳进入"乙类乙管"常态化疫情防控阶段，文化消费与经济发展的良性互动正在逐步增强。随着我国人均 GDP 持续增长和文化自信不断增强，非遗越来越多地进入社会消费领域，由文旅产业指数实验室推出，阿里研究院牵头撰写的《2022 非物质文化遗产消费创新报告》显示，商务部认定的 1128 家老字号中，超过七成具有非遗要素，淘宝平台非遗店铺数三万多家，非遗商品消费者规模已经达到亿级。[①] 可以说，非遗文化消费快速增长的时代正在到来。

三、社会环境

（一）非遗产品文化认同不断增强

非遗产品具有独特的精神价值，与国家、民族、区域天然具有情感上的关联，具有使消费者获得文化认同的潜在优势。首先，非遗产品具有一定共同文化基因上的深层传承价值，任何一项非遗产品都与"个体""群体"等

---

① 戴珩. 丰富非遗消费方式和消费场景［N］. 中国文化报，2023 - 01 - 03（2）.

人的因素相关，即非遗产品具有社会性特征，并体现出各民族社会传统文化的差异性、多样性和个性，从而容易被消费者感知。其次，非遗产品作为文化产品序列的组成部分，其自身具有比较强烈的符号属性。非遗是作为特定区域内人群的文化符号而存在的，其"通过语言符号与非语言符号来构筑集体意识的意义世界的符号性"（刘菲，2014）。作为以非遗资源为基础的各样产品，也继承了非遗的这种符号属性。特别是现代媒介对非遗符号和形式的不断重述（如各级非遗代表性项目名录和传承人的公布、媒体对非遗现代生存危机的探讨等），更强化了社会主体对非遗产品的文化符号的感知。对特定地域或文化群体来说，对非遗产品的消费使他们"共同拥有同样的编码、分享那些与另外某个团体有所不同的那些相同的符号"（鲍德里亚，2014），从而获得某种特定的符号文化认同。

（二）新冠疫情催生非遗数字新业态涌现

囿于新冠疫情，人们的出行意愿和空间受到一定的限制，居家等相对封闭的环境下也驱使人们更为追求文化精神的满足，非遗新业态的虚拟性、丰富性和多样性在相当程度上与疫情下文化消费需求方式十分契合。一方面，非遗线下展演场域受限，线上传播转场需求增加，云剧场、云展览、云直播等非遗虚拟场景不受地理环境、气候时节、生态自然等外部条件的限制，也不受语言条件、人体条件、装备设施等内部条件限制，而且还能创造观众与表演者更为多样化的互动形式，如弹幕、评论、打赏等，为受众提供了更深刻、便捷的沉浸式体验，在疫情期间得到较快发展。另一方面，文旅融合背景下非遗是虚拟旅游的重要吸引物之一，非遗虚拟旅游成为外出受限条件下游客跨时空体验非遗文化的一种"现实旅游"替代，不仅可以满足年轻群体求新求奇的需要，而且对一些受到身体条件限制、出行困难的老年人群体和残障人士也更能体现公平（齐骥、陈思，2022）。新冠疫情下发展迅速的非遗新型虚拟业态，便是疫情期间文化消费的选择之一，疫情缓解之后这些业态带来的便利性和体验性使其仍有市场空间，进一步倒逼非遗资源加速网络化、虚拟化、商业化利用，也反哺了非遗产业的数字化进程。

四、技术环境

（一）互联网基础良好

一方面，信息网络的支撑作用强化。现代信息网络是数字经济的主要载体，对于数字经济发展起重要支撑作用。我国《"十四五"数字经济发展规划》和《数字经济及其核心产业统计分类（2021）》均强调数字经济以现代信息网络和信息通信技术为主要载体和驱动力。中国互联网络信息中心（CNNIC）第53次《中国互联网络发展状况统计报告》显示，截至2023年12月，我国网络基础资源方面域名总数达3160万个，".CN"域名数和IPv6地址数量均较2022年有所增长；信息基础设施建设方面千兆光网具备覆盖超过5亿户家庭的能力，5G基站覆盖所有地级市城区、县城城区；三家基础电信企业的固定互联网宽带接入用户总数达6.36亿户，其中100Mbps及以上接入速率的固定互联网宽带接入用户达6.01亿户，占总用户数的94.5%；三家基础电信企业发展蜂窝物联网终端用户23.32亿户。另一方面，互联网用户规模稳步增加，为非遗数字产品和服务积累了庞大的用户群体。截至2023年12月，我国网民规模为10.92亿，互联网普及率达77.5%，网民人均每周上网时长为26.1个小时，使用手机上网的比例达99.9%；我国短视频的用户规模达10.67亿，即时通信用户规模达10.60亿，网络直播用户规模达8.16亿，网络音乐用户规模达7.15亿，网络文学用户规模达5.20亿。[①]

（二）非遗数字化应用加速

第一，数字技术在非遗传播过程中的应用加速。当下我国非遗数字化传播实践大致分为三类：一是非遗相关机构官方网站及"两微一抖"账号，主要通过图文上传、短视频编辑、在线直播、界面交互等技术开展非遗数字化传播实践。如山东非遗保护中心网站及官微不仅通过"非遗映像"版块推介

[①] 中国互联网络信息中心. 第53次中国互联网络发展状况统计报告［R］. 2024.

十大非遗门类，还通过"非遗传习大课堂""礼乐·非遗"等版块集中展示代表性非遗影像作品和发展成果。二是非遗自媒体的数字传播，其主体为传承人、爱好者及各类"网红大V"，传播载体以提供各种便捷技术应用的第三方平台居多。例如，抖音、快手等短视频平台上大量的非遗文化短视频达人就得益于拍摄剪辑等技术和推荐算法，推出了一批题材丰富、质量精良的爆款视频。三是各级各类非遗文博场馆的数字资料库建设和推广，较具代表性的如中国国家博物馆、中国非遗数字博物馆等（申楠，2023）。

第二，数字工具日益融入非遗信息的整合、保存及利用过程，主要赋能工具包括数字档案技术和数字媒体技术，如数据库技术、扫描技术、音视频多媒体技术以及以人工智能、区块链、云计算和大数据为代表的新技术等。以非遗档案数字化保存及应用为例，非遗数字档案资源除了具有线上开放的便利性之外，还具有知识学习、群体记忆、文化认同和文创开发等多维度价值，实现非遗档案资源由"信息价值"向"数据价值""知识价值"转化，为非遗档案价值发现提供新的路径（聂云霞、龙家庆和周丽，2019）。例如，南京市档案馆通过对云锦和金箔的档案史料、口述史采访、实物意匠稿图等进行数字化处理，建成"南京云锦"和"南京金箔"两个非遗档案专题数据库，将馆藏代表性云锦实物、意匠稿档案数据使用权授权市大数据集团试点运营，并在"我的南京"App上线"金陵档案——兰台拾遗"模块，为市民及非遗文化爱好者提供非遗档案鉴赏和查询、非遗云展览等服务。

第二节 非遗产业数字化转型 SWOT 分析

一、优势分析

（一）非遗资源丰富

作为历史悠久的文明古国，我国非遗资源存量和增量在世界上名列前茅。

在高级别非遗项目上，截至 2022 年，我国列入联合国教科文组织人类非遗代表作名录 43 个，居世界第一；国务院批准公布国家级非遗代表性项目名录1557 项。在非遗整体保护上，我国十分注重非遗人文和自然环境的保护，自2007 年文化部设立闽南文化生态保护实验区以来，截至 2023 年 8 月，共设立国家级文化生态保护区 16 个，国家级文化生态保护实验区 7 个，范围覆盖17 个省份。此外，加入世界非遗保护公约以来，我国构建了完善的非遗保护机制，围绕"国家—省—市—区县"四级非遗名录体系，各级文旅、非遗保护机构及相关企事业单位构建起庞大的非遗信息资源库，积累了大量数字图文、音视频和多媒体等展示资料。丰富的资源禀赋为推进非遗产业数字化转型提供了良好基础，既可以利用互联网和计算机技术加强非遗的直接利用，如在线直播、云展览、云演艺、网络课堂等，也可以拓展非遗与数字文创、数字游戏、电子商务等的融合创新，催生出多样化的非遗产业新业态和发展新模式。

（二）文化内涵厚重

非遗是农耕社会以来一代代人生活、生产和宗教信仰的载体之一，蕴含着祖祖辈辈积累而来的卓越认知经验，以及中华民族优良传统。非遗具有内化于心的影响力，会对人们的思考和行为模式产生潜移默化的影响，成为一种具有共同心理基础的精神传统和价值取向。随着非遗所影响群体年龄和阅历的增长，人们的社会交往也随之增加，对生活其间的文化空间的接触逐渐增多，在反复的社会确认和自我意识内省过程中，非遗所蕴含的文化要素、知识和经验，会在受众头脑中以观念的形式形成相对稳定、持久的态度体系，从而进一步强化文化认同的影响。比如剪纸作为传统美术，不仅仅是剪纸技艺本身，更重要的它是社区及邻里以剪纸为纽带的互相学习、交流、团聚、互赠剪纸、年节一起贴窗花等社会实践和节庆活动。通过这些活动不仅加强了社区的情感交流和内在联结，还在美化生活的同时带来心灵的愉悦，形成共同的文化记忆。①

---

① 秦瑜. 以小见大：让传统文化活起来的非遗优势［EB/OL］.（2020 – 06 – 11）［2024 – 05 – 07］. https：//www. ccmapp. cn/news/detail？id = 5ef039ae – 3f2c – 4d7 – 9313 – 569b9b41d883.

（三）区域特色鲜明

非遗在空间上有其特定的影响或成长范围，在人群上有鲜明的语言、习俗、民族、宗教等社会属性，从而凸显出强烈的地域性色彩，如泉州南音主要流行于福建南部、台湾等闽南语系的地区，而二人转则在东北独具深厚的群众基础。在传承地域自然环境和人文素养的基础上，非遗成为该地域特定民间传统文化体系的重要组成部分，更是该地域群体耳濡目染的一种存在，具有获得区域内群体文化认同的天然优势。因此，非遗往往内化为生活于特定地域或归属于特定群体的人们个人文化经历的一部分，具有鲜活的区域文化性。

二、劣势分析

（一）传承人数字技能素养参差不齐

首先，出于年龄、教育程度、个人兴趣等原因，部分非遗传承人或创作者不懂或不愿意接触、使用数字化设备。如一些年龄偏大的传承人接触互联网和计算机技术的时间较短，身体、精力等限制条件使他们不得不放弃数字技能的学习。也有一些传承人则认为数字化的东西属于"非正统"，与传统非遗以人为主体、口传心授的传承方式相悖，主观上拒绝新技术的介入。同时，这种或主观或客观对数字技术的态度还会形成马太效应，即主动追求数字赋能的传承人拓展了新的传承理念和视界，而排斥数字技术的传承人则更为边缘化，进而使他们又强化了各自对数字技术的态度。其次，不同群体数字技能水平客观上存在较大差距。以短视频平台上的非遗内容创作者为例，真正具有较高审美水平和原创、商业变现能力，以及能够熟练应用各类数字媒体操作和网络社群运营技能的群体还是较少，多数还是以跟风模仿为主，作品题材、风格、内容比较单一。如苏州某工艺扇厂也曾因抖音"非遗合伙人"计划的流量扶持获得一批粉丝关注，但由于后续短视频内容同质化，

"取关""掉粉"现象严重（于涓，2022）。

（二）非遗项目传统落伍的刻板印象

一方面，非遗的传统性与现代社会发展存在"脱域"现象。非遗大多数源起于农耕社会，其延续和生产主要依靠历史上世世代代人类的传承相继，具有特定的历史传承规律。由于现代人的生活方式和节奏与历史、传统的生活已具有较大差异，因此，非遗容易被贴上"古老""严肃""年纪大""曲高和寡"的标签，这样的刻板印象使得人们难以靠近。另一方面，非遗的传承理念存在一定的僵化情况。一些传承人尤其是传统手艺人"敝帚自珍"，怕"教会徒弟饿死师傅"，既不愿毫无保留传授，对年轻传承群体的创新也有一定的抵触心理。久而久之，容易出现故步自封的传承现实，逐渐远离主流社会人群的审美需求。

三、机遇分析

（一）政策扶持力度加大

政策法规为非遗通过数字化实现创造性转化和创新性发展提供了战略方向与法律保障。2006 年，文化部出台《国家级非物质文化遗产保护与管理暂行办法》，提出"鼓励地方通过大众传媒等手段普及非遗知识，促进社会共享"。《中华人民共和国非物质文化遗产法》《关于实施中华优秀传统文化传承发展工程的意见》等一系列政策法规的出台为非遗数字化的开展指明了方向。2021 年，中办、国办印发《关于进一步加强非物质文化遗产保护工作的意见》，明确提高非遗保护传承水平、加大非遗传播普及力度的举措。《"十四五"文化发展规划》《关于推进实施国家文化数字化战略的意见》《关于进一步加强非物质文化遗产保护工作的意见》《"十四五"非物质文化遗产保护规划》等近年内出台的重要政策，对非遗数字化都有前瞻性布局和具体工作部署。

（二）非遗产业链日益成熟

首先，非遗专业运营服务机构和企业日渐增多。如伴随非遗直播的兴起，出现一批为非遗用户内容和专业内容生产者提供产业链广告、中介、技能培训、课程开发、品牌策划等一条龙服务的 MCN 机构，在吸引更多供给主体介入的同时也进一步完善了非遗数字内容生产链条。其次，增量资本不断进入非遗产业链。以非遗短视频为例，目前短视频的流量变现和商业运营模式已十分成熟，同样，非遗通过符号化的原乡生活和文化表征进入该领域后，构建起直播带货、视频分红、广告植入、点赞打赏等多元化的运营模式，从而以商品的形态带动消费领域的资本嵌入。资本的增殖属性在数字技术和短视频平台的双重赋能下，会驱动非遗进一步向品牌化、跨界化发展，实现非遗从"遗产"向"资产"和"资本"转化（于涓，2022）。再次，非遗产品供给群体日益庞大。根据《非遗老字号成长报告》，手淘上已吸引了近五成国家级"非遗"、近 800 个中华老字号品牌，以及数万名商家集结。最后，代表性的非遗产业空间集聚逐渐成形。近几年各地纷纷出现非遗主题园区、非遗集聚的景区，以及相关的配套产业链，使得非遗产业在空间上向一些历史文化底蕴深厚、非遗旅游资源丰富、具备集聚优势条件的地区集中，并且对该区域经济发展做出实际贡献。例如，成都市形成了一批以非遗旅游企业为核心，社会其他各类企业和机构为其提供支撑的非遗旅游产业集聚，国际非遗博览园、锦里、宽窄巷子等都是非遗旅游空间集聚的典型案例（朱德亮、曾菲菲和付业勤，2015）。

（三）大众消费模式重构

互联网推动网民消费模式变迁，间接促进了网民日益增长的非遗数字消费需求。一是在消费场景方面，从线上消费逐步转变为线上线下融合消费。早期的网络消费以线上购物辅以线下付款的形式展开。2015 年 12 月，我国网络支付用户规模达 4.16 亿，首次超过网络购物用户规模，表明互联网逐步深入线下消费场景，出门"无钱包"、消费"无纸币"习惯初步养成。特别是 2020 年新冠疫情以来，网络支付与无接触支付等方式深度结合，成为继即时通信、网络视频（含短视频）后的第三大网络应用，线上线下融合消费基本成型。二是在消费结构方面，从以实物消费为主转变为"实物＋服务"消费双轮驱动。一方面，自电子商务兴起以来，网上实物商品日益丰富，2016 年以来，零售规模逐年增加，占网上零售总额的比重保持在 70% 以上。另一方面，互联网提供大量免费内容服务及软件服务，促使以流量消费、时间消费为特点的新型消费快速增长。以网络直播为例，从 2020 年 12 月到 2023 年 12 月，我国网络直播用户规模从 6.17 亿增长至 8.16 亿，年复合增长率达 10.8%，网民使用率从 62.4% 提升到 74.7%，三年增长 12.3 个百分点。[①] 截至 2023 年 12 月，电商直播、游戏直播、真人秀直播、演唱会直播用户规模均较 2022 年 12 月有所增长。三是在消费行为方面，从搜索型消费逐渐向搜索与推荐并行消费转变。当前人们的网络消费行为既有基于自身需求的主动信息搜索，也越来越受到在线评论、达人推荐、参照群体等口碑效应的影响，同时，电商和社交媒体等平台也会基于算法和网络足迹开展个性化推荐，促进了网红经济、信任经济等新消费模式的发展。

四、挑战分析

（一）社会经济环境改变带来非遗土壤缺失

其一，非遗多数起源于农耕社会，不少已经不符合现代社会的功能需求或审美习惯，渐渐失去了生存的土壤。非遗的延续和生产主要依靠历史上世世代代人类的传承相继，而社会环境不断变化会导致传承人出于现实困境或观念改变而停止传承活动，也就消失了某项非遗。王德刚和田芸（2010）综合了非遗保护和传承的四种模式：政府供养（或补贴传承人）模式、教育传承模式、原生态保护模式、旅游模式，并认为有意识地创造良好的非遗传承

---

① 中国互联网络信息中心 . 第 53 次中国互联网络发展状况统计报告［R］. 2024.

环境和真实的文化空间，让其在新的环境和土壤里找到新的生存方式，是目前非遗保护和传承中所面临的根本性问题。

其二，谋生手段与经济来源的多样化，使非遗传承意愿大幅降低。非遗技能要达到"出师"程度需要长时间的积累，这种传统训练与习艺方式对多数当代人来说，时间、经济成本的投入与产出不成正比，用同样的时间打工赚钱或通过常规学校教育获得相应的社会谋生技能，是当代人更可能做出的理性化选择，除非具有强烈兴趣或家庭压力等原因，否则大多数人对非遗的学习动力相比前代来说会有明显减弱与转移（曹星，2015）。目前许多非遗后继乏人、传承主体老龄化严重，截至2022年11月，国家级非遗代表性传承人共3057人。其中70岁以上的传承人占比高达71%，百岁以上的传承人超过40位。而50岁以下的传承人仅18人。[1] 年老的传承人虽满怀绝技，有心传授，却苦觅不到合适的弟子，面临着人亡艺亡的尴尬处境。

（二）多样化数字娱乐争夺非遗受众注意力

从主观上看，受众上网的目的日渐娱乐化，有可能分散原本的非遗注意力选择。对于部分收入水平较低人群来说，便捷廉价的数字娱乐产品是其消磨闲暇时间的最优选择。根据中国互联网络信息中心《第53次中国互联网络发展状况统计报告》，截至2023年，网络视频（含短视频）、网络音乐、网络直播、网络游戏、网络文学等网络娱乐类应用的网民使用率均在45%以上，其中网络视频（含短视频）用户规模达10.67亿，较2022年12月增长3613万，占网民整体的97.7%，已接近即时通信的用户规模和网民使用率。[2] 占低收入群体一半以上的在校学生也是数字娱乐产品的生力军，他们爱好数字影视、游戏和音乐，闲暇时间多，且掌握一定的电脑和网络技术，作为"Z世代"的他们又格外容易接受新生事物，所以大多是数字娱乐产品的忠实

---

① 九派新闻.数读中国非遗的"喜"与"忧"国家级项目增长3.7倍但传承人七成已超70岁［EB/OL］.（2022-12-07）［2024-05-07］.https://baijiahao.baidu.com/s?id=17515162387478333 01&wfr=spider&for=pc.

② 中国互联网络信息中心.第53次中国互联网络发展状况统计报告［R］.2024.

受众。

从客观上看，数字娱乐资源不断增多，民众信息化途径越来越多元。从注意力的稀缺性来说，数字技术改良优化了娱乐产品的使用体验，有可能争夺本来偏好非遗的受众群体。数字娱乐已经迅速形成商业模式和产业业态，流媒体技术开发、视频网站运营、网络直播等相关产业迅猛发展，为受众选择数字娱乐产品创造了越来越便利的先决条件。人工智能、5G、VR等新兴技术为数字娱乐业态的发展注入新的动力，如应用于网络直播的数字人极大降低了数媒产品的制作成本，制作时间也缩短到小时级别；5G、云计算、人工智能等技术可以实现转播设备云端化和人员服务远程化；VR全景直播极大提升了用户云收视体验。

（三）数字技术融入带来的文化缺失

一方面，技术方与文化方权力存在不对等，使非遗数字化生产和传播过程存在一定程度的工具理性代替价值理性现象。在非遗内容的数字化生产中，技术方基于对数字工具和平台的掌握，对最终产品的呈现方式具有很大的话语权，可能导致非遗文化内涵囿于技术主客观限制得不到真实完整展示。同时，在非遗的线上线下数字化传播过程中，受众也因缺乏主动选择、认知和进行价值判断的机会而基本上成为信息接收者。对数字技术过度依赖和传播效果过度追求影响了非遗数字化逻辑，本该起到辅助作用的数字技术"主宰"了非遗生产和传播过程，掌握非遗技能的传承者和作为信息接收者的受众却沦为技术附庸（申楠，2023）。

另一方面，商业逻辑对非遗项目产生一定的异化，造成非遗数字化生产和传播过程中过度逐利、忽略文化的风险。随着非遗由产品化、商业化进入到产业化、生态化阶段，市场需求和商业利益在非遗项目商业化改造和数字化传播实践中可能就会占据主导，如利用非遗直播简单进行带货或广告植入，或设计出低级庸俗审美趣味的非遗文创产品等，这时经济与文化之间的平衡就可能被打破，非遗项目本身也同样面临文化内涵被商业逻辑解构的风险。段卉和方毅华（2021）认为流量导向在给传播能力强的非遗从业者带来巨大关注和成功的同时，也可能成为数字时代操控身体、个性和理想的工具。他们研究发现大量紫砂产品直播平台主播以日用品销售的模式和以车间、库房作为直播间的销售场景，与传统的书房、茶室消费场景并不吻合，对消费者全面、正确理解紫砂非遗文化具有危害性。

第五章

非遗产业数字化转型驱动因素

费尔霍夫等（Verhoef et al.，2021）将数字化转型的外部驱动要素归纳为数字技术、数字竞争和数字消费者行为三方面。李显君（2003）认为产业价值转移的根本原因是产业技术和消费需求。戚聿东、肖旭和蔡呈伟（2020）提出技术创新与价值供给共同构成了产业转型升级的驱动力。因此，分析非遗产业数字化转型驱动机制首先必须抓住产业技术和消费需求这两个要素。推进实施非遗产业数字化，也与国家近年来鼓励文化业态创新、文化产业融合发展等政策导向具有一致性。同时，随着传承人网络营销的成功及传承人队伍的年轻化，传承人理念不断与时俱进，产业数字化实践层出不穷。以上驱动力量中，产业技术进步和传承人理念更新可以视为内生动力，产业政策导向和消费需求升级则为外生动力，共同构成非遗产业数字化转型的驱动因素。

第一节　产业技术进步

大多数文献在对数字化转型进行定义时，均提及在数字技术发展的前提下，各主体如何进行数字化转型实践。可见数字技术是数字化转型发生的基础，具有战略性价值（曾德麟、蔡家玮和欧阳桃花，2021）。目前非遗数字化所采用的技术主要有数据库、数字影像、三维、虚拟现实、增强现实、数字动画、主题图、动作捕捉等。技术驱动非遗产业数字化转型体现在以下几方面。

一、数字技术手段驱动非遗业态创新

在非遗业态创新实践中，数字技术从不同感官层面丰富用户体验，在商品展示、空间导览、产品试用、互动娱乐、数字叙事、信息可视化等方面发挥重要作用（龚思颖，2020），使非遗产品和服务呈现出数字化特点。目前，数字技术在部分非遗业态中的使用已比较成熟。以非遗展示领域为例，各种数字技术及设备如传感器、通信技术、显示技术、机械控制、触摸查询等，在非遗文博场馆中已经得到了广泛应用（见表5.1）。以虚拟现实、增强现实为代表的新兴技术逐渐成熟，开始走向商业空间应用，衍生出数字化和虚拟化的增值服务、文化产品、视听产品、主题产品等非遗新型业态。

表5.1　　　　　　　　　　　主流数字化展示模式比较

项目	基于传感器类	基于通信技术	基于显示技术类	基于机械控制类	基于普通查询机类
趣味性	强	一般	强	强	—
设备成本	较高	高	高	高	—
稳定性	—	一般	强	—	强
关注度	高	一般	高	高	一般
其他设备依赖	—	依赖	—	—	—
维护成本	高	高	高	高	—
操作难度	一般	高	—	—	较高

资料来源：白建松（2011）。

二、数字技术降低非遗产品生产成本

第一，生产过程信息化提高非遗产品生产效率。数字技术通过汇集市场需求信息、提升内部生产环节智能化水平以及提升产业链上下游供应效率，使数字化进程中产品生产效率得以提高，进而降低企业生产成本（高杰、王军，2022）。以非遗京作家具生产中的智能化应用为例，生产之前可以通过 UG 软件的功能模块对家具三维模型进行刀具轨迹生成、判断以及数控加工程序后期处理，最后将软件生成的 NC 代码导入数控机床完成家具生产，整个过程可以完全利用计算机软件结合数字控制机床完成（邢万里、王頔和刘菲菲，2022）。

第二，生产流程自动化降低非遗产品人工成本。数字文化装备借助人工智能、机器视觉、图像识别等核心技术降低文化装备生产成本，通过引进现代化、机械化、自动化的技术生产流程，引领智能高端文化产品、智能高端文化可穿戴设备、智能移动文化应用硬件、沉浸式智能文化艺术体验室及互动服务平台、应用开发软件及与文化相关的技术辅助工具的发展（常天恺，2021）。例如，在京作家具生产制造过程中，可以通过生产执行系统（Manufacturing Execution System，MES）导入订单、企业设备和员工信息，对生产计划进行自动化排产和调度，综合协调和高效管理价值链条上的原料采购、生产过程、人力资源、数据分析等环节（邢万里、王頔和刘菲菲，2022）。生产流程数字化、智能化转型所带来的节约人工收益，还表现在提质增效、降耗减排等方面。例如，大益集团勐海茶厂人工拣剔器具由传统的簸箕、玻璃桌向拣剔流水线逐步转变。勐海茶厂分别于 2011 年、2013 年、2019 年开展静电拣剔生产线建设，利用静电除杂机对原料漂浮物进行吸附可以提升 20%～25% 工作效率，同时还能有效降低后端人工拣剔成本。

第三，生产流程虚拟化减少非遗产品试错成本。在部分精细化非遗手工艺品的生产过程中，往往会造成大量试错成本的浪费。例如，景泰蓝制作工艺流程复杂，包含从设计纸稿、胎型制作、掐丝、镶嵌、点蓝、烧蓝的烦琐步骤，且并非所有初期纹样都可以通过掐丝镶嵌到弧度不同的瓶身上，要完成一整个工艺流程，其物力人力试错成本较高。在三维扫描和人工智能数字系统辅助下，初学者和设计师可以通过三维扫描仪加近景摄影测量的方式，全方位获取景泰蓝工艺品的彩色三维数据，1∶1 真实还原实物的尺寸和纹路细节，再结合单反拍摄的高清晰度彩色照片，导入专业软件后进行贴图映射，借助人工智能 3D 卷积神经网络将 2D 纹样贴图于 3D 立体瓶身，计算纹样的延展性与弯曲度是否适合后期的步骤要求，并可对模型进行修改或等比放大或缩小，减少设计环节的人力投入以及胎型制作中的物料浪费（覃京燕、贾冉，2020）。

三、数字标准规范非遗产品生产流程

第一，数字标准为变动环境下的非遗产品生产者提供了可预期的生产标准。流变性使非遗在创作和生产过程中受人为因素影响较大，不可控因素较多，带来次品率高、质量参差等问题。例如，在景泰蓝点蓝和烧蓝过程中，需要艺师多次把事先备好的珐琅釉料依照图案所标示的颜色填充入焊好的铜丝纹饰框架中，作品的色调和背景全由艺师主观把控，由于过程的反复性及釉料颜色的差异性，稍有不慎就有可能出现崩蓝的情况。可以借助人工智能的深度学习模型，将点蓝和烧蓝过程中因人的因素而造成的色彩分布差异数据输入神经网络中进行训练，并将成品细节数据设置为网络对比参数，建立详尽的景泰蓝烧蓝色谱对照数据库，可以通过网络准确识别不同色差的图像并给出调整建议（覃京燕、贾冉，2020）。

第二，数字标准有利于采用同一技术的供给主体进入非遗产品领域。例如，江南丝绸文化博物馆以数字化的方式构建南京云锦 27 色标准体系，为南京云锦规模化生产提供了参照色谱，不仅扩大了云锦的生产群体规模，同时也有利于提升了云锦产品整体质量。大益集团勐海茶厂采用机械臂压饼、自主研制并建成自动称量流水线，实现普洱茶行业进入标准化和品质化生产，后面又建成数字化智能集群烘房，推动普洱茶烘制标准化、科技化和数字化，为普洱生产厂家提供了参照标准，也给消费者带来更好的饮茶体验。

四、数字平台夯实非遗产业联动基础

第一，数字平台有效串联非遗产业价值链。目前，非遗数字平台涵盖了

数据服务、智能文化生产、智能文化传播、数字知识图谱、消费者标签库和数据库等类型（罗仕鉴、王瑶和张德寅，2022）。在非遗产业实践中，传承人囿于自身能力和影响力，难以单凭个体有效串联产业链，借助数字平台的主导和推动，非遗产业利益相关主体可以以产品供给为核心进行信息和资源交互，有效协同产业链上下游的传承人、品牌设计师、非遗企业、各类电商平台和流量运营代理机构，进而实现参与者与平台的双向赋能，并以平台为网链中心串联产业价值方，使平台产生产业增值效应。大型文化机构或企业可以选择自身构建平台或入驻第三方平台，起到整合和二次分配产业信息资源的作用，推进非遗文化资源转化为非遗文创产品，引领非遗数字产品和服务创新；中小型文化机构或企业利用平台开拓市场、吸引投资和聚焦人力资源，降低非遗创新创业成本；传承人或创业个体则享受平台大数据、推荐算法带来的更为丰富的产品类型和更加便捷化、个性化的精准营销服务，获得更多的消费者边际效用（左惠，2020；肖梦涯，2021）。

第二，数字平台扩大非遗用户生产和用户参与。以短视频平台为例，用户注意力稀缺下各平台都力图通过优化操作界面和丰富功能设置以降低用户参与成本，并提升用户的体验水平。例如，抖音和快手均在视频编辑界面设置"特效"选项，用户即使未接受过专业视频剪辑培训，也可以将各种滤镜、贴纸、文字、动画、动态贴纸、背景音乐等应用到视频中，并可调整特效的位置和时长，使播放效果更为多样和有趣。这种简单且易于模仿的新奇体验体现了平台集成资源驱动创新和快速响应迎合用户需求的优势，不仅激发了用户参与的热情，也加快平台空间消费的进程（蒋恺，2022）。依文集团创新搭建"中国民族美学纹样数据库"和"中国手工艺者数据库"，集纳25000多名手工艺人、8900多种纹样，不仅有利于绣娘的标准化培训，而且为来自全球的设计师与绣娘合作设计产品提供平台，实现工时效率和经济效益的最大化，从而推动苗绣产业快速成长。①

---

① 中国经济新闻网.依文集团积极打造数字化产业基地 推动民族手工艺可持续发展［EB/OL］.（2024－03－20）［2024－04－02］.https：//www.cet.com.cn/xwsd/10029295.shtml.

第二节　消费需求升级

产业数字化转型创造了新的竞争方式，以满足寻求个性化解决方案的最苛刻客户的需求。这也意味着许多公司已经从生产和销售单一产品转向提供专注于满足客户需求的综合解决方案（Martín-Pea，Sánchez-López & Diaz-Garrido，2020）。当市场需求发生变化或出现新经营策略时，消费者就会重新选择，市场价值随之重新分配，进而倒逼供给主体更好地满足顾客的需求，以获得利润。在非遗资源开发利用领域，伴随数字化应用场景的日益增多，非遗数字消费进入快速发展时期，并成为非遗产业数字化转型的重要驱动力。

一、产品偏好改变诱发非遗数字产品创新

在现代社会，消费者面临诸多功能、品质相近的不同品牌，这时品牌或产品所承载的个性、情感、多元文化内涵就成了选择的重要判断标准，现代社会正逐步进入"情绪"和"情感"消费时代，商品的数量、质量或价格固然是消费者的考虑因素，但情感满足和心灵认同对消费者的重要性也不容忽视。作为本土化、具有鲜明文化符号性的非遗产品，在文化市场中，更是有许多非遗传承人和文化企业在产品设计、宣传推介或品牌推广中大打"文化牌""情怀牌"，致力于重新获得现代人对传统文化的认同。

一方面，越来越多的非遗产品在设计上结合传统文化和现代时尚表达、国风国潮，潜意识里改变了消费者对于非遗产品的认知，树立了传统非遗产品也可以很时尚的概念。以非遗音乐为例，根据酷狗音乐2020年6月发布的《酷狗非遗音乐图鉴》，各类与非遗有关的戏曲、民歌、曲艺数字作品累计播放574亿次，时长约32亿小时，相当于36.5万年。非遗音乐呈现出突破年龄圈层的趋势，如酷狗音乐平台上有大量"90后""00后"戏曲音乐受众，该群体一年内在平台上收听昆曲累计达27.5万次；同时非遗音乐也在不断突

破地域圈层，酷狗音乐平台上的戏曲受众来自全国各地，类型涉及粤剧、京剧、黄梅戏等 10 余种代表性传统地方戏曲，曲目上万个。[①]

另一方面，元宇宙和 NFT 概念的流行带火了非遗数字藏品开发和消费，融合"国潮国风"的非遗数字藏品成为年轻人"新宠"以及非遗数字产品创新的桥头堡。根据相关统计，国内数字藏品开发商和运营商数量在不断增加，2021 年数字藏品发行平台达 38 家，其中非遗产品发售数量约 456 万份，总发行价值超过 1.5 亿元。[②]

二、消费渠道迁移加速非遗数字产品普及

一方面，基于我国庞大的网民基数、不断提升的互联网普及率和移动互联网基础设施水平，越来越多的文化消费和参与行为转移至以数字化文化设施为基础的虚拟文化空间，促使数字化消费成为现代人生活常态，也为非遗数字产品和服务提供了更便捷的条件和更广阔的空间。近年来，互联网在基础应用、商务交易、网络娱乐、公共服务等领域的应用不断深化，用户规模持续增长，截至 2023 年 12 月，"使用互联网的个人比例"达到 90.6%。其中，网约车、在线旅行预订、网络购物、网络直播、互联网医疗的用户规模较 2022 年 12 月均有所增长。[③]

另一方面，在非遗产品创新传播影响下，电商平台、社交媒体、知识社区、各类 App 等为非遗数字产品和服务提供了更完善的传播渠道、更便捷的消费机制，极大匹配现代消费者移动互联网的消费习惯，吸引更多的大众能有机会接触、感知和消费非遗。以非遗数字藏品和非遗元宇宙业态为例，相关运营商和平台提供了从数字版权确认、区块链认证、数字出版、数字转化到维权保护的全产业链服务，使兼具文化和商业双重价值属性的非遗数字藏

---

① 戴宇.《酷狗非遗音乐图鉴》：数字娱乐助推非遗"出圈"[N]. 中国文化报，2020 – 06 – 05 (4).

② 李亦奕. 数字化何以激活非遗艺术 [N]. 中国文化报，2022 – 06 – 26 (1).

③ 中国互联网络信息中心. 第 53 次中国互联网络发展状况统计报告 [R]. 2024.

品通过互联网交易平台触达更广阔的受众；同时也针对青年群体这一消费主力，设计了各种新鲜有趣的数字藏品玩法，如由中国青年网运营的"豹豹·青春宇宙"平台针对数字藏品提供空投、拼图、盲盒、预售、转赠等主流玩法及功能，而青年群体在数字藏品和元宇宙生产、流通与消费环节的行动参与，使得其本身也成了非遗数字化传播的新渠道（申楠，2023）。

第三节　产业政策导向

产业政策激励是政府通过直接或间接方式对非遗产业数字化进行规制的过程。直接出台相关政策培育融合市场主体、促进业态转型升级是政府常用做法。随着我国非遗数字化融合范围不断扩大，产业供给主体也出现定位不清、过分逐利、挂羊头卖狗肉等现实问题，如非遗数字游戏中重"游戏"轻"传承"、非遗电子商务产品收费过高、非遗数字藏品中文化特色不够鲜明等，亟需国家在现有政策扶持基础上，出台相关市场治理政策，规范市场进入壁垒。同时，非遗产业数字化转型方兴未艾，产业制度建设尚不成熟，体制机制尚未理顺，政府部门多头管理现象仍然突出。政府在管理中要分清主要利益，更需要在管理职能出现交叉时明确主导方向，为深入推进我国非遗产业数字化转型创造更加有利、更为完善的政策环境。

一、国家政策文件

近年来，国家相继出台了一系列鼓励非遗数字化的规划和意见，加大非遗数字化的政策支持力度（见表5.2），为非遗产业数字化转型创造了有利的宏观制度环境和微观营商条件。从发文部门看，涉及国务院、两办和文旅等部委，体现国家机构对数字经济与文化产业双向赋能的高度重视。从政策性质看，以"规划""意见"等宏观制度安排为主，也有较为具体的业务指导性质的"通知"。从条文内容看，均鼓励科学技术与传统文化的融合创新，积极培育新型文化业态，涉及数字化在非遗产品生产、业态创新、营销传播等领域的具体应用，在各项政策的保障措施中，对非遗新技术新业态新消费形成提供了税收、融资、补贴、用地等扶持。

表5.2   近年来非遗数字化的部分国家政策、法规

时间	发布机构	事件/文件	相关目标/条文
2020 年 11 月	文化和旅游部	《关于推动数字文化产业高质量发展的意见》	支持文物、非物质文化遗产通过新媒体传播推广……促进戏曲、曲艺、民乐等传统艺术线上发展，鼓励文艺院团、文艺工作者、非物质文化遗产传承人在网络直播平台开展网络展演……
2021 年 3 月	国务院	《中华人民共和国国民经济和社会发展第十四个五年规划和 2035 年远景目标纲要》	实施文化产业数字化战略，加快发展新型文化企业、文化业态、文化消费模式，壮大数字创意、网络视听、数字出版、数字娱乐、线上演播等产业
2021 年 4 月	文化和旅游部	《“十四五”文化和旅游科技创新规划》	开展非物质文化遗产的新材料、新工艺、新形式、新利用研究。推进非物质文化遗产资源普查、挖掘、传播、创作技术研发，研究非物质文化遗产展示、体验和传播的数字化技术……推进非遗展示、体验、传播等技术标准研制
2021 年 5 月	文化和旅游部	《“十四五”文化产业发展规划》	促进戏曲、曲艺、民乐等传统艺术线上发展，鼓励文艺院团、文艺工作者、非物质文化遗产传承人利用互联网平台进行演播
2021 年 5 月	文化和旅游部	《“十四五”非物质文化遗产保护规划》	加强非遗档案和数据库建设。鼓励互联网平台举办“非遗购物节”等活动
2021 年 8 月	中办、国办	《关于进一步加强非物质文化遗产保护工作的意见》	利用互联网平台，拓宽相关产品推广和销售渠道
2022 年 5 月	中办、国办	《关于推进实施国家文化数字化战略的意见》	基本建成文化数字化基础设施和服务平台，形成线上线下融合互动、立体覆盖的文化服务供给体系
2022 年 6 月	文化和旅游部等十部门	《关于推动传统工艺高质量传承发展的通知》	鼓励互联网平台设立传统工艺产品销售专区……通过线上线下结合的方式销售推广传统工艺产品

续表

时间	发布机构	事件/文件	相关目标/条文
2022 年 8 月	中办、国办	《"十四五"文化发展规划》	引导和鼓励文化企业运用大数据、5G、云计算、人工智能、区块链、超高清等新技术，改造提升产业链，促进内容生产和传播手段现代化，重塑文化发展模式
2022 年 10 月	工信部等五部门	《虚拟现实与行业应用融合发展行动计划（2022—2026 年）》	支持舞台艺术、综艺、非物质文化遗产等优质资源网络展演……鼓励文艺院团、文艺工作者、非物质文化遗产传承人在虚拟现实平台开展沉浸展演……

二、地方政策文件

各地也因地制宜，推出针对性非遗产业数字化扶持政策，在各省市的"十四五"文旅规划、非遗保护实施意见等政策文件中，不少涉及非遗数字化生产、传播、消费等内容（见表5.3）。浙江、云南、四川等省份的《关于进一步加强非物质文化遗产保护工作的实施意见》均提及"利用互联网平台，拓宽有关产品推广和销售渠道"。其中，浙江还强调数字产业化，提出"优化非遗数据内容生产，实施跨层级资源互通"。重庆市在文旅"十四五"规划中强调"互联网＋演艺"，提出建设在线剧院、智慧剧场，促进戏曲、曲艺、杂技、民乐等传统艺术线上发展，打造舞台艺术线上演播知名品牌。河南省在"十四五"文旅融合发展规划中提出结合已有世界级非遗打造文旅数字体验空间，将"老家河南·黄河之礼"非遗数字馆建设为集保护传承、创意设计、沉浸体验、线上销售、资讯信息等于一体的综合数字创意平台。黑龙江省强调非遗与创意产业的融合发展，在《黑龙江省创意设计产业发展专项规划（2022—2030 年）》中鼓励文艺院团、文艺工作者、非遗传承人开展网络展演，促进戏曲、曲艺、民乐等传统艺术线上发展。

表 5.3 近年来非遗数字化的部分地方政策、法规

时间	省/市	事件/文件	相关目标/条文
2022 年 2 月	浙江省	《关于进一步加强非物质文化遗产保护工作的实施意见》	完善全省非遗数据库建设，优化数据内容生产，实现跨层级资源互通 加强网络销售购物平台开发建设，鼓励支持传承人利用新媒体技术和平台"直播带货" 鼓励将非遗元素开发形成……文化创意产品，发挥网络平台作用，不断拓宽展示、推广和销售渠道
2021 年 12 月	河南省	《河南省"十四五"文化旅游融合发展规划》	运用数字技术，对龙门石窟、登封"天地之中"历史建筑群等世界级文化遗产和文物艺术品、典籍、非遗等进行数据采集和数字模拟，开展数字复原及保护展示，打造文旅数字体验空间 全面丰富"老家河南·黄河之礼"非遗数字馆建设内容，推动文创产品线上销售专区及时更新上新，打造集保护传承、创意设计、沉浸体验、线上销售、资讯信息等于一体的综合数字创意平台
2022 年 3 月	重庆市	《重庆市文化和旅游发展"十四五"规划》	建设在线剧院、智慧剧场，发展"互联网＋演艺"新模式，促进戏曲、曲艺、杂技、民乐等传统艺术线上发展，打造舞台艺术线上演播知名品牌
2022 年 2 月	云南省	《关于进一步加强非物质文化遗产保护工作的实施意见》	举办"非遗购物节"活动，利用互联网平台，拓宽有关产品推广和销售渠道
2022 年 4 月	四川省	《关于进一步加强非物质文化遗产保护工作的实施意见》	利用互联网平台，拓宽相关产品推广和销售渠道
2022 年 3 月	黑龙江省	《黑龙江省创意设计产业发展专项规划（2022—2030 年）》	鼓励文艺院团、文艺工作者、非遗传承人开展网络展演，促进戏曲、曲艺、民乐等传统艺术线上发展
2022 年 1 月	贵州省	《关于持续推动非遗工坊建设助力乡村振兴的通知》	采取订单生产、以销定产、"知名企业＋非遗工坊""线上＋线下"等多种营销模式，扩大非遗工坊传统工艺产品销售渠道 支持非遗工坊及相关企业运用短视频、直播等形式讲述产品所蕴含的文化内涵和工匠精神
2022 年 5 月	四川省	《四川省非遗工坊管理办法》	通过线上线下方式，展示销售非遗工坊产品
2021 年 12 月	福州市	《福州市寿山石雕刻技艺保护规定》	鼓励和支持寿山石雕企业与国内电商合作建设寿山石雕电商平台，开展线上展示、交易、拍卖、定制等业务

中西部省份的非遗产业数字化也常与非遗扶贫相结合。四川省非遗保护中心发布《四川非遗扶贫就业工坊上线指南》和《四川非遗扶贫就业工坊商家产品目录》，组织非遗扶贫工坊积极入驻各电商平台，推进"电商＋非遗＋扶贫"线上线下一体化。2022 年 5 月，四川省文化和旅游厅、省人力资源社会保障厅、省乡村振兴局联合制定下发《四川省非遗工坊管理办法》，其中要求非遗工坊的认定须符合六个条件，其中之一即为"通过线上线下方式，展示销售非遗工坊产品"。2022 年 1 月贵州省文化和旅游厅、省人力资源社会保障厅、省乡村振兴局联合出台《关于持续推动非遗工坊建设助力乡村振兴的通知》，要求各地"积极联系引进相关企业，采取订单生产、以销定产、'知名企业＋非遗工坊''线上＋线下'等多种营销模式，扩大非遗工坊传统工艺产品销售渠道"，"支持非遗工坊及相关企业运用短视频、直播等形式讲述产品所蕴含的文化内涵和工匠精神"。

此外，部分省市还出台专项非遗保护与利用政策。例如，福州市 2021 年 12 月出台《福州市寿山石雕刻技艺保护规定》，鼓励和支持寿山石雕企业与国内电商合作建设寿山石雕电商平台，开展线上展示、交易、拍卖、定制等业务。

三、行业指导文件

在国家和地方的政策文件导向下，非遗相关行业也十分关注数字化带来的影响。2021 年 12 月，中国纺织工业联合会发布《"十四五"纺织非物质文化遗产工作行业性指导意见》，其中的重点任务之一即为"应用科技和资本推动非遗发展"，提出在纺织非遗领域推动"手工制作、手工＋机器、机器生产"多样化生产模式并行发展，"合理应用数字化设计和现代纺织科技手段对传统工艺进行系统化改造"。同时，通过"举办全国或者区域性行业非遗专题展览展演和线下线上商贸活动"等形式，充分发挥实体商贸和网络营销双渠道作用，拓展纺织非遗产品消费市场。

第四节 传承人理念更新

传承人是非遗创新的原动力，"每一个时代的传承人都受到他所处的那个时代的审美趋向演变的影响，以及新的材料、新的科学技术的影响，这些影响会自然而然地被传承人赋予并表现在他们自己所持有项目的生产和创造之中"（王文章，2020）。非遗产业数字化转型是数字技术与非遗产业渗透互融的综合过程，它的产生离不开传承人对数字经济时代非遗产品和服务发展方向的认知，以及对 VR、AR、5G、AI、大数据、区块链等为代表的数字技术的态度。特别是部分传承人主要活动区域位于乡村地区，相对封闭的社会空间和缓慢的创新扩散速度导致其思想观念较为落后，对数字技术和平台等新型事物的接受程度也相对滞后，更遑论应用了。因而，传承人创新精神的培育是非遗产业数字化转型的关键因素。

一、传承人借助数字化提升获利空间

通过传承人"扩列""破圈""出圈""融圈"等，容易形成"新营销尝试—流量变现—文化自信—主动创新"的良性循环，进而可以在非遗产业与数字化之间快速建立某种联系，进而促进传承人理念不断创新。随着信息流内容平台传播逐渐成为重要流量获取方式，越来越多的传承人破除非遗展陈、表现、体验方式等思维定式，借助短视频、直播、朋友圈等新营销手段，制定适合消费者偏好的经营策略，提供更新更好满足现代消费者需求的产品和服务。在抖音、快手、B 站等社交媒体上，众多传承人前端通过短视频和直播展示作品吸引关注，后端通过工作坊研发产品、保障供应，利用网络粉丝经济打开非遗产品线上市场。

二、传承人借助数字化更新融资与跨界理念

一方面，数字化带来新的非遗项目融资理念。越来越多的传承人开始借助互联网开展非遗项目投融资，拓展非遗创新创业资金的来源。如国家级非遗项目泰山皮影戏的传承人范正安、朱玉馨等联合山东师范大学学生，通过"网络众筹"等渠道，成立山东皮影保护发展基金会。另一方面，数字化带来新的非遗跨界理念。随着传承人与数字技术、数字经济接触的增加，也驱使他们改变思维惯性，走出相对受限的非遗专业领域。如上述范正安、朱玉馨等传承人组建"幕影春秋泰山皮影传播与推广系统"团队，还与腾讯游戏联合开发"泰山英雄传"手机游戏，线上定制皮影 DIY，展映皮影微电影，创作抗击新冠疫情题材的皮影戏，成为王者荣耀、大话西游等网络游戏平台的官方合作伙伴，联手"饿了么"设计泰山皮影漫画文化衫，实现皮影与网络、微电影、微视频、游戏、App 等多方跨界，带动山东地方皮影艺术的传承与发展（黄永林、纪明明，2018）。又如铜雕技艺传承人朱军岷以父亲朱炳仁的名字创立"朱炳仁·铜"品牌，在产品开发和品牌拓展上，加强与故宫等国内外众多博物馆、景区合作开发铜文创产品，同时积极借助淘宝、京东、亚马逊、今日头条、东家等优质线上平台，进行品牌拓展。①

三、年轻传承人具备数字创新基因

非遗产业数字化转型离不开供给主体从战略思维设计到行动资源保障的综合性和多维度的认知与支持。一方面，企业管理者基于战略层面对数字经济和企业数字产品方向选择的深刻理解，能促进企业明晰宏观层面整体规划

① 李如艳."铜五代"朱军岷：让铜回归生活，我定不负朱炳仁·铜［EB/OL］.（2021－06－16）［2024－05－07］.https：//hznews.hangzhou.com.cn/chengshi/content/2021－06/16/content_7986491_0.htm.

方案及微观层面的具体推进举措；另一方面，企业管理者对数字化转型的支持能够保障企业数字化转型所需的资源，构建企业上下对数字化转型的认同（赵丽锦、胡晓明，2022）。代际传承是非遗传承的典型特征，越来越多的年轻传承人开始成为非遗创作、生产和管理的主体，其在现代教育制度下长时间学习积累了各种技能，多数具备数字化创新基因，并以劳动力再生产的形式参与非遗产品的数字化创新与市场化运营，推动非遗企业及整个产业链转型升级。如淘宝手艺人中近四成是"90后"和"95后"，从身上的"国潮"到舌尖的美味，非遗产品通过他们的推广得到更多年轻人的喜爱。"95后"面塑技艺传承人郎佳子或通过网络直播的形式吸引粉丝超过200万，以流量IP的形象带火了传统的捏面人；无锡文发集团招聘"95后"大学生作为留青竹刻传艺对象，他们利用所学的视觉传达、工艺美术和电子商务等专业，有效提升了团队设计功能性创意产品的能力。①

---

① 张月，韩玲. 非遗正在悄悄年轻态［N］. 无锡日报，2022 – 06 – 17（A7）.

第六章

非遗产业数字化转型模式

本章在综述产业数字化转型模式的维度与类型基础上，基于转型范围和战略定位两个维度，将非遗产业数字化转型模式划分为技术主导的技术改进型和技术外包型、客户主导的客户驱动型和创新主体并购型、生态主导的自主创新型和产业链协同型六种模式，并结合具体案例展开阐述。

第一节　非遗产业数字化转型模式分析框架

一、产业数字化转型模式的维度与类型

已有产业数字化转型模式的研究聚焦于企业内部层面的商业模式数字化转型、企业整体层面的数字化转型以及企业之间或行业层面的数字化转型（见表6.1）。

表 6.1 　　　　　　　　　　　产业数字化转型模式的维度及类型

层面	来源	维度	类型	研究对象
企业内部	朱秀梅、刘月和陈海涛，2020	数字技术与创业交互程度	全面型；融合型；传统改造型	数字创业商业模式
	钱雨、孙新波，2021	数字产品或服务和数字平台的设计；资源配置方式的差异	锁定型商业模式；连接型商业模式；复制型商业模式；桥接型商业模式	数字商业模式
	马晓辉、高素英和赵雪，2022	数字化转型阶段	平台化模式；社群模式；生态系统模式	数字化转型企业商业模式
企业整体	Hull et al.，2007	组织的数字化程度	温和数字创业；适度数字创业；完全数字创业	数字创业
	王永贵、汪淋淋，2021	数字化转型战略	客户体验驱动的数字化转型模式；商业模式创新驱动的数字化转型模式；业务变革驱动的数字化转型模式；效率提升驱动的数字化转型模式	企业数字化转型模式
	戚聿东、杜博和温馨，2021	经济发展；战略支撑；公共服务使命	基于敏捷强化机制的市场导向型模式；基于韧性强化机制的能力导向型模式；基于适应性强化机制的公共导向型模式	国有企业数字化变革模式
	张哲等，2023	数字化转型驱动力	数字技术驱动型模式；战略领导带动型模式；数字能力培育型模式	国有企业数字化转型模式
	王柏村等，2023	动态能力；利益相关者	点上突破；线上延伸；面上拓展；体上提升	中小企业数字化转型模式
	安家骥等，2022	组织变革	战略性变革；研发组织结构型变革；流程主导变革；以人为中心的变革	制造业企业数字化转型模式
	李晶、曹钰华，2022		制造过程数字化转型；商业模式数字化转型	制造企业数字化转型
	刘思慧等，2023	数字赋能机制；商业模式创新机制	产业耦合驱动；自主创新驱动；能力连接驱动；管控辅助驱动	制造企业数字化转型路径

续表

层面	来源	维度	类型	研究对象
产业层面	李永红、黄瑞，2019	大数据推动信息产业发展；传统产业与大数据的融合	数字产业化信息增值模式；产业数字化融合驱动模式	数字产业化和产业数字化模式
	戚聿东、肖旭和蔡呈伟，2020		以数据主线为基础形成数字化产业体系；以使用价值为核心构建价值供给网络；以价值供给为载体培育数字化产业生态	传统产业转型升级
	杨卓凡，2020	产业结构变迁；内生驱动与外生驱动相结合	社会动因主导的倒逼模式；创新动因主导的增值服务模式	产业数字化转型模式
	罗仕鉴等，2022b		多元协同创新；内生共生与外生进化	文化产业数字化创新模式
	罗仕鉴、张德寅，2022		设计数字化；产业数字化；基于设计产业网的群智共享创新	设计产业数字化创新模式

在企业内部的商业模式数字化转型方面，朱秀梅、刘月和陈海涛（2020）按照数字技术与创业的交互程度，将数字创业商业模式划分成全面型、融合型和传统改造型。全面型是数字创业企业在线上创造和生产虚拟产品和服务的商业模式。融合型通过构建数字化平台，依托线下资源进行线上经营。传统改造型是以实体经营为主、线上经营为辅的商业模式。钱雨和孙新波（2021）基于数字产品或服务和数字平台的设计以及资源配置方式的差异，将数字商业模式的类型划分四种类型。锁定型即企业锁定用户个性化需求提供针对性数字产品和服务；连接型即企业利用数字平台对多边资源进行跨界整合和匹配；复制型即企业在自身资源及能力基础上通过类似模式开拓新市场；桥接型即企业充当行业核心资源和能力的嫁接通道。个案研究方面，马晓辉、高素英和赵雪（2022）以海尔为例，将数字化转型企业商业模式分为平台模式、社群模式和生态系统模式：平台模式处于探索阶段，主要利用平台挖掘和服务客户；社群模式处于发展阶段，通过构建各类业务平台整合利益相关者及其资源；生态系统模式处于网络拓展阶段，发挥产业链链长作

用对接上下游供应商和经销商，并借助核心平台孵化新的服务模式或企业。

在企业整体的数字化转型方面，赫尔等（Hull et al.，2007）将数字创业分为三种类型：温和数字创业主要将数字经济作为对更传统场所的补充；适度数字创业下企业开始重点关注数字基础设施、数字产品、数字交付及其他数字业务；完全数字创业下企业生产、商品或服务本身、广告、分销和客户的运营均已数字化，甚至可能用数字货币进行交易。王永贵和汪淋淋（2021）从数字化资源投入和组织适应性两个维度将企业的数字化转型战略划分为变革依赖型、生态导向型、业务主导型和技术主导型四种，分别对应客户体验驱动的数字化转型模式、商业模式创新驱动的数字化转型模式、业务变革驱动的数字化转型模式和效率提升驱动的数字化转型模式。

制造企业数字化转型模式是学者关注的重点，相关研究聚焦于制造业企业及其产业链和供应链运用工业互联网、大数据、云计算、人工智能、区块链等数字技术，推动企业生产流程、企业形态、业务模式的全方位转型。李晶和曹钰华（2022）将制造企业数字化转型分为制造过程数字化转型和商业模式数字化转型两个维度。刘思慧等（2023）基于数字赋能机制和商业模式创新机制，将制造企业数字化转型路径分为产业耦合驱动、自主创新驱动、能力连接驱动和管控辅助驱动四种：产业耦合驱动即企业之间发生的数字资源和要素交互及其带来的产品服务研发和技术创新扩散；自主创新驱动即企业利用数字要素创新战略和业务以主动适应动态市场；能力连接驱动即产业生态网链结构下企业基于数字技术连接和组合以实现价值更新或替换；管控辅助驱动即企业通过智能化数字平台实现各类数据收集、整理和分析并应用于具体场景以提升生产效率。安家骥、狄鹤和刘国亮（2022）从组织变革视角归纳了制造业企业数字化转型的四种典型模式，即战略性变革、研发部门的结构型变革、生产销售的流程主导变革和以人为中心的变革。战略性变革强调企业以优势项目为核心，聚焦互联网、大数据等新技术，积极布局新兴产业，拓展上下游及产业生态圈，建立完整的自主可控产业链。研发组织结构型变革指企业借助现代信息技术高效有序整合内部研发资源，以及实现研发岗位的去行政化、扁平化和分散化。流程主导变革强调用户大数据收集和应用下的产品研发和数据管理系统构建，充分聚集用户的个性化需求，借助模块、专属、众创等定制模式提升用户黏性。以人为中心的变革要求企业通过精细化管理和持续创新实现转型升级，提升单个员工或组织的产出效率。

国有企业是我国加速提升企业创新能力、建设世界一流企业的重要主体，在新一轮科技革命和产业变革浪潮中具有引领作用。戚聿东、杜博和温馨（2021）基于经济发展、战略支撑和公共服务使命，将国有企业数字化变革模式分为市场导向型、能力导向型和公共导向型三种：市场导向型通过敏捷强化应对需求实现企业商业经济价值；能力导向型通过韧性强化应对内外部干扰提升企业核心能力；公共导向型通过适应强化发挥公共功能性更好服务国家战略。张哲等（2023）基于数字化转型驱动力，将国有企业数字化转型模式归纳为数字技术驱动型、战略领导带动型和数字能力培育型。

数量众多的中小企业有利于改善民生、扩大就业、促进创业创新等，是国民经济和社会发展的重要力量。相比大型企业，一些中小企业数字化水平还停留在"不想转、不敢转、不会转"的水平。在中小企业数字化转型模式研究方面，王柏村等（2023）基于动态能力和利益相关者视角，归纳中小企业数字化转型的四类模式。"深挖内需、点上突破"模式强调从企业内部入手集中优势资源在组织制度和生产流程等方面提升数字化、精细化和规范化水平。"链主带动、线上延伸"模式强调产业链龙头企业牵头构建数字平台实现数据和资源交互，以发挥产业生态协同和辐射效应。"平台赋能、面上拓展"模式强调中小企业利用工业互联网或产业服务平台加速推进数字化转型。"园区推动、整体提升"模式强调企业通过入驻产业园区等整合各类资源的实体空间载体并利用集聚效应发展数字产业。

在企业之间或行业的数字化转型方面，戚聿东、肖旭和蔡呈伟（2020）认为数字技术在供求两端的应用倒逼传统产业进行转型升级，体现在数据产业化、使用价值供给数字化和价值供给数字化。李永红和黄瑞（2019）针对大数据推动信息产业发展以及传统产业与大数据的融合两种不同的方式，提出数字产业化信息增值模式与产业数字化融合驱动模式。杨卓凡（2020）从产业结构变迁、内生驱动与外生驱动相结合的视角，将产业数字化转型归纳为社会动因主导的倒逼模式及创新动因主导的增值服务模式两类。结合具体产业类型，罗仕鉴等（2022b）提出文化产业数字化的多元协同创新和内生共生与外生进化创新模式，前者强调从方式层、媒介层、服务层、业态层四个维度进行创新，后者从文化产业内外部探讨服务、体系、内容等方面的创新。罗仕鉴和张德寅（2022）将设计产业数字化发展模式分为设计数字化、产业数字化以及基于设计产业网的群智共享创新。

二、非遗产业数字化转型模式的分类

基于数字技术来源结构和企业数字化转型战略定位两个维度，企业数字化转型可以划分为追求效率提升与效益增加的技术主导阶段、侧重产品品质与服务创新的客户主导阶段、强调价值共创与战略协同的生态主导阶段（赵丽锦、胡晓明，2022）。同时，数字化转型可以发生在企业内部，也可以拓展到企业之间以及行业中（姚小涛等，2022）。基于企业数字化转型战略定位和转型范围两个维度，可以将非遗产业数字化转型模式划分为技术改进型、技术外包型、客户驱动型、创新主体并购型、自主创新型和产业链协同型六种（见表6.2）。

表 6.2 非遗产业数字化转型模式的分类

战略导向	转型范围	
	企业内部	企业之间
技术主导	技术改进型 案例：曲阳石雕企业	技术外包型 案例：陈昌银麻花借力飞象工业互联网转型
客户主导	客户驱动型 案例：贵州绣娘文化有限公司	创新主体并购型 案例：桂发祥收购昆汀科技部分股权
生态主导	自主创新型 案例：大益茶业集团	产业链协同型 案例：东家整合产业链各类主体

技术改进型和技术外包型企业往往主体规模较小、数字化程度较低，以传统技艺型企业为主，数字化转型目的是提升生产效率、改进生产流程或促进产品销售，如曲阳石雕企业采用数控装备进行生产、陈昌银麻花借力飞象工业互联网提升订单流转效率等。客户驱动型和创新主体并购型企业具有一定规模，具有较好数字化基础，数字化转型目的主要是弥补产品创意设计或客户销售环节上的不足，如贵州绣娘文化有限公司加强工艺技术创新实现非遗文创产品批量生产、桂发祥出于开拓电商业务收购昆汀科技部分股权等。自主创新型和产业链协同型企业一般是行业龙头企业，数字化程度高，企业类型既有传统企业，也有数字原生企业，如大益集团在工业技术改革、微生物制茶、消费服务等方面的数字化转型，东家 App 整合非遗手艺人、设计师、艺术家、品牌、拍卖行等资源打造文化生活平台等。

第二节　技术主导的非遗产业数字化转型模式

企业在数字化转型初期阶段，往往会面临理念层面管理者对数字化认识不深、组织层面应用于数字化转型资源不足、生产营销流程层面数字技术储备不足等问题，在这种情境下借力市场成熟的科技储备，发挥后发企业的技术获取优势以应对市场竞争就成为合理选择。技术主导的非遗产业数字化转型模式指非遗企业以数字技术开发与应用为核心手段提升价值链各环节效率和效益的转型模式。此阶段的非遗企业囿于对外部优势技术的依赖，比较常见的转型路径是结合自身战略或具体经营需求，采用技术改进或技术外包两种方式。

一、技术改进型非遗产业数字化转型模式

企业加强技术改进主要目的是通过数字化技术和设备优化内部管理、生产和营销流程，提升自身经营能力和效率，在日益严峻的市场中获得竞争优

势。以非遗技艺制造企业为例，其在多数生产环节较为依赖人力投入，如陶瓷制坯和成型、石雕切割打磨和涂饰等，手工固然可以体现产品特色，但与现代数控软件和设备下的生产相比，其投入产出从效益上并不划算。因此，这类企业的数字化转型就可以通过技术引进补齐生产流程短板，适当采用"机器换工""系统辅助"，带动生产效率提升。

在此过程中应注意以下两点：第一，技术改进并非完全替代非遗的人工技艺。人的参与始终是非遗产品生产的特色和优势，在非遗产品生产的关键创意设计以及需要人为判断的生产环节，数字技术更多是承担辅助作用。因此，非遗企业技术改进的重点在于制造流程中人工效率较低且技术参与对最终成品并不会产生过多影响的环节，如石雕石材初步处理中的清洗石块、去除表面杂质和不规则部分等。第二，技术改进要注意避免外部技术路径依赖。企业在技术改进时往往会针对自身短板引进市场优质技术供应商的成熟技术和创新技术，如果自身具备技术吸收改造的机制、资源和能力，则有利于进一步将先进技术内化。但也面临自身技术转化条件不足、数字技术知识产权保护、资产专用性等因素的制约，出现过度依赖外部技术供应商甚至深度绑定唯一供应商的情况，这可能会进一步导致数字化转型成本过高、流于表面化等其他问题。因此，非遗企业技术引进时一方面要根据转型战略和阶段，筛选适合自身实际的数字技术和设备，不能盲目求新求全；另一方面，也要构建技术内化的体系和机制，强化自身科技创新能力，同时提升资产的通用性价值，实现数字转型自主和自强。

以曲阳石雕企业为例，随着时代的变迁和科技的发展，国家级非遗曲阳石雕技艺也在不断采用现代科技手段进行创作和生产，进一步提高了石雕的工艺水平和艺术价值。截至 2023 年，曲阳全县有 3 家石雕数控装备研发型企业，2300 多家石雕企业中 80% 以上实现了数字化升级改造。除了企业自身加强数控装备应用外，政府也通过成立数字化产业技术创新战略联盟、培育石雕数字设备应用复合型人才、加强数字化典型推介、开展行业发展交流会等形式助推石雕企业数字化转型。

数字化使得曲阳石雕工艺更加精确和高效，极大提升石雕生产效率。传统的曲阳石雕采用手工制作，需要花费大量的时间和人力，而采用数字化技术后，可以通过计算机程序实现自动切割、加工和雕刻，还能够根据设计图自动生成雕刻工具路径，保证了精度和一致性，避免了传统手工制作中可能出现的误差。同时数字化技术还可以将多个雕刻工序合并为一个，提高了制作效率。如曲阳腾阳雕塑有限公司采用数控机床根据电脑绘制的三维模型路径精准雕刻，将传统雕刻中勾轮廓、刨荒、打粗三步转化为集中一次快速成型，能完成80%左右的前期雕刻量。[①]

数字化也让曲阳石雕的创作更加灵活和多样，并有效降低生产成本。数字化技术能够实现立体建模，根据需求实现不同形态的设计，如建筑装饰、园林景观等，还可以实现复杂的图案和画面的雕刻，如人物、山水、花鸟等，使得曲阳石雕在艺术价值上更加突出。此外，传统的石雕创作前期一项比较耗时费工又不可缺少的工序是设计图稿及制作泥巴材质模型。数字时代的石雕设计流程下，客户只需借助3D扫描和建模软件完成设计图稿就可以通过3D打印机打出模型。如曲阳雕塑文化产业园的众友自动化设备有限公司采用3D雕塑打印机，24小时便可完成打印一个1米高的狮子，原料只有沙子和黏合剂，成本比人工雕凿大大降低。除了采用传统打印材料，一些新型的特种聚酯（PETG）耗材韧性强，收缩率低，表面光滑，有效解决了传统泥巴模型易破裂易变形、不能长期保存的问题。[②]

二、技术外包型非遗产业数字化转型模式

传统非遗企业在数字化转型刚起步时，自身的数字资源禀赋有限，而在数字化转型的盈利空间尚不明朗情况下企业的转型驱动力也有所不足。基于传统的"识别需求—筛选供应—进行购买"产品服务交易逻辑导向，此时企

① 澎湃新闻客户端．【数字曲阳】曲阳石雕的"数字之变"［EB/OL］.（2024-01-15）［2024-05-07］. https：//m. thepaper. cn/baijiahao_26018477.

② 林凤斌，唐笛．放下刻刀和凿子，曲阳石雕如何"玩出"科技范儿［N］. 河北日报，2023-11-21（3）.

业就可能将数字转型的目光转向外部，利用比较优势选择将数字化转型所需的技术进行外包，系统搭建企业数字化转型所需的技术平台，在价值链某个环节或全链条落地数字技术应用场景。这样做的优势从选择空间上能够在更大范围匹配企业所需的技术类型，规避技术不成熟带来的不确定性，在时效性上可以快速落地转型所需的数字技术实践方案，保障企业数字化转型的底层架构，从需求满足上多数技术外包服务商可以在对企业进行数字化现状诊断基础上实现个性化推荐或定制针对性数字化解决方案。而劣势就是一方面转型企业与成熟数字技术供应商需要一定的磨合成本，另一方面技术外包下企业缺乏内生造血能力，即存在数字技术路径依赖和锁定的风险，后续数字技术人力投入和设备维护成本也可能偏大。因此，技术外包型非遗产业数字化转型模式下企业要寻求技术外包与技术自主的协同创新，不断完善技术搜寻、匹配、学习和应用机制，加强自身技术资源和能力的积累。

例如，重庆市级非遗老字号陈昌银麻花为适应高速发展的行业需求，引入飞象工业互联网围绕消费者和供应链两条主线进行数字化建设，推动企业向数字化、智能化转型。飞象工业互联网推出用户直连制造（customer to manufacturer，C2M）模式，通过标准化的数字供应链平台，让陈昌银麻花以满足市场需求为导向，并反向引导生产，提升工厂和客户之间的订单流转效率，满足客户化定制。在 C2M 模式下，消费者通过相关平台直接向工厂下订单，工厂接到订单后，再根据需求来进行设计、采购，既有效缓解工厂的库存压力和盲目生产的问题，也可以降低流通渠道成本，让消费者能够以工厂价格享受大牌品质。同时，飞象工业互联网通过整合从上游到下游的整条供应链服务，实现原料、工厂、市场、研发、货物、仓储、销售、配送的数字化协同，构建以陈昌银麻花为核心的供应链生态圈，打造仓储管理协同平台和供应链协同平台。通过工业互联网改造，陈昌银麻花运用大数据匹配生产、销售各环节，通过"以销定产"提升产销流转效率，线上订单迎来大幅增长。[①]

---

① 梁钦卿，高吕艳杏. 工业互联网赋能非遗"老字号"开启"数智时代"［EB/OL］.（2022 - 08 - 23）［2024 - 05 - 07］. https：//baijiahao. baidu. com/s？id = 1741934357738404533&wfr = spider&for = pc.

第三节　客户主导的非遗产业数字化转型模式

随着非遗企业数字实践和数字资源的积累，企业逐步摆脱初步的"技术＋应用"阶段，组织管理层和员工对数字化转型的认知也会不断深入，将转型视野由供给侧转向需求侧，开始探索数字化背景下市场异质需求带来的转型空间，如利用大数据挖掘消费需求、构建数字信息系统提升敏捷能力、强化数字赋能开展个性化定制等。在不断完善前期数字技术架构的同时，此阶段非遗企业更加注重对市场消费动态的跟踪和分析，挖掘现有和潜在的产品和服务需求，并结合自身资源优势构建以客户为中心的快速响应能力，与之相应的企业数字化转型模式可以区分为客户驱动型和创新主体并购型两种。

一、客户驱动型非遗产业数字化转型模式

客户信息资源是企业提供产品和服务的重要依据，卖方市场下企业对客户注意力的争夺也日益激烈。企业数字化转型面临的价值逻辑已从"生产—产品—销售"转向"需求—产品—生产"，借助互联网和成熟数字技术、平台，客户可以深度参与企业的价值共创。因此，数字时代下多数企业在数字化转型过程中都强调以客户为中心，力争在对客户需求进行分析、挖掘的基础上提供高参与性、个性化和匹配度的产品和服务（钟志贤等，2024）。

客户驱动型非遗产业数字化转型模式即非遗企业将转型重点聚焦于满足客户的数字化需求和定制化体验，投入大量人力物力资源践行以客户为中心的数字化转型实践。选择该模式的非遗企业一般具备韧性敏捷能力和较好数字技术迭代基础，具有如下特征：一是企业的市场价值创造和经济效益增长主要依靠客户的满意度和忠诚度，故企业在借助数字赋能开拓市场方面具有较大主动性，如搜索整理客户对数字产品和服务的需求信息、提升生产流程和设备的智能化水平、提供优质数字产品和服务体验增强客户黏性等。二是

企业的组织架构和运营能力具有较高的敏捷性，能够针对市场需求的动态变化作出及时反馈，如针对客户需求调整部门或岗位设置、整合企业内部及供应链上下游资源、快速推出新业态和新产品、开展精准营销和个性化定制等（王永贵、汪淋淋，2021）。应注意的是，客观上市场具有不完全信息的特性，同时客户需求具有高异质性和动态性，企业在获取客户信息时要注意规避高信息搜索成本；主观上企业管理者和员工出于对数字战略和市场敏感度认知的差异，也会对客户需求识别出现偏差甚至误读。因此，该模式下企业要综合考虑市场环境、数字战略、投入产出、员工能力等的协调和匹配，找准客户需求和企业资源的契合点。

以贵州绣娘文化有限公司为例，该公司于2021年在麻江县成立，以贵州非遗手工艺刺绣为亮点，已开发出服装、鞋帽、家居用品、布偶、饰品五大系列1500余款非遗文创产品。为更好开拓刺绣市场，贵州绣娘文化有限公司注重在传统工艺中融入现代审美需求和时尚元素，进行"气动自动控制染布""手绣的数字化誊稿""植物套色染""连续图案型糊染"等工艺创新，在提升传统手工刺绣生产效率的同时也使之更贴近现代社会生活。该公司还通过开发文创大数据系统、"绣娘"App、"绣娘管家"小程序等积累产业和客户信息资源，紧跟市场需求进行跨行业、跨群体的产销链接，从需求端倒逼刺绣文创产品实现创新和量产，在较短的4年时间内在麻江开设十八家工坊、在省内开设五家直营店、十余家联营店，在成都、杭州、重庆、长沙等城市发展了上百家经销商。①

二、创新主体并购型非遗产业数字化转型模式

传统大中型企业如果数字技术基础较为薄弱或原有业务对技术的依赖不强，在开展数字化转型时就可能利用后发优势，选择并购成熟或具有互补优

---

① 陈丹. 非遗变"潮玩""破壁"闯新圈：一家年轻文化公司的探索与突破 [N]. 贵州日报，2023 - 11 - 09（12）.

势的技术型企业的形式，以快速获取所需的先进技术，其遵循的是以资本投入补足数字短板的价值逻辑，即通过对被并购方数字技术的整合与迁移来强化与提升自身数字化能力水平。创新主体并购型非遗产业数字化转型模式下的企业具有如下特征：一是并购行为要求企业具有一定的资本运作和经营的能力，如较大的经营规模和足够的资金储备，因此市场上并购主体往往是大型或上市企业。二是企业并购的目的是从对外部创新主体的技术吸收和融合中获得竞争优势，因此并购的重点往往放在传统业务快速补短补强和新数字化业务开发上。

创新主体并购型模式对企业而言具有数字业务优化方向明确、并购目标对象互补性强、有效缩短数字化转型周期、风险评估和交易机制成熟等优势，但也要警惕"拿来主义"的风险，如并购主体选择和权利让渡过程中的技术错配、技术磨合过程中的"水土不服"、过度依赖外部技术方引致的自主创新动力不足等。因此，企业需要构建兼顾技术缺口并购和技术自主创新的协同机制，并进行动态调整和优化。

如很多非遗老字号在自身体制上难以匹配互联网时代的营销观念，为了快速对接新生代发展，参股、收购、并购、联营是最快捷的方式。2017 年，老字号桂发祥麻花以现金 4775.3 万元收购昆汀科技 22.4219% 股权。[①] 昆汀科技作为一站式品牌电商服务运营商，主营业务为电子商务的代运营和经销服务，主要客户有漯河卫龙商贸有限公司、上海家化、飞利浦（中国）、片仔癀等。桂发祥对于品牌电商服务运营商的青睐有其内在逻辑。一方面，我国目前多数老字号品牌集中在食品、医药领域。随着电商发展，食品类老字号品牌纷纷自建电商或与第三方服务商进行合作。例如，五芳斋、狗不理、稻香村等知名老字号食品品牌，其电商渠道的开辟对营收增长的作用不容小觑。另一方面，从业绩上看，昆汀科技增长势头快于桂发祥。2014 年以来，桂发祥的营收及利润增速整体放缓，2016 年度营收较上年微增 0.09%，归母

---

① 桂发祥已于 2020 年出售并完成昆汀科技股权转让。目前公司与昆汀科技进行电商业务合作，不包括跨境电商。

净利润较上年略有下滑。与之相对，桂发祥将入股的昆汀科技，2016 年营收及利润规模均在扩大。桂发祥入股昆汀科技，能够在电商运营上与之产生协同效应，辅助公司加快电商业务的布局和完善，实现线上渠道销售的加速增长，从而建立线上、线下两翼齐飞的立体营销网络。①

第四节　生态主导的非遗产业数字化转型模式

非遗企业在数字化转型过程中通过积累技术实践和客户资源，企业数字技术基础框架和解决方案不断完善，数字应用场景和产品业态不断丰富，组织上下对数字战略认知也会进一步加深，如注意到企业自身造血能力不足、创新机制有待强化等，进而对内进行基于数字赋能的系统性变革，使整个组织系统更加柔性灵活和扁平化。而随着企业做大做强，企业也会意识到单纯依靠自身资源和能力无法应对日益激烈的现有和潜在的市场竞争，转型视野也会由内而外扩展整个产业链生态层面，如以链长或龙头企业的身份构建数字合作平台，整合产业链供求力量参与数字协同创新，打破时空界限优化链间企业数字业务流程，实现优势互补和资源的合理利用，最终构建起一个良性、均衡和可持续的产业数字生态系统（钟志贤等，2024）。这对企业而言是一个从追赶、竞合到超越的过程，进入到持续自主创新和圈链协同创造价值增量的新阶段（赵丽锦、胡晓明，2022）。生态主导的非遗产业数字化转型模式即企业将较多数字化资源投入到人才培育、技术开发和商业模式创新，并注重产业链圈生态系统构建和优化。该模式下的非遗企业多为处于领先超越阶段的产业领军企业，具备较好的数字化技术和制度基础、较丰富的数字化资源及较强的组织适应能力，转型方式具体可以区分为自主创新和产业链协同两类。

---

① 赵天宇，赵桥. 老字号看中电商赚钱机会　桂发祥欲 4775 万人股"辣条"运营商［EB/OL］.（2017－11－28）［2024－05－07］. https：//www. nbd. com. cn/articles/2017－11－28/1166182. html.

一、自主创新型非遗产业数字化转型模式

自主创新型非遗产业数字化转型模式下企业主动通过内源式技术创新整合内外部资源，实现数字赋能产品、业态、商业模式、组织架构等多层次创新，目的是构建技术优势和进入壁垒，把握企业发展主动权。该模式下企业具体如下特征：一是企业已度过数字化转型初期阶段，具有较强的技术资源积累和商业转化能力，为自主创新提供了人力物力和资金上的重要保障。二是企业具有转型再突破的主动性，管理层对数字技术优势和优化方向比较明晰，能够针对核心和关键领域进行颠覆式创新和数字化领先赋能，并输出优质数字产品和服务以获取商业回报，从而完成对自主创新的经济、信息、技术等多层面的反哺。囿于企业创新主体技术认知局限性和数字市场高度动态性，自主创新型模式也存在自主创新方向与市场动态需求错配、自主创新研发失败、自主创新转化成本过高等风险。因此，企业选择自主创新模式应立足产业发展趋势和市场现实需求，构建完善的创新体制机制，加强从创新可行性分析、创新立项、创新过程管控、创新成果转化到创新产权保护整个流程的详细规划和动态把控。

以云南大益茶业集团有限公司为例，其始创于 1940 年，已经发展为以普洱茶为核心，贯穿科研、种植、生产、营销与文化全产业链的现代化大型企业集团，生产规模、销售额、利税及品牌综合影响力领先于同行业，品牌专营店数量达 2000 余家。近年来，大益在工业技术改革、微生物制茶、消费服务等方面不断探索数字化转型之道。

在工业技术改革方面，核心企业勐海茶厂 2009 年以来，自主研制并建成自动称量流水线，标志着普洱茶行业进入半自动化和流水线式生产；于 2011 年、2013 年、2019 年各建成 2 条静电拣剔线，通过静电除杂机对原料中的轻飘物进行有效吸附以降低后端人工拣剔的压力；2017 年建成数字化智能集群烘房，体现了普洱茶烘制的标准化、科技化和数字化；2022 年，自主设计并建成投产静电质选联装生产线，标志着大数据进入普洱茶行业。近年来，勐

海茶厂在数字化设备精益生产管理、设备运行优化、资源动态优化等方面的投入高达上千万元。

在微生物制茶方面，大益实施智能制造企业战略，不断加速产学研合作进程，着力强化与科研院所、行业协会、行业机构、原料供应商、渠道服务商的战略合作关系，构建健康的全产业链"生态系统"。大益成功建成普洱茶微生物菌种及茶天然产物资源库，并于 2016 年成功创制"微生物制茶法"，推出以科技为支撑、健康为导向的"益原素"系列方剂茶饮产品。

在消费服务方面，2020 年以来大益实现了茶叶产品的终端经营数字化，加强与消费者的深度互动。各具特色的大益茶馆，不仅方便各地消费者购买茶品、茶器，体验茶文化、茶生活，同时为广大茶友提供了舒适的品茗空间和交友环境，茶友可以通过线上、线下等多种方式预约或直接到店体验。此外，大益还上线超 2000 家云店商城，积极在线上直播带货、数字精准营销、企微私域运营等方面精耕细作，持续放大客户与中高端消费者的长效价值。①

二、产业链协同型非遗产业数字化转型模式

非遗企业数字化转型过程中由点到面寻求企业甚至行业之间的跨界链接和合作，是企业数字战略框架拓展下突破自身资源禀赋局限和构建新的价值增长点的必然选择。选择产业链协同型模式的非遗企业具有如下特征：一是企业数字化转型实践在行业处于领先地位，数字战略方向上选择突破组织自身资源和所在产业条件限制，将重心转向实现跨产业协作、多主体协同、全方位超越的目标上。二是企业之间的协同模式呈现"1 + N"价值共创的格局，即龙头或链长企业以协同创新为起点，通过构建数字产业平台、提供数字解决方案、输出数字产品服务等方式整合产业链资源，中小型企业有机融入该生态共同体建设，最终实现生态链价值链上企业数字化能力提升

① 大益茶. 多家主流媒体走进大益，探寻标杆企业"数字化"秘诀［EB/OL］.（2023 - 08 - 06）［2024 - 05 - 07］. https：//baijiahao. baidu. com/s? id = 1773490368447247205&wfr = spider&for = pc.

和市场价值倍增、社会其他参与主体也能获益的共赢局面（赵丽锦、胡晓明，2022）。

以东家 App（简称"东家"）为例，其创立于 2015 年，产品类目包括茶叶、茶器、首饰、文玩、家居、食味、服饰等。截至 2021 年，东家共聚集了一万多名手艺人，平台关注及深度用户达五百余万。东家产业链整合协同主要围绕三个方面展开：

一是打造各类交易场景。在销售场景营造上，东家陆续上线拍卖、开料、押窑、鬼市、探宝等一系列独创的非标交易场景，2018 年以来还尝试从原料到工艺的每个环节都输出一套标准，加强非标领域标准化建设。在 2020 年文化和自然遗产日期间，东家与广州文物局、韶关文物局联合打造非遗地方馆，利用线上平台集中展示上千位非遗匠人逾万个商品。据统计，每天有 10～20 位非遗匠人代表不间断直播，向用户普及非遗保护文化、讲解商品，完成相关售卖转化。在体验场景营造上，东家聚焦博物馆领域，探索线下文化场景的连接。如在东家平台上引入博物馆的内容，同时在博物馆内设立东家的线下专柜，匠人也可以在博物馆举办小型展览，与用户在线下交流互动。

二是协同供应链各类主体。一方面，东家在陶瓷、翡翠、茶叶等产业聚集带设立专职城市经理，合作多家线下知名拍卖行，汇聚众多文物高货和大师名匠，通过"源头直供"模式，丰富拍品种类，精简中间环节。另一方面，平台以电商拍卖、产业聚合、匠艺创新等形式，深耕数十个产业类目，链接了数万手艺人。如建立匠人经纪人制度，帮助不擅长互联网运营的匠人提高运营水平，联结优质传统手工艺匠人、设计师、艺术家和品牌，发起并承办中国匠人大会、传家节等数十项颇具影响力的 IP 文化活动。同时，东家也一直在与全国知名博物馆合作，摸索打造成熟文创产品的合作方案。①

三是探索构建文化生活平台。东家致力于通过大幅降低用户的挑选成本，

---

① 36 氪. "东家"完成 1.1 亿元 B 轮融资［EB/OL］.（2018－03－17）［2024－05－07］. https：//baijiahao. baidu. com/s？id＝1595148726730076920&wfr＝spider&for＝pc.

实现平台电商业务的规模化，同时通过分享有质感的东方美学生活内容，让用户关注生活、发现生活，从匠人手作电商升级为文化生活平台。具体表现为社区内容的升级，即在平台内部上线文化内容社区"雅趣"和话题社区，外部则在悟空问答、微博、微信、快手、抖音等各大渠道打造内容。①

---

① 大众网．让非遗融入生活，东家 App 打开"非遗文化"的新招式．[EB/OL]．(2020 – 07 – 06)[2024 – 05 – 07]．http：//qiye．chinadaily．com．cn/a/202007/06/WS5f02dd18a310a859d09d6522．html．

第七章

非遗产业数字化转型创新路径

本章基于相关理论与文献，并结合非遗产业数字化发展现状，提出若干非遗产业数字化转型创新路径：建构非遗产业数字化动态能力、打造非遗虚拟价值链、强化非遗数字业态创新、拓展非遗数字商业模式、推进非遗跨界融合、加强非遗数字营销。

第一节　建构非遗产业数字化动态能力

动态能力指企业整合、构建、重新配置内外部资源以应对快速变化环境、实现适应性成长和获取竞争优势的一种组织能力（Teece，Pisano & Shuen，1997；Warner & Wäger，2019）。市场动态性影响动态能力，动态能力通过企业战略和能力发展影响企业绩效。动态能力是一个研究传统行业内企业数字化转型的有力视角，在数字化转型与商业模式调适间起到重要的中介作用（孟韬、赵非非和张冰超，2021），企业需要建立强大的动态能力，实施和转变商业模式，以在新兴的数字经济中保持相关性（Wang & Ahmed，2007）。

企业数字化转型本质是外界环境与动态能力的不同子能力间相互作用以推动变革的过程（王晔、陈洋和崔箫，2022）。企业数字化能力则指企业通过利用数字化技术与大数据资产，感知并辨认机会，整合、建立和重组内外部资源以快速响应市场需求变化，实现营销、研发和生产的数字化变革，创造更大商业价值和进行商业模式变革的能力（吉峰、贾学迪和林婷婷，2022；马晓辉、高素英和赵雪，2022），其体现了企业对数字资源和技术的利用程度和效率，是企业数字化转型的关键影响因素（朱秀梅、林晓玥和王天东，2022）。尹西明和陈劲（2022）结合数字化能力与动态能力提出产业数字化动态能力的概念，即产业领军或链长企业以数字技术和数字管理机制"双核"协同创新为核心，以数字场景应用为驱动，以实现持续创新跃迁、商业模式重构、竞争优势重塑为目标的一种元能力。

王和艾哈迈德（Wang & Ahmed，2007）认为动态能力包括企业通过对信息的识别、吸收和转化并应用于商业实践的吸收能力，快速辨别市场机会并调集分配资源加以利用的适应能力，以及利用自身资源和能力推出新产品以满足市场机会的创新能力。沃纳和韦格（Warner & Wäger，2019）将企业数字化转型的动态能力归纳为数字感知能力、数字获取能力和数字转化能力。王苗和张冰超（2022）提出企业数字化能力主要由数字技术运用能力和数字资源整合能力构成。马晓辉、高素英和赵雪（2022）认为数字化动态能力是传统动态能力在数字化环境下的进一步延伸，包含数字化感知能力、数字化获取能力和数字化变革能力三个维度。尹西明和陈劲（2022）认为产业数字化动态能力包含数字创新战略、文化与价值观，数字化技术核心能力，数字化管理核心能力，面向产业应用场景的数字化动态整合能力四个维度。综上，本节将从数字战略管理能力、数字技术应用能力、数字资源整合能力、数字产品创新能力四方面对非遗产业数字化动态能力构建提出建议。

一、建构非遗产业主体数字战略管理能力

企业数字化转型的实质是战略变革与模式更新，战略制定提供了组织关于数字创新的清晰的使命、愿景、发展战略、制度体系和文化价值观，并在组织内部的充分交流与共同理解过程中，进一步明晰具备现实洞察力和战略导向的系统性指导理论框架（刘洋、董久钰和魏江，2020）。甚至，企业的

数字化转型实践战略管理理论能否指导企业实践关乎一个企业乃至整个产业的兴衰存亡（陈冬梅、王俐珍和陈安霓，2020）。非遗产业主体可以从数字创新战略和数字应用场景两方面建构数字战略管理能力。

（一）明确数字创新战略

数字战略可以界定为组织利用数字资源进行差异化价值创造的战略，是企业数字化转型的首要关键点和连接组织现状和未来目标的纽带。数字创新战略是组织为构建良好数字创新环境和获取数字转型优势，在分析内外部环境基础上从全局层面对数字化转型的方向愿景、技术选择、模式路径的整体谋划。

对非遗产业主体来说，应结合企业自身特点及在产业圈链结构中的定位，根据数字赋能生产流程优化与产品业态创新的趋势决定差异化价值创造的方向和价值获取的方式，前者如组织制度和商业模式优先选择哪种数字创新模式、产品生产流程中引进何种数字技术和设备、推出哪些类型的数字产品和服务、开展数字化转型是单打独斗还是多主体协同等，后者如构建数字平台的必要性可行性及其方式选择、与产业圈链中其他主体的商业合作和利益分配形式等（刘洋、董久钰和魏江，2020）。在制定创新战略过程中，为更好实现战略的匹配与可操作性，企业应根据自身资源禀赋、市场需求动态、技术迭代创新进行动态优化和调整（钟志贤等，2024）。以非遗医药企业片仔癀为例，2014 年以来片仔癀制定的"一核两翼"发展战略在数字创新战略方面涉及从研发、生产到营销、物流诸多内容，如在产品研发上通过加大技术创新投入推出融入高科技的健康保健产品；在生产上借助大数据、物联网和人工智能加强生产线和仓库的智能化改造，开展大规模个性化定制的业态创新；在营销上建设和推广"营销云"小程序系统，建设线下体验店、国药堂数字终端等；在物流上，采用现代智能物流结合传统医药物流，提升整体物流配送效率。

（二）规划数字应用场景

数字应用场景规划指企业围绕制定的数字创新战略，基于市场消费需求、自身资源禀赋和潜在商业价值评估，对数字技术赋能下自身产品和服务可能的业务方向、范围和落地方式进行预先设计。非遗产业主体应将数字化转型置于时代的背景和语境下，从 IP 文创、文旅博览、5G、AI、大数据、中医、大健康、教育等多产业入手，通过社交媒体、社区活动、年货市集、校园活动等喜闻乐见的形式导入非遗，拓展非遗数字化应用场景。如永新华韵围绕以非遗为"一芯"、以"文旅园区 + 产业孵化"为两翼的战略布局，其数字场景应用领域涉及文旅、电商、体育、地产、康养、金融等产业。如在文创领域借助非遗大数据平台和"非遗大百科" App 塑造非遗 IP，通过授权、防伪溯源认证、城市文化资产包等数据化内容为文创产业提供增值服务；在电商领域通过微信公众号、抖音、快手等平台，以直播、短视频、游戏等数字化、立体化、社交化的形式进行非遗文化传播和相关商品销售。[①]

二、建构非遗产业主体数字技术应用能力

数字技术应用能力即领军企业以新型信息技术应用为核心赋能企业资源链接和产业生态协同的能力。数字技术应用能力建构的一大关键在于企业利用市场消费数据的搜集和分析确定技术创新方向，并在此基础上推出能有效满足消费者效用、具备一定质量标准的产品和服务，塑造以市场需求为导向的企业和产业业绩创新体系（彭超楠、刘诗语和胡建珣，2022）。另一关键在于企业主动发挥链长或龙头企业技术优势，通过技术标准制定和推广、数字平台构建和应用、技术联盟建设和协同、技术成果共享和转化等途径与产业链上下游企业及中介机构、社会团体、政府部门等加强战略合作，依托自身品牌效应促进数字技术规模化应用和数据要素价值圈层化释放，带动产业整体技术创新水平提升（尹西明、陈劲，2022）。非遗产业主体可以从运用数字工具测度消费需求和放大核心技术优势提升品牌效应两方面建构数字技术应用能力。

---

① 永新华集团. 万亿级"非遗"新经济崛起　领军者永新华韵砥砺前行［EB/OL］. (2020 - 09 - 21)［2024 - 03 - 04］. http：//www. yongxinhua. net/newsinfo/911204. html.

（一）运用数字工具测度消费需求

第一，利用数据赋能分析与预测非遗消费群体需求。在产品开发方面，非遗产业主体应加强运用大数据、人工智能等数字技术分析和预判市场消费趋势，针对消费热点和痛点实施精准产品研发，驱动自身不断进行产品适应性创造和创新。例如，京东京造结合销售数据和消费者讨论热度，结合年轻消费者审美偏好，与浙江永康锡雕工厂荣盛达合作设计融入国风元素的"梅兰竹菊"锡器茶叶罐、手锤纹茶叶罐。在服务供给方面，数字平台是组织获取市场供求信息重要载体，非遗产业主体可依托平台实时搜集用户对非遗产品的浏览、购买、评论等信息，并根据需求和偏好分析结果柔性调整服务方案，通过精准高效的个性化服务更好响应日益多样化和动态化的用户需求（罗建强、蒋倩雯，2020）。例如，京东京造依托用户洞察和竞品分析，采取从消费者需求出发、选定品类、确定优质制造商企业的路径，分别与云南非遗制茶企业振华茶厂、苏州丝绸企业太湖雪、浙江永康锡雕工厂荣盛达，以及景德镇瓷器产业带、广西柳州螺蛳粉产业带、江苏宜兴紫砂壶产业带、浙江龙泉青瓷产业带的企业等建立合作，助力上游工厂打造更具普适性的高品质产品。① 第二，利用数据赋能协同非遗产品供给与需求。非遗企业等主体可以将产业价值链信息作为非遗产品供需的精准测度和调节工具，如具有较强季节性或节气性的非遗食品、传统茶饮、手工编织等生产企业，就可以通过电子合同管理平台或借助区块链数字智能合约等形式，通过实时需求反馈和订单管理提高上下游非遗产品供应链的可见性和便捷性，同时减轻企业自身因阶段性、季节性、信息不对称等供需错位形成的经营压力，提升非遗企业协同产业链的服务效率。

（二）放大核心技术优势提升品牌效应

现代商业模式下品牌效应是企业市场价值和无形资产的体现和延伸，品

① 窄播研究．"非遗"产业如何链接大众消费［EB/OL］．（2022－06－15）［2024－05－07］．https：//baijiahao．baidu．com/s？id＝1735667968001397184&wfr＝spider&for＝pc．

牌效应的提升能够为企业带来更高知名度和美誉度、固定的消费群体、产品溢价销售等多层次效益。数字时代背景下非遗产业主体可以借助数字化渠道明晰并放大产品核心技术优势，在分析市场需求的基础上深挖技术创新元素，并通过网络渠道和数字平台加强产品技术特点和卖点传播，构筑品牌核心技术的消费者心理壁垒，凸显品牌的高端势能（彭超楠、刘诗语和胡建珣，2022）。例如，片仔癀借助数字平台洞察消费需求和行业趋势，在医药制造板块单品"片仔癀"基础上不断创新，将胶囊、含片、软膏等现代技术融入古法炮制之中，研发涵盖肝病、感冒、皮肤科用药等众多医药系列产品，同时应用中式成分科研创新推出皇后、新皇后和片仔癀等化妆品品牌。在营销和流通领域，片仔癀通过线上内容种草、线下体验店运营、IP形象推广等模式，实现"国字号"品牌形象延伸。借助科技驱动和数字营销影响力，片仔癀在"2020胡润品牌榜"和"2023胡润中国最具历史文化底蕴品牌榜"均位居榜首，中医文化和医疗健康的品牌价值和实力得到有力彰显。

三、建构非遗产业主体数字资源整合能力

数字资源整合能力强调非遗产业主体打破数据垄断区域边界，运用大数据技术整合共享内部数字知识，对具有稀缺性的非遗信息资源加工整合，将文化资源转化为文化资本，同时开辟共建共享的数字网络渠道，整合各类行业应用场景，形成多层次数字文化产品结构。

（一）整合共享内部数字知识

数字技术及资源的应用使得企业在管理运营中积累大量数据资产，整合共享内部数字知识即非遗企业通过构建跨部门间知识互联共享机制以整合分散的内部知识、打破信息孤岛，并在此基础上增强员工多维知识储备、提升员工数字素养的过程（姜君蕾、夏恩君和贾依帛，2023）。第一，整理用户需求和购买数据。借助知识文档管理系统对企业沉淀的用户需求和购买数据进行上传、归类和编辑，使之成为可供内部知识共享的有用数据资产，并据

此形成个性化或定制化的产品解决方案。第二，构建产品全周期中的用户数据反馈机制。加强在产品从创意、设计到生产、营销全生命周期中的用户信息反馈，如创意、设计阶段深入了解用户的痛点和需求，并吸取他们的创意和想法实现开放式创新；生产阶段通过门户网站、数字平台或社交媒体及时与用户进行沟通；营销阶段收集用户的使用体验和意见反馈以明晰产品优化改进方向。在此过程中可运用爬虫、语义分析、主题图等技术对用户数据进行分析复盘，形成"执行—反馈—改进—优化"的循环模式。第三，完善组织内部知识共享渠道。一是建立完善正式渠道，如通过客户关系管理和办公自动化等 IT 系统定期向员工传播新业态发展、新技术革新等方面信息，或将生产、营销、技术、研发等积累较多知识的核心部门的员工进行借调和混岗。二是灵活运用各种非正式渠道，如通过网络慕课、兴趣沙龙、主题讲座等形式，营造组织内部知识共享的良好氛围。

（二）加强行业应用场景整合

场景整合能力即企业运用数字技术优势和数字管理能力构建产业多元主体协同的价值共创共生的融通生态，通过产业资源整合、共创平台建设、跨产业合作、线上线下深度融合等形式，推动数字技术应用落地多元产业应用场景（尹西明、陈劲，2022）。例如，永新华韵围绕"非遗 IP"打造数据应用、文创产业、电子商务、会展演艺、投创金融、品牌孵化等线上线下场景。线上联手联合国教科文组织共同打造非遗大数据平台，通过对散落中国各处的文化遗产进行收集、整理、建库，分门别类地将相关数据收录进平台，在收录中国非遗项目的同时还收纳世界非遗项目 200 多万项，为非遗数据的应用场景拓展奠定基础。线下依托景区景点、文博场馆、历史街区等公共空间与众多非遗代表性传承人、艺术工作者展开深入合作，打造艺术主题场馆及创新开发艺术衍生品，展示非遗活态技艺和传承文化，并实现线上流量的线下引流和互动。例如，在北京前门运营以非遗为主题的华韵非遗博览园，建立集营销、会展、体验、传习、演艺、餐饮、养生等多业态、多功能的实体平台，并与前门的历史文化景观和旅游业态很好融合起来，丰富了大众的旅游体验。

四、建构非遗产业主体数字产品创新能力

数字产品创新有产品本身创新和产品创新过程两种观点。刘洋、董久钰和魏江（2020）认为数字产品创新指包含数字技术（即信息、计算、沟通和连接技术的组合）或者在这些数字技术支持下运行的新产品或服务。数字产品创新主要包含两大类：纯数字产品（如 App）以及数字技术与物理部件相结合的产品（如智能家居产品）。彭超楠、刘诗语和胡建珣（2022）则将产品创新视为一个动态过程，认为数字产品创新是指企业等生产主体运用数据孪生、虚拟仿真等数字技术和平台以缩短产品研发周期、优化产品成本结构和提升产品生产质量的过程。

（一）实现非遗产品深加工创新

数字技术能够推进传统非遗产品开展深加工创新。从宏观层面看，非遗产业主体要抓住数字化促进文化产业转型升级的发展机遇，利用数字技术提升和协调生产技术水平，整合数字信息资源拓展和创新营销方式，实现全产品周期的效率效益和高端附加值提升并能够有效延展非遗产业链。不仅是非遗实体产品，人工智能、物联网、大数据等数字技术也拓展了非遗服务内容和交付方式，服务价值创造空间从线下延伸至线上，借助智能手机、可穿戴设备等移动终端和便捷的数字支付工具，非遗产业主体以数字化为基础扩展出非遗曲艺云展播、非遗技艺虚拟体验等新业态形式。从微观层面看，非遗产业主体应集中于非遗各细分产业门类，在利用数字技术对非遗资源进行收集和储存的基础上，对蕴含独特文化内涵的非遗数据进行集约化再创作、生产、重塑，将非遗数字记忆转化为可供消费和体验的各类具象化产品。如利用数据处理技术对民间文学、对数字影视动漫产品化，对传统音乐和戏剧进行高清转化或声音修复等。除了视听类非遗数字产品，还可以利用数字平台和数字辅助设计工具强化非遗技艺或美术类实物产品的设计、加工、制作，

在生产流程中对产品的原型数据进行数控化输入和处理，如采用 3D 模型制作非遗文创产品等，争取实现更多元化的商业价值。

（二）推进非遗产品跨域跨界创新

数据赋能与文化经济融合的趋势正不断加强，并衍生出诸多经济结构中的新业态（刘静、惠宁，2020），为跨域跨界资源整合提供了可能。首先，非遗产业主体可以利用数字技术强化产业间生产要素的合理配置利用。如利用大数据监测非遗技艺活跃度、非遗产品市场占有率、非遗匠人分布、非遗用户群体特征等，在产业间进行动态演化与破冰。非遗文创企业"石雀故事"就基于平台匠人资源及石雀金工销售数据开发"智慧文创"系统，可以针对某一作品的销售情况实时进行用户画像；通过平台导入的搜索关键词，能对"用户反馈""售后情况""实时热点事件"等进行多维度分析，据此对制作该产品的匠人进行筛选，择优进行新作品的创作，让加入"智慧文创"的非遗工作室能够利用互联网将自己原有的作品与其他地区和行业的工作室进行融合，丰富作品的品类和扩大用户的范围。[①] 其次，非遗产业主体可以通过构筑产品多元化供给的跨区域产业集聚，实现非遗文化的跨界经营。例如，永新华韵采取全网合作战略，助推文化领域发展，目前已经和京东、腾讯、网易、360 等知名互联网企业签订战略合作，在京东平台上推出非遗文化体验馆，在腾讯 QQ 天气"节气物语圈"尝试节气专题，与 360 合作通过话题传播非遗等，也和故宫、中影、深交所等机构进行合作推进非遗应用转化落地[②]。最后，非遗产业主体可以使用社交媒介和多样化网络互动形式，链接非遗与工业制造、农林牧渔、建筑家居等行业，在利用非遗内涵增强其他行业产品文化附加值的同时，也实现非遗产业数字化的叠加效能（刘静、惠宁，2020），如开展非遗手工艺品制作直播等跨媒介观看体验和情景互动等。

---

① 青岛财经网. 从青岛走出做全国行业最大——非遗文企"石雀故事"数智化探新路［EB/OL］.（2023 – 10 – 31）［2024 – 05 – 07］. http：//www. qdcaijing. com/p/503964. html.

② e 飞蚁. 大数据平台构建非物质文化遗产传承新体系！［EB/OL］.（2018 – 01 – 12）［2024 – 05 – 07］. https：//www. sohu. com/a/216269994_740457.

第二节　打造非遗虚拟价值链

数字文旅产业具有产品虚拟和规模无限的市场特征（刘洋、肖远平，2020），在数字产品的创作、生产、搜索和交易过程中，信息传递和处理传递的数字化过程起到越来越重要的作用。非遗信息资源可以定义为以非遗主题知识为核心、以各类媒介和平台为承载形式的反映非遗内涵外延的量级信息集合（李雨蒙、苏日娜，2022）。非遗虚拟价值链以非遗信息资源作为价值链活动处理对象和增值环节，是互联网思维的组织化体现。借鉴卡瓦尼利亚斯等（Cavanillas，Curry and Wahlster，2016）对大数据价值链的相关研究，本节将非遗虚拟价值链的打造分为信息获取、信息护理、信息存储、信息使用四个环节。

一、非遗信息资源获取

非遗信息资源获取是在非遗数据信息放入数据库或任何其他可进行数据分析的存储解决方案之前收集、过滤和清理数据的过程。本节主要从明确非遗信息资源类型和采集对象、搜索盘点非遗信息资源两个方面加以讨论。

（一）明确非遗信息资源类型和采集对象

非遗信息资源的类型主要包括：第一，非遗项目信息。非遗调查和记录过程中积累的项目基本信息，如根据传承人口述整理的文本、音频资料，借助数字摄影和图像编辑软件处理的非遗图片、视频资料，以及通过三维扫描和建模产生的非遗虚拟模型等。同一项目、主题或信息单元可同时以不同的记录方式存在。第二，非遗研究信息。历代学者专家、传承人、爱好者等对非遗记录或思辨行为产生的文献信息资源，如专著、论文、手稿、文集、地方志等（周旖、林婉婉和陈润好，2018）。第三，非遗企业及市场信息。通过纳税申报、市场调研等途径收集的非遗市场信息，涵盖非遗产业类型，非遗产品服务的类型和销量，非遗上市企业、中小企业、工作室及传承人个体经营状况等。

根据文化和旅游部 2023 年发布《非物质文化遗产数字化保护　数字资源采集和著录》标准，非遗信息资源采集对象包括：政府非遗保护职能部门，非遗项目保护单位和其他保护机构，研究机构，博物馆、展示馆和档案馆，图书馆、出版社、书店和相关信息服务平台，社区、群体（社团）或个人，其他。

（二）搜索盘点非遗信息资源

第一，非遗信息资源领域范围的确认。盘点非遗信息资源要结合历史背景、发展现状和领域分析要求，明晰非遗信息资源的概念和范围，进而确定需要收集的非遗信息资源的知识内容和载体形态以及如何对其进行整合和组织。在实际操作中，可以采用目前通用的信息资源分类框架对非遗信息资源进行归并和分类。例如，参照出版形式及载体可以将非遗信息资源分为纸质信息资源（古籍文献、著作、期刊、年鉴、工具书等）、数字信息资源（门户网站资讯、电子图书和期刊、非遗数据库等）（见表 7.1）、其他信息资源（非遗声像资料、缩微模型等非结构化信息）三种类型。

表 7.1 非遗信息资源盘点范例

一级名称	二级名称	三级名称	四级名称	非遗信息资源举例
数字信息资源	特色数字信息资源	门户网站	综合性门户网站	网易 - 文化 - 戏曲戏剧
			专门门户网站	中国非物质文化遗产网·中国非物质文化遗产数字博物馆
			政府门户网站	泉州市艺术馆（泉州市闽南文化生态保护中心、泉州市非物质文化遗产保护中心）
			企业门户网站	漳州片仔癀药业股份有限公司

资料来源：李雨蒙（2020）。

第二，制定非遗信息通用复分表（见表7.2）。在明确非遗信息资源收集范围基础上，接下来可以按照预先确定的标准对信息资源进行分类，构建以载体或出版形式为分类标准的通用复分表，既能更好展示非遗信息资源形式特征，也方便其后续的护理、存储和使用。

表7.2　　　　　　　　　　　非遗信息资源通用复分表

资源类型	涵括内容
非遗图书资源	单册书、多卷书、丛书、工具书、古籍等
非遗报刊论文资源	期刊、科研报告、科研论文、会议文献、学术论文等
非遗档案资源	纸质档案、电子档案、简牍档案等
非遗数据库	各类数据库、网络系统等
非遗特种载体资源	音频、视频、缩微模型、机读资料、多媒体资源等

资料来源：李雨蒙（2020）。

二、非遗信息资源护理

数据护理指在数据生命周期内对其进行主动管理，以确保数据满足有效使用所需的质量要求。数据管理环境的数据覆盖范围朝着使用频率较低、分散程度较高和结构化程度较低的数据方向发展，构成数据种类的长尾（见图7.1）。数据护理通过数据的采集、归档、保存和描述，通过降低数据护理成本和增加数据管理者的数量来提高数据管理的可扩展性，允许在有限的时间限制下处理数据管理任务，最终目的是促进数据价值的再发现以保证重复利用，提高数据的利用效率和挖掘数据的潜在价值（王晴，2014）。本节主要基于元数据讨论非遗信息资源护理。元数据是描述某种类型的资源（或对象）的属性的数据，可以用于定位和管理资源并显示有关资源的信息（Qing et al.，2022）。基于元数据的非遗信息资源护理即对信息构建数字化、标准化编码描述体系以展示其属性和特征，以提升非遗信息数据使用的规范性、便利性和价值性，主要包括确立非遗元数据标准、关联非遗知识元数据和加强非遗元数据应用三个步骤。

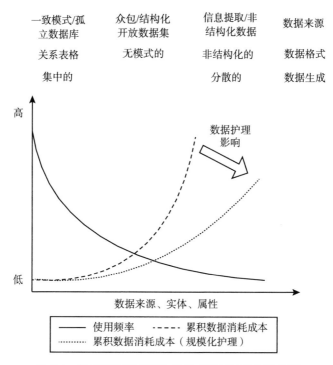

图 7.1　数据管理的长尾和数据管理活动的可扩展性

资料来源：Cavanillas et al.（2016）。

（一）确立非遗元数据标准

参照综合性、流变性、无形性等特征，非遗元数据可以分为人物、实物、概念、事件/行为/活动、时段、空间、文献和项目 8 种类型，借助统一的标准进行著录后就共同构成承载非遗元知识体系的语料库。结合非遗的属性和涉及的行业特征，同时出于保证非遗信息资源的质量、可信度和版权，以及便于数字化共享、增添和维护考虑，非遗元数据描述优先参考目前通用性和规范性较强的元数据标准，如 DC 元数据规范、我国数字图书馆标准与规范建设元数据规范（CDLSMetadata）等。已有或可参考的元数据标准与规范如表 7.3 所示（蔡璐、熊拥军和刘灿姣，2016）。

表 7.3 非遗元数据类型及标准

知识元	界定	属性	元数据标准
人物	非遗传承群体、民间艺人及研究者	姓名、出生日期、生平简介等	ISAAR（CPF）；FOAF
实物	非遗相关的实物道具、工具、材料等	名称、说明、功用等	CDWA；VRACore；CDLSMetadata
概念	非遗相关的概念性知识	概念名称、概念定义等	
事件/行为/活动	以人为载体或由人主导的事件/行为/活动的具体表达	名称、参与人、过程说明、关联时间、关联地点等	CDLSMetadata
时段	非遗相关的时间类知识，如非遗的起源、发展、传承中的重要时间节点	时间名、起始时间、里程碑等	
空间	非遗相关的空间类知识，如非遗的流传区域、表演场所等	空间名、位置、所属地区等	
文献	非遗相关的文献知识，如非遗类图书、期刊、音视频资料等	文献题名、作者、格式、出处、年代等	CDLSMetadata；DC
项目	非遗相关的管理类知识，如各级保护名录、项目介绍等	非遗名称、级别、类型、申报时间、申报机构等	DC；孙晓菲著作

资料来源：蔡璐、熊拥军和刘灿姣（2016）。

（二）关联非遗元数据知识

确立非遗元数据著录标准后，可以进一步对数据进行逻辑性梳理，使之相互关联并便于受众直观理解，提升数据的传播和应用价值，具体可以采用内部知识项聚合关联和外部知识元语义关联两种模式。知识项聚合关联是将具有内在联系的分面知识片段进行功能性内聚以实现知识信息的聚合，如非遗项目的保护级别、申报时间与申报单位之间具有对应关系。知识元语义关联则是基于特定主题或语义关系基础上形成的知识元链接组合结构，如围绕某项非遗爬取所有相关的知识内容并进行领域关系和发展脉络梳理。完成非遗知识元内外部知识关联后，就可以借助主题图谱、知识元地图、语义架构图等描述模型对非遗元数据知识进行多维度、跨层次和系统化组织，以支持非遗知识的可视化呈现和多渠道利用（董坤，2021）。

以南音的知识语义网络架构为例（见图7.2），该架构采用国际文献工作委员会的概念参考模型（即 CIDOC CRM），对南音相关的人物、时间、事件、器具、地理等知识及其关系进行展示。首先，对文本进行语义实体标注，然后将各个实体通过分析关联到对应的架构图，通过对知识的分析与关联获取实体对应的信息，呈现出系统性表达。其次，进行语义实体的概念化，充分挖掘、解读实体背后蕴含的知识，根据整个架构图进行纵横对比、语义识别以及上位概念归纳，明确当下实体在整个架构图中最合适的位置，做到实体的嵌入位置符合南音知识的理解逻辑。最后，分析实体之间关系，包括实体属性、应用场景等相关内容，构建知识语义架构图。例如，南音（E1 CRM Entity）起源于唐代（E2 Temporal Entity）、形成于宋代（E2 Temporal Entity），主要由"指""谱""曲"（E89 Propositional Object）三大类组成（P48 is component of），在诗词、文献、简史（E31 Document）中都或多或少有所记载（P67 is documented in）；南音（E1 CRM Entity）主要活跃在（P55 has current location）福建、台湾及南沙群岛等地区（E53 Place），当地人们于（P12 is present at）祭祖先、祭先贤、拜馆（E50 Date）等场合进行（P17 motivated）演奏（E7 Activity）等。

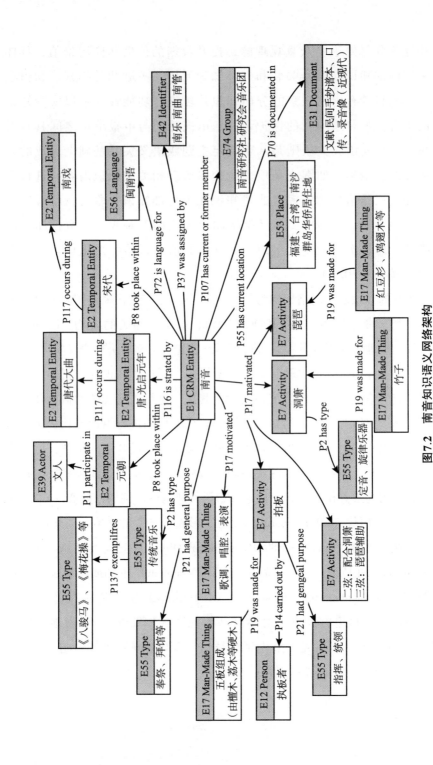

图7.2 南音知识语义网络架构

（三）加强非遗元数据应用

在元数据知识服务过程中，可以根据用户需求对非遗数字资源知识内容进行检索、重组、查询，从而为用户提供所需的服务，如通过主题图查询语言查找感兴趣的主题、借助导航进行拓展检索、自动推荐与用户检索主题的相关资源、对非遗主题图进行持续性完善和维护等（施旖、熊回香和陆颖颖，2018）。在具体应用方向上，牛力等（2023）以苏州丝绸档案为例，提出四类元数据适用方案。文书档案和会计元数据适用于档案厂志、生产建设等相关文书、人员花名册、年鉴、合同、干部任免报告、会计凭证、财务报表等。科技档案元数据适用于产品流程和工艺说明、产品色谱图谱库、非遗工艺或老字号申报和鉴定、非遗工艺手册或汇编等。音像档案元数据适用于非遗网络传播或数字数据库建设等。实物档案元数据适用于非遗工具道具、标本样本、证书奖牌等实物档案，或各类非遗展览展示、文档管理或参观团建活动中资料照片和图片的辅助信息描述。

三、非遗信息资源存储

数据存储即以可扩展的方式持久化管理数据，以满足需要快速访问数据的应用程序的需求。非遗信息资源长期和安全存储是实现非遗产业数字化转型的重要支撑，本节主要从技术方案、标准体系、组织协同三个方面加以讨论。

（一）拓展非遗信息资源存储的技术方案

所有数字信息的存储均面临时间推移背景下更先进的保存和呈现技术对已有技术迭代的挑战，非遗信息资源存储也不例外。目前迁移、仿真和数字博物馆等传统数字资源保存技术较为成熟，数字孪生、数据编织等数据新技术正在进一步发展。数据库作为高度契合计算机和互联网发展的可共享和统一管理的大量数据的集合，是现代信息建设的主要形式。目前，从国家到地方均利用数据库为采集来的非遗数据提供存储和利用空间，形成以政府文化部门作为主要建设主体的各类数据库，此外，各级各类学校、文博场馆、社会机构也根据自身特色和档案建设需要，建设了诸多非遗专题数据库（赵跃、周耀林，2017）。随着云计算和大数据技术应用的拓展，云端云仓存储数据也因其保存方式选择多样、信息访问共享便捷等优势，成为非遗信息资源存储的另一可行方向。在非遗信息存储中，还要考虑数据之间的关联性所涉及的数据框架和模型设计。例如，在分布式环境中可以选择属性存储的数据框架，在同一属性下用户可以减少自连接操作次数，便于高效申请访问相关数据，而在需要整合多源异构数据时则可以选择图数据存储的数据框架，将非遗数据之间的关联作为数据的一部分进行存储，如可以将非遗数据描述框架存储到一个包含标签、方向、属性（或主体、谓词、客体）的三列结构表中，通过对非遗数据关联查询进行针对性的优化，用户在查询时系统会在三元组表中进行自连接并提供搜索结果（范青、史中超和谈国新，2021），能有效降低信息搜索成本。

（二）构建非遗信息资源存储的标准体系

构建非遗信息资源存储的标准体系可以从资源类型、项目内容、传承与传播三个维度加以考虑。从资源类型维度看，非遗信息资源具体表现形式包括图文、语音、视频、三维模型等。如前所述，目前国内外已基本建立起针对多种资源类型的信息存储著录方案，如网络资源方面的 Dublin Core、IAFA Template、CDF、Web Collections，文献资料方面的 MARC、Dublin Core，博物馆与艺术作品方面的 CIMI、CDWA、RLG REACH Element Set、VRA Core 等，我国也有《元数据的 XML Schema 置标规则》《数据论文出版元数据》等元数据国家标准，可以直接选择和采用。从项目内容维度看，Dublin Core 经过多年国际性努力，已经成为一个网络资源描述方面广为接受和应用的事实标准。针对非遗项目中蕴含人类技能的核心知识，可以采用 DC 数据以利于文化传承和国际传播；领域数据可以根据非遗类型（如项目名录十大门类）特点结合 DC 和其他数据标准进行扩展；专用数据即具有专业性和指向性的特定数据集合（如传承谱系元数据），则可参照非遗核心数据和领域数据的标准进行选择。从传承与传播维度看，非遗信息资源存储涉及相关作品、人物、实物及网络中的非结构化资源，故数据著录标准和存储方式除了参考已有成熟标准，还应综合专家学者研究文献和存储技术迭代现状进行交叉补充完善，如确定领域或主题的分类和归并，以及不同层级信息的核心元数据及其限定词等。以非遗人物数据为例，可以确定传承人、申报人及其姓名、地区、作品等作为核心信息，采用复用 FOAF 数据集的结构化数据存储方式（翟姗姗、刘德印和许鑫，2019），而其相关的社会事件、媒体报道等增长迅速但使用频率较低的非结构化数据则可以考虑云存储方式，以减少内部存储容量的消耗。

（三）加强非遗信息资源存储的组织协同

从信息的产生过程看，非遗信息资源存储涉及的协作主体包括生产机构、保管机构和支撑机构。产生机构主要职能是非遗信息资源数字化采集、预处理或过渡期的保存。保管机构主要职能是接收、长期保存、管理非遗信息资源并有选择实现数据开发与利用等。产生机构和保管机构可以为同一主体，均为非遗信息资源存储的核心责任方，如政府文化部门、文博场馆、高校及文化类社会组织等。支撑机构主要职能是为非遗信息资源存储提供资金、技术和咨询等方面支持，如数据基础设施建设和运营服务商、数据存储与处理方案服务商、云存储服务提供商、金融机构等。在三类机构的组织协同方式上，可以按照合作的紧密程度，参照联合国教科文组织《保存数字遗产指南》提出的集中分布式、平行分布式和高度分布式开展合作。集中式存储即数据集中于中央计算机（主机）统一保存和管理，各地远程终端通过"申请—响应—分发"的形式进行信息的浏览和使用。平行分布式存储即通过本地工作站进行数据的存储和处理，以提高信息处理效率并满足用户快速访问或大流量访问需求。高度分布式介于上述两者之间，即在中央主机和本地工作站之间再设立区域工作站进行辅助协调。非遗信息资源具有较强公共文化属性，目前多用于优秀传统文化传承活动和群众公益性共享为主，应结合

《"十四五"非物质文化遗产保护规划》提出的非遗记录工程、非遗新媒体传播计划等，构建政府主导下的以集中分布合作模式为主体，以平行分布式、高度分布式合作模式为补充的综合性组织协同模式（翟姗姗、刘德印和许鑫，2019）。

四、非遗信息资源使用

非遗信息资源使用即通过数据驱动、数据分析等，将数据集成应用于非遗相关产品及服务的过程。非遗信息资源使用可以通过降低成本、增加附加值来增强相关产品及服务的竞争力。本节主要从信息可视化、服务平台、产学研用合作三个方面加以讨论。

（一）加强非遗信息可视化展示

基于非遗数据库建设的完善以及信息管理技术的不断成熟，非遗信息资源应逐渐强调本体要素的多维展示。非遗的可视化即借助计算机图形学和图像处理技术，将非遗信息以主题图、知识语义图等直观的方式向大众展示和再现的技术方法（赵跃、周耀林，2017）。

首先，借助多样化媒体加强声音、语言与非遗图像技术的高度融合。如在视频网站、微信微博、B 站、小红书等数字平台上开展非遗可视化知识传播，利用数字技术再现非遗传承场景，受众根据实际需求选择所需信息，甚至可以对可视化知识进行重组、创作，进行二次传播。其次，加强新媒体和图书馆、博物馆、文艺演出等大众传播为主的旧媒体之间的融合。推进智慧图书馆、数字博物馆和公共云空间建设，加强新旧媒体在非遗信息可视化传播上的兼容与互补，形成多层次覆盖、全方位联通、多角度展示的立体融合媒体。最后，利用云计算、大数据，再结合人工智能的深度模拟和活态展示手段对非遗信息进行个性化展示，借助内容创新、语义呈现以及虚拟现实等手段，改变数字平台非遗信息展示的传统路径，满足受众个性化需求，提升受众差异化体验。如用户可以通过人机交互设备向系统发送指令信息，并借助穿戴设备实时进入虚拟三维立体空间，从视觉、触觉和听觉全方位、沉浸式体验非遗项目（见图7.3）。

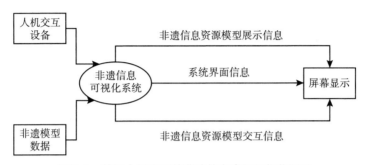

图7.3 基于人机交互的非遗信息资源可视化展示

资料来源：程秀峰、张小龙和翟姗姗（2019）。

（二）构建非遗信息资源推送平台

要持续推进非遗产业数字化转型，相关主体需要开拓非遗资源和数字技术多维视域，及时获取相关信息资源推荐。鉴于现代人群社交媒体和智能手机使用现状，以及非遗资源跨界融合的产业特征，翟姗姗、代沁泉和谭琳洁（2018）提出以 social（社交）为基础、以"local"（地方化）和"mobile"（移动性）为技术支撑的 SOLOMO 非遗信息推送平台整体架构（见图7.4）。该平台体系包括数据层、关联与筛选层、基础应用层和特色服务层四个模块：数据层主要集成非遗、位置以及用户等信息，关联与筛选层对非遗信息资源进行解析与匹配，基础应用层基于用户的社交网络和地理位置实现即时非遗信息推荐，特色服务层将非遗信息全面推向非遗传承和开发利用的各个领域。

（三）加强非遗信息产学研用合作

加强非遗信息产学研用合作可以从推动非遗创意素材库建设以及打造线上线下一体化、云端实景相结合的非遗信息新体验等入手。

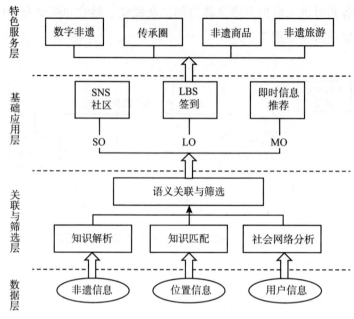

图 7.4 非遗信息推送平台整体架构

资料来源：翟姗姗、代沁泉和谭琳洁（2018）。

　　首先，搭建非遗创意素材库。具有地方特色、符合审美价值、具备创新特性的非遗素材对非遗创作及市场化应用有着基础性价值。例如，传统纹样线上授权平台"纹藏"通过文献资料、田野调研、专家合作等渠道搜集整理超过 25000 组纹样的信息数据，借助矢量锚点绘制和曲线加工等技术，开发工艺、地域、民族、历史、题材等不同类型的专题纹样数据库。依托纹样的计算机图形化转译，纹藏构建了在线授权和商务合作的产业端口输出模式。在线授权方面，纹藏拥有对合作企业、机构开放的数据库和向大众开放授权的素材库，授权内容涉及可编辑纹样、纹样线稿、色板及纹样属性、文字信息等，授权方式包括自用授权、数字授权、中小企业授权等形式。商务合作方面，纹藏主要通过品牌联名、纹样定制、文创合作等形式，于产业端赋能规模化市场应用，打造纹藏产品生态链（温雯、赵梦笛，2022）。如与支付宝合作推出"福"主题产品，与广西民族博物馆共同打造"纹创广西·八桂造物""'壮族三月三'文化创意产品展"系列活动等。

其次，打造线上云端的"互联网＋"非遗信息消费模式。低门槛、低成本的"互联网＋"传播模式为非遗的信息消费带来新机遇。应进一步借助融媒体非遗传播平台，结合数据建模技术加强非遗知识内容转化，探索研究网络课堂、数字影视、数字藏品等知识付费和信息可视化体验业态，借助多元化的数字渠道满足受众对非遗的内容消费与体验服务需求。

最后，拓展线下智能交互的"沉浸式实景"非遗信息体验模式。沉浸式实景体验具有互动性好、参与性高、代入性强等优势，符合当下受众消费需求。可以结合数字视听、三维建模、人机交互等技术对非遗实体空间进行深度挖掘，将非遗信息实景化。例如，以非遗文博展馆、非遗主题景区、非遗演艺空间等为载体，通过虚拟现实、增强现实、增强虚拟等仿真体验，帮助受众群体正确理解、重构与应用非遗知识，运用场景营造、故事串线、互动沟通等形式拉近受众与非遗的距离，推动非遗数字化消费。

第三节　强化非遗数字业态创新

随着外部环境、市场竞争及消费者需求变化，非遗产业价值链也在不断与其他要素结合，衍生出新的企业经营管理模式和企业运营形态。以网络平台为基础，以非遗作为创意资本、经济资本、文化资本、社会资本、人力资本和技术资本，可以展开文创、电商、旅游、教育、游戏、元宇宙等多领域、跨平台的商业拓展，整合内容创意、资金筹措、产品生产、营销推广、服务创新等价值链环节。数字业态创新对非遗来说，有利于利用数字技术将非遗资源转化为新型的优势资本，突破非遗自身边界限制，提升非遗产业链附加值；对其他产业而言，也是通过跨界融合转变传统价值增长方式，增加产品和服务多样性的有效尝试；对数字经济而言，能增加数字要素、技术、人力的应用广度和深度，优化整体的数字经济结构。

一、非遗数字文创

数字文创产品即基于移动互联网和新媒体技术，以文化为展示和体验主题，以数字图像、App、微信小程序、H5 网页等为表现形式的内容型文化创意产品（刘媛霞、殷俊，2022）。开发非遗数字文创产品具有如下积极意义。一是促进非遗活态传承。通过设计者的创意融入和数字技术的创新赋能，充分展示非遗资源在新时代背景下的生命力和创造性，也能为设计者提供更多的创作视角，方便其不断推陈出新。二是推动非遗文化传播。借助非遗数字文创消费和体验，通过网络载体使非遗突破相对封闭的区域、民族或文博场馆边界，在更大范围展示非遗及其产品独特的内涵、技艺、形象等。三是提升非遗文旅商品品质。数字化可作为非遗文创产品设计的创新赛道，与实物类非遗文旅商品交叉补充，既能进一步丰富非遗商品消费选择，也可以改善国内非遗文旅商品种类较少、科技创新含量不足等问题（解辉，2022；江伟、周敏，2020）。

（一）加强非遗数字藏品开发

数字藏品指以区块链标识作为身份凭证、以互联网作为主要传播和消费渠道的数字文化产品。非遗是数字藏品开发的重点领域，主要开发主体涉及政府文化和旅游部门、传承人、文博机构、社会组织、文化和科技企业等，开发方式包括原创性的非遗数字作品、以非遗作品实物为原型的数字作品、非遗相关权益的数字化呈现等。现阶段非遗数字藏品范围基本涵盖了非遗十大门类，发行和消费渠道以 App、网站、小程序等为主（温雯、赵梦笛，2022）。数字藏品虽然具有图片、音乐、视频、3D 模型、电子票证、数字纪念品等各种形式，但目前仍以数字图片较为常见。以图片类非遗数字藏品开发为例，可以从挖掘和梳理非遗图像叙事素材、明晰非遗图像叙事主题和表述层次、创设非遗图像叙事场景、产品设计实践四个阶段考量（方潇，2023）。

第一，非遗数字藏品图像叙事素材的挖掘和梳理。一是搜集具有鲜明特色和视觉元素转化价值的非遗作品，构建非遗专题（如传统美术、传统技艺、民俗等）素材库。二是深入调研非遗数字藏品用户群体需求和技术环境，在此基础上确立作品整体视觉风格，如针对年轻群体审美可以运用国潮或现代简约风格，满足受众对藏品视觉与心理的双重期待。

第二，非遗数字藏品图像叙事主题和表述层次的确立。一是鉴于非遗展示丰富性和可能性，应根据素材基础和消费需求明确藏品的叙事中心内容，如非遗的民族或区域特色、名家代表作个人风格等。二是围绕叙事主题明晰作品表述层次。可以借鉴唐纳德·诺曼对产品叙事设计中本能表述、行为表述、反思表述三个层次的划分，首先通过藏品的图像色彩、纹样、风格、组合等让受众直观感受叙事主题；其次在藏品设计过程中可以通过数字平台和社交媒体加强与受众的交流，让其直接参与藏品的创意和体验，以更好了解藏品叙事主题；最后在藏品中融入设计者的创意和个性特色，将设计感与非遗内涵进行有机衔接，引发受众进行思考以深度领略主题意蕴。

第三，非遗数字藏品图像叙事场景的创设。一是依据藏品呈现的展示终端设计叙事场景，如考虑智能手机和掌上辅助设备屏幕的场景建构。二是围绕非遗特色文化符号搭建叙事场景，如经典非遗 IP 形象的典型性与指向性场景表达。三是在藏品叙事场景中融入现代元素，如传统纹饰结合国潮文化进行创新表达。

第四，非遗数字藏品设计实践。一是针对应用场景进行图形、色彩与构图的设计转化，如围绕传统节日发红包的习俗定制非遗主题创意红包或支付宝付款码皮肤。二是结合线下民俗、庙会、文博场馆等非遗文化空间，推出三维模型、数字纪念门票等多样化藏品选择。

（二）加强非遗 App 开发

非遗 App 一方面是非遗信息内容分享、传播与再创造的重要载体，具有下载使用便捷、浏览体验良好、栏目内容丰富、表现形式创新、符合现代传播和信息接收习惯等诸多优势；另一方面也是非遗资源变现的市场平台，进一步实现了非遗的创造性转化与创新性发展（吴兰，2017）。目前可供下载使用非遗 App 可以分为综合性和专题性两类。综合性非遗 App 按空间范围又可以区分为全国性和地方性，前者如"锦绣非遗""中国非遗""非遗大百科"，后者如"长江非遗""非遗内蒙古""AR 庐州非遗"等；专题性非遗 App 则以传统技艺非遗较具代表性，如聚焦陶瓷的"景德镇陶瓷文化数字博物馆""耀州窑陶瓷烧制技艺"，聚焦茶艺的"中国茶文化茶典""茶道－茶文化"等。非遗 App 的开发可以从明确用户需求、提出设计方案、开展测试评估三个方面进行思考。

第一，明确用户需求。首先，非遗 App 属于小众化的应用，设计主体需要系统思考并解决用户痛点。一是从理念上进行角色互换，立足用户角度考虑 App 设计问题。二是针对已有及潜在的目标用户，运用访谈、问卷等质性和量化方法进行专业的用户研究，了解用户的 App 类型偏好及使用和操作习惯。三是加强设计人员与用户的交流互动，让用户参与后续的 App 设计研发环节。

第二，提出设计方案。App 的设计方案应包括整体解决思路、用户分析、核心场景及设计创新点等内容。一般而言，非遗 App 可以设计项目介绍、商城服务、互动社区、创意空间等模块。项目介绍模块主要以视频图文等形式介绍非遗的历史背景、代表作品、传承现状等。商城服务模块主要呈现非遗产品特色、合作商家、网络销售渠道及线下实体销售点位置。互动社区模块为游客、设计师、传承人等用户提供一个基于非遗的讨论、学习、合作空间。创意空间模块可以借助 VR、AR 等技术，通过虚拟道具体验、数字小游戏、扫码合影与分享等提升用户的虚拟体验。在非遗 App 界面视觉设计上，一是界面设计版式可借鉴传统美学形式法则，如传统美学中的对称美、传统书法绘画中的竖排文字、中国画中的留白等处理方式，突出非遗 App 的传统文化气质以及格调。二是界面色彩设计可以结合不同非遗主题，应用红色、黄色、绿色、灰色、白色、水墨黑白灰等传统色彩。三是界面设计可从非遗及其蕴含的传统文化内涵中获取设计元素，如传统刺绣和织锦的样式图案、传统陶瓷的工艺特点、传统剪纸的代表作品等（谭坤、刘正宏和李颖，2015）。

第三，开展测试评估。非遗 App 设计完成后，应进行主观和客观的全面测试评估，以更好迭代产品和优化用户体验。一方面，通过问卷调查的方式测试用户对 App 的使用满意度，如运行的流畅性、场景和机制的合理性、叙事结构清晰性及界面设计美观度等。另一方面，在 App 正式上线之前，可以通过移动网站流量分析、热力图分析、微信指数等统计技术，从访问时长、浏览数、下载数等数据中提炼 App 用户体验的相关信息，作为改进产品的依据，以提升 App 的访客数量及流量转化率（张婷、陈光喜，2018）。

非遗微信小程序、H5 界面开发过程可借鉴 App，此不赘述。

二、非遗直播电商

"非遗＋直播＋电商"以优秀传统文化为依托，融合了时下直播和电商新型业态，推动非遗资源的经济效益转化和产业势能实现，也在更大的线上线下时空范围提升了非遗文化影响力。电商平台和直播平台均较早就开始"非遗＋直播＋电商"模式的探索，例如：淘宝特色中国西藏馆于 2016 年 10 月在杭州举行"互联网＋西藏非遗"的非遗直播，特色非遗产品线上订单超过 3 万笔；花椒直播于 2017 年 6 月举办"传承·匠心——非物质文化遗产巡播"，直播"龙泉宝剑""桐油纸伞""古法制香"等十余个非遗项目及其传承人的现场制作过程。非遗直播电商的新型业态迅速吸引众多网友的兴趣，为传承人和企业带来可观的订单收入，推动了非遗产业的商业化进程（王文权、于凤静，2019）。本节主要从类型梳理、主播效应、跨界电商三个方面对非遗直播电商业态进行讨论。

（一）梳理适合网络直播的非遗类型

非遗直播电商是以视觉呈现为载体，融合在线产品销售功能的兼具娱乐化和商业化的视觉影像实践。非遗的公共遗产属性、类型丰富多样和民族区域差异等特性导致并非所有类型都可以进入直播电商领域，因此应梳理适合直播电商的非遗类型，为非遗直播电商提供准入和退出的参照标准和基础门槛。目前较适合直播电商业态的非遗类型大致有如下三种。一是在现代社会具有较高融合度和实用性的非遗。该类型贴近人们生产生活，具有简单实用或受众较广的特征，同时在长期流变中不断根据时代特征和审美变迁进行活态传承，故事属性、消费价值和历史积淀也适合直播电商语境，如传统医药、民俗类非遗等。二是具有天然镜头价值的表演竞技类非遗。该类型的动态性和画面感十分契合直播电商对视觉冲击力的要求，能较好满足互联网受众求新求异的兴趣需求，如传统音乐、传统舞蹈、传统体育游艺与杂技类非遗。三是较容易产品化或商品化的传统技艺和传统美术类非遗。该类型兼具独特的艺术和经济价值，本身即是非遗文旅商品的重要组成，如剪纸刺绣、纸扎风筝、瓷艺茶艺雕艺等，受众群体在消费或体验过程中对其完成过程和蕴藏其中的劳动智慧和情感往往会产生好奇和兴趣，具有较好的直播电商发展优势（李翔，2018）。

（二）强化非遗主播的带动效应

网络直播经济本质是流量经济，主播尤其是头部主播作为关键意见领袖，提供的是一种情绪价值和情感陪伴，对粉丝的思想认知和价值观具有较强的引领、动员作用，具有强大的号召力和粉丝规模效应。传承人是非遗绝活的拥有者和非遗故事的亲历者，由他们作为主播在聚光灯下展示、讲述、介绍非遗产品和传承经验，对受众来说更具可信度和感染力。因此，在非遗直播电商发展过程中，应通过传承人主播激发直播平台的情感链接与消费活力。如某场侗族文化主题的电商直播在侗染介绍环节邀请制作者出镜讲解其历史、流程和特点，结合具有较大网络影响力的直播团队"侗族七仙女"进行侗染裙子展示，在侗乡茶售卖环节则跟随"七仙女"进行品茶会现场的"云端"游历和体验，不仅能让受众更好了解侗染文化内涵，还增强了产品的可信度（栾轶玫、张杏，2020），带动销售效应明显。

（三）推广非遗跨境电商直播

非遗产品尤其是手工艺品具有"多品种、小批量"、重创意设计、日常生活属性较强的特征，符合跨境电商零售产品的销售特点（邓婷，2022）。

利用跨境电商平台直播，既能实现非遗产品的国际市场价值，也能起到传播中国传统文化的目的。一方面，依托成熟新媒体平台开展非遗跨境电商直播。平台选择以 TikTok、Meta、X 等知名海外社交媒体平台为主，主题上宜选择"时尚""匠心""中国故事"等理念，主播以非遗传统技艺、美术等行业的老手工艺人和网络红人为主，形式上以短视频、互动体验、在线授课等内容营销为主，直播对象以对中国传统文化感兴趣的用户和企业为目标客户，直播内容综合非遗项目所在民族地域和文化空间介绍、非遗产品文化内涵和特点、传承人创造理念和工艺展示、非遗产品购买链接（包含企业自营店铺和 eBay、Amazon、Lazada 等第三方平台入驻店铺）等内容，推介上借助大数据匹配算法开展非遗产品信息精准推送。另一方面，建立非遗跨境电商直播基地。非遗跨境电商企业可以依托原创非遗发源地文化优势、相关行业跨境新媒体营销优势、所在省市非遗富集的资源优势，在自由贸易区（港）、边境口岸城市、跨境电商综合试验区、跨境电商产业园等建立非遗跨境电商直播基地。基地主要功能一是为非遗传承人和产品供应者提供固定的入驻和推广平台，二是提供海外市场直播带货培训服务（如跨境社交媒体短视频制作剪辑、跨境电商直播运营实操、跨境流媒体广告业务、TikTok 直播带货技巧等）（孟雯雯、孟晓蒙，2022）。

三、非遗虚拟旅游

在新冠疫情期间，旅行在很大程度上受到限制，文化遗产、文化和旅游业也在不断探寻新的方式来吸引公众。交互式技术（如虚拟现实和增强现实）及其他移动技术（如相机和定位系统）的使用，在促进旅游网站发展、新冠疫情后恢复旅游目的地、支持为远程观众提供文化内容等方面提供了创新的方法（Gonçalves et al.，2022；Theodoropoulos & Antoniou，2022）。虚拟旅游即为网络冲浪者提供虚拟视觉和三维立体旅游体验的互联网旅游形式（汤洁娟，2016）。从技术供给视角来看，虚拟旅游融合了基础层面的数据库、编程语言、信息采集存储以及应用层面的计算机图像、三维建模、虚拟仿真、互动传感等技术，以技术集成应用的形式实现旅游资源和目的地的网络化开发利用和管理。从消费需求视角来看，虚拟旅游是产业主体为满足大众求新求异或便捷体验等需求，进而衍生的一种对现实景区景点进行数字孪生化重现的创新旅游形式。古滕塔格（Guttentag，2010）指出，规划和管理、营销、娱乐、教育、可达性和遗产保护是虚拟现实可能特别有价值的六个旅游领域。整体来看，虚拟旅游的积极影响体现在两方面：一是虚拟现实技术有利于消费者通过出游前预体验感受、比较目的地，进而对出游态度和出游行为产生良好预期。二是虚拟旅游在丰富实地旅游体验、提升游客满意度等方面可以成为实地旅游的有益补充（赖勤等，2022）。本节主要从数字景区规划、景区虚拟旅游系统、虚拟旅游产品体系三个方面对非遗虚拟旅游加以讨论。

（一）强化非遗背景下的数字景区环境规划

非遗具有地域性、独特性和生动性的特点，其数字化保护和继承面临许多挑战，可以通过与景区整合来解决，因而融入非遗资源的数字景区建设是实现双赢的有效途径（Zhang，Han & Chen，2018）。数字景区可定义为现实景区数字化规划、管理和应用的集中呈现方式，其以景区空间信息资源集成化采集和处理为基础，以计算机图像、数据库、3S（GIS 地理信息系统、GPS全球定位系统、RS 遥感系统）等技术为支撑，以促进景区智能升级和提升游客数字体验为目的（郑燕华，2014）。

一方面，优化数字景区虚拟环境。虚拟环境是数字景区公开展示和游客体验的主要平台，其空间主题、界面设计、互动环节、技术选择、配套硬件等会极大影响游客虚拟体验质量和满意度（匡红云、谢五届，2021）。一是空间主题要融合非遗与景区自身特色，二是界面设计要简洁美观，三是互动上要生动有趣并便于操作，四是技术选择和配套硬件要结合主流并考虑操作成本和技术迭代。另一方面，丰富数字景区虚拟体验。加强景区虚拟应用与现实环境的融合，如在景区非遗舞台演出运用 3D 影像、全息投影和超高清视频（8K）等新技术，打破时空限制，虚实有效互动，提升现场演出传播效果，通过强化沉浸式、交互性体验提升受众参与性和趣味性（林凡军、赵艳喜，2022）。如360度全息成像展示系统可以为观众提供多样化的非遗虚拟旅游体验，如真实舞台与虚拟角色、场景、道具等的结合，以及虚拟舞台与虚拟影像的结合等（高薇华、白秋霞，2015）。

（二）完善非遗背景下的景区虚拟旅游系统

虚拟旅游系统对景区具有如下重要意义。一是实现景区的基本信息、历史文化背景、旅游资源等情况和最新动态、活动等信息的发布。二是有助于景区开展在线营销，吸引线上潜在客源，塑造景区网络品牌，提升景区整体影响力。三是给游客提供在线景区信息和攻略游记的查询与浏览，增强景区与游客的黏度。非遗背景下景区虚拟旅游系统的构建可以从地理空间环境信息技术系统、非遗保护系统、旅游服务和管理系统三方面进行设计（见图7.5）。

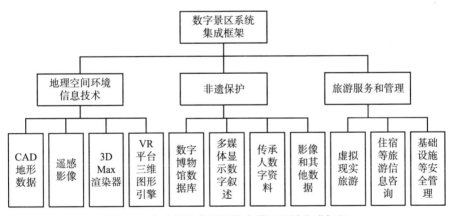

图 7.5　非遗保护背景下数字景区系统集成框架

资料来源：Zhang, Han & Chen（2018）。

第一，地理空间环境信息技术系统。地理空间环境信息化平台建立在基础设施之上，是景区信息化建设的基石，具体包括 CAD 地形数据、遥感影像、3D MAX 渲染器、VR 平台三维图形引擎等。第二，非遗保护数字化管理系统。通过数字孪生、三维建模等技术对景区非遗资源进行数字化复原，形成数字档案，将非遗资源转化为数字资产，具体包括非遗数字博物馆、数字叙事、传承人数字资料、非遗影像等。第三，旅游服务和管理系统。服务和管理系统是景区的旅游信息化服务应用系统，为景区的科学运营及决策优化、扩大优质数字文化产品供给提供支撑，主要涉及虚拟现实旅游、旅游信息查询、基础设施管理等方面，具体包括景区监控系统、门禁票务系统、智能导游系统、公共信息发布系统、"三台合一"系统、应急呼救系统、车辆调度系统、景区办公管理系统、环境监测系统、旅游门户网站等（Zhang，Han & Chen，2018；郑燕华，2014）。

（三）推出非遗虚拟旅游产品体系

非遗虚拟旅游产品开发应在保护非遗原真性和深挖非遗文化内涵的前提下，将非遗资源与食、住、行、游、购、娱等旅游要素融合，营造综合性的旅游体验。王忠和吴昊天（2017）基于《湿经济》一书的"时间－空间－实物"框架，提出以体验经济八个领域[①]为主线，结合现代科学技术，开发澳门非遗旅游产品，增强游客体验度。在体验经济八个领域中，除"现实"和"扭曲现实"外，其余六个领域均与虚拟维度具有较强关联。基于增强现实的非遗虚拟旅游产品开发，强调通过数码信息覆盖、增强、延展或修改对真实世界的体验，方向可以是 AR 视听叙事、虚拟人数字人互动等。基于替代现实的非遗虚拟旅游产品开发，强调创造实物现实的替代图像，通过叠加数段实际时间的虚拟描述而与现实世界互动，方向可以是非遗主题平行实境游戏、线上非遗游乐空间或设备等。基于虚拟体验的非遗虚拟旅游产品开发，本质是彻底的非物质性，也是利用想象力最多的领域，方向可以是非遗数字游戏、非遗虚拟模型、非遗虚拟社区、非遗虚拟模拟以及各类基于互联网的非遗应用等。基于增强虚拟的非遗虚拟旅游产品开发，强调以实物形式增强

①　即"现实""增强现实""虚拟""替代现实""扭曲现实""增强虚拟""实物虚拟""镜像虚拟"八个领域。详见：B. 约瑟夫·派恩二世，基姆·C. 科恩. 湿经济［M］. 王维丹，译. 北京：机械工业出版社，2012。

数字体验，方向可以是非遗主题的体感视频游戏、非遗虚拟艺术品、非遗技能学习或培训模拟等。基于实物虚拟非遗虚拟旅游产品开发，强调在现实场景中实现虚拟的实物化，方向可以是非遗 3D 打印、非遗个性化定制、非遗 DIY 等。基于镜像虚拟的非遗虚拟旅游产品开发，强调与现实时间同步，实质上是现实的虚拟表现，方向可以是非遗直播、非遗实时数据订阅、非遗元宇宙等（见表 7.4）。

表 7.4　　　　　　　　　非遗虚拟旅游产品体系

领域	变量	适合非遗类型	旅游产品
增强现实	时间 – 空间 – 无实物	民俗；传统舞蹈；传统体育、游艺与杂技等	AR 视听叙事、虚拟人数字人互动等
替代现实	无时间 – 空间 – 无实物	传统音乐；传统舞蹈；民俗；民间文学等	非遗主题平行实境游戏、线上非遗游乐空间或设备等
虚拟体验	无时间 – 无空间 – 无实物	传统技艺；传统美术；传统戏剧；民俗等	非遗数字游戏、非遗虚拟模型、非遗虚拟社区、非遗虚拟模拟等
增强虚拟	无时间 – 无空间 – 实物	传统技艺；传统美术；传统医药等	体感视频游戏、非遗虚拟艺术品、非遗技能学习或培训模拟等
实物虚拟	时间 – 无空间 – 实物	传统技艺；传统美术等	非遗 3D 打印、非遗个性化定制、非遗 DIY 等
镜像虚拟	时间 – 无空间 – 无实物	传统技艺；传统美术；传统音乐；传统舞蹈；传统戏剧；民俗等	非遗直播、非遗实时数据订阅、非遗元宇宙等

四、非遗网络课堂

数字时代下，借助智能、操控便捷的加工技术，以及高频互动的生产平台，网络化的知识形态与传播、可视化的知识表征与呈现、具身化的知识习得与内化对人类认知方式带来全方位变革（余宏亮，2017）。虚拟学习环境具有沉浸性、开放性、体验性、交互性等特点，尤其适合为非遗学习者提供一个氛围真实和可重复体验的学习场景。因此，非遗网络课堂可以依托网络尤其是虚拟学习平台实现多维虚拟学习情境仿真建构，进而让受众更好利用沉浸式体验场景完成知识习得。谢蓉蓉（2015）根据沉浸度将虚拟学习语境分别为观看式虚拟语境、任务型虚拟语境、互助式虚拟语境和实践型虚拟语境。借鉴该研究，本节提出非遗网络课堂的四种建设构想。

（一）观看型非遗网络课堂

观看型非遗网络课堂以电脑、掌上设备和智能手机为观看平台，以视频开发和编码、三维建模、动作捕捉、语言交互、桌面操作系统等为技术支撑，为学习者提供观察、思考与讨论非遗知识的机会。学习者通过鼠标、跟踪球、力矩球、VR眼镜等外部设备控制观看片段和频次，或自行选择角色和场景，但不参与具体虚拟语境的互动。

观看型非遗网络课堂主要由传承人、工艺美术大师、手工艺人主讲，也可邀请高校、文化传播企业或MCN机构的专职课程老师合作，开发精品非遗主题线上付费课程。在推出视频课程的同时，还可以同步开发多品类非遗课程DIY材料包，如针对皮影课程提供剪刀、刻刀、颜料、画笔等工具，优化跨年龄跨区域用户的体验需求。在平台选择上，可以依托网易云课堂、中国大学慕课（MOOC）等在线教育平台，抖音、快手等热门短视频平台，以及优酷、爱奇艺、腾讯等视频网站。如中泰竹笛制作技艺传承人丁志刚通过抖音"一笛一箫"账号直播授课，带动爱好者了解竹笛的历史渊源和制作工艺。快手课堂也是众多传承人拓展数字媒体传承的路径选择，截至2019年4月，快手课堂上的非遗文化课有502节，3万多人在用"新"方式付费学习"老"技艺。① 如民乐演奏家陈力宝在快手课堂开设唢呐技艺课程，涉及从零基础到专业乐曲教学，既便利了不同类型学习者了解唢呐，自身也获得较为

---

① 新榜.在快手教唢呐月入十几万，演奏家做主播是一种什么体验？［EB/OL］.（2019－05－24）［2024－05－07］.https：//baijiahao.baidu.com/s？id＝1634376100971212343&wfr＝spider&for＝pc.

可观的经济收入（赵晖、王耀，2022）。

（二）任务型非遗网络课堂

任务型非遗网络课堂即学习者以个人或小组任务的形式参与非遗知识的学习和互动的虚拟学习语境。该类型课堂最大的特点和优势是较强的参与性，通过随机分配、教师指定或自主选择任务和伙伴等形式，学习者身份由旁观者转变为身临其境的参与者。如由上海大学主办的长三角传统工艺数字化建设研修班开设的非遗技艺与 AI 生成绘画课程，老师、学生、传承人可以共同讨论确定关键词，组织生成语句，使用 AI 绘画工具生成符合共同需求的图案，最终结合传统工艺将图案转化为实物作品。[①]

该类型课堂可以设置一定的课程任务体验及升级机制，如特定环境下的非遗资料自助查询、非遗游戏通关等，学习者借助语音识别器、传感器、眼动仪、数据衣等辅助交互硬件及即时通信、在线教育、图像处理等软件，完成任务导向设置、推动情境发展、协同小组伙伴等环节，并由虚拟系统自动根据学习档案记录进行过程性评价和总结性评价。如郑州旅游职业学院数字非遗虚拟仿真实训中心开设陶瓷烧制、开封木版年画、传统泥塑、开封汴绣制作、传统古琴制作等课程，学生通过虚拟仿真系统进入相应的非遗实操类课程，借助头戴式 VR 眼镜和手柄进行交互式操作学习，在软件里模拟相应的操作方式方法，最终实现在虚拟环境中完成与现实实训教学中相同的训练任务，达到设定的学习效果和目的。[②]

（三）互助型非遗网络课堂

互助型非遗网络课堂将传统课堂形式拓展至大众化的虚拟学习社区。该类型课堂特点是利用参与者互动互助完成学习过程，具有较强的社交属性和

---

① 上海公共艺术协同创新中心. 长三角传统工艺非遗数字化探索与创新实践［EB/OL］. (2023 – 01 – 13)［2024 – 05 – 07］. https：//www. 163. com/dy/article/HQVOBP7F05149GE3. html.

② 郑州旅游职业学院. 数字非遗虚拟仿真实训中心［EB/OL］. (2022 – 09 – 08)［2024 – 05 – 07］. https：//www. zztrc. edu. cn/zhwlxnfzsxjd/info/1217/1413. htm.

情境参与感。学习者包括不同年龄段、职业的非遗爱好者和助学志愿者，彼此根据自身非遗知识水平等级和兴趣申请相应课堂角色。学习者通过虚拟网络系统或智能手机进入课堂，利用 Moodle 等学习管理系统自主掌握学习的时间和进度，在互动形式上可以采用非遗主题场景的语音交互、动作模仿、角色扮演、社区探索、数字游戏等，通过优化学习体验促进非遗知识习得感和满足感。

（四）实践型非遗网络课堂

实践型非遗网络课堂集学习和生活体验于一体，强调通过社会情境的多维感知来完成非遗知识学习。课堂形式除了上述的虚拟学习社区之外，学习者借助虚拟化身，能和现实世界一样，随时随地接触非遗传播环境和文化空间，如参观非遗展馆、在非遗庙会购物、体验非遗技艺、与传承人聊天等，实现与传承人或其他学习者之间的互动交流、资源共享甚至协同创新。

时下元宇宙"在场"理念驱动的数字化，与实践型非遗网络课堂具有相当高的契合度。元宇宙可借助数字孪生技术，整合非遗知识内容、活动、场景、人物、故事等学习资源，同步建构非遗传承的时空场景和互动空间，并可与现实非遗社会和经济情境实时交互，如学习者在元宇宙课堂完成的空间探索可以获得线下非遗景区门票、学习积分可以线下兑换非遗文创产品、互动交流可以邀请非遗传承人线上线下同步进行等，呈现多维仿真和立体动态的非遗沉浸式学习情境。鲁力立、陆怡婕和许鑫（2023）以沪谚为例，提出元宇宙视角下的 VR 教学学习内容、环境和活动的设计（见表7.5），强调多维度内容、多通道与三维张力沉浸化场景、混合具身交互等。

表7.5   元宇宙视角下非遗在线学习资源建构思路

学习资源	元宇宙属性	在线学习资源再设计
学习内容	身份、多元化	建立立体动态的个性化、多元化学习内容库
学习环境	沉浸感、低延迟、随地	随时随地实现多通道感知和心理沉浸，给予自主创建虚拟学习情境的可能

续表

学习资源	元宇宙属性	在线学习资源再设计
学习活动	身份、朋友、多元化、经济系统、文明	以自我和群体认同为心理诉求的"人机－人际"强社交活动，并以经济、文明基本规律创设激励机制下的学习任务

资料来源：鲁力立、陆怡婕和许鑫（2023）。

五、非遗数字游戏

通过数字游戏尤其是结合学习理论和教学法的严肃游戏，可以为传承人和文化机构重现和传承非遗的活态性提供数字时代下的解决途径（汤金羽、朱学芳，2020）。借鉴安德烈奥利等（Andreoli et al.，2017）提出的文化遗产严肃游戏的设计框架以及汤金羽和朱学芳（2020）对非遗严肃游戏的研究，可以将非遗数字游戏的设计分为准备、概念、开发和评估四个阶段（见图7.6），每个阶段又可以分为若干个具体步骤。准备阶段包括宏观层面的思考及对整个游戏的设计目标、目标受众等的推测。概念阶段包括游戏类型的选择以及游戏环节的设计。开发阶段包括整合缺失数据、构建游戏3D模型、测试和缺陷修复等，主要是优化游戏故事讲述的形式。评估阶段包括游戏有效性验证、使用者评价测试等步骤。非遗数字游戏开发并没有固定顺序，根据具体的游戏类型，有些步骤可以采用不同的顺序执行，也可以随时返回到之前的步骤。

（一）准备阶段：确定目标和受众、收集资料、明确限制条件

首先，对非遗数字游戏及其设计目的进行简要描述。明晰游戏想法和目标的细节，是后续所有工作的起点，也有利于利益相关者和游戏设计师之间的信息分享。具体包括确定非遗数字游戏的非遗类型、设计目的、历史背景、游戏内容、游戏载体等。例如，在非遗传承语境中，非遗数字游戏的设计可能是向用户提供感兴趣的非遗历史文化知识，而在非遗娱乐语境中，设计目的则可能是让更多用户体验和感受非遗项目，并促成预设的游戏流量变现。

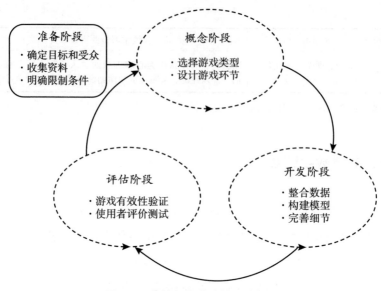

图7.6 非遗数字游戏的设计框架

资料来源：笔者借鉴汤金羽和朱学芳（2020）、安德烈奥利等（Andreoli et al.，2017）的研究整理。

其次，确定非遗数字游戏用户。该步骤目的是明确目标用户，例如国潮国风爱好者、文博场馆参观者、年轻学生等。不同群体的年龄、职业和教育背景可能对游戏的接受度和学习目标有着不同的影响。因此，设计时需考虑玩家将在何种环境下使用游戏，以及他们期望通过游戏达成哪些具体的学习成果。详尽的用户背景分析有助于优化游戏的结构和内容，确保其设计更贴合目标用户的需求。

再次，收集非遗项目和知识细节。主要考虑游戏涉及的非遗项目信息的收集，需要所有利益相关者、设计者及教育专家的协同。在这个阶段，游戏设计者应尽可能收集有关非遗项目的所有信息，以音乐类非遗的数字游戏开发为例，相关信息可能包括：第一，曲种和乐器的分类、发展、历史记载。第二，弹奏技法、语言发音、表演形式、手稿记载。第三，音乐出版物、论著、各地史书记载和文献。第四，重要代表人物及其简介。第五，音乐表演场所的转移、目的的多元化。

最后，识别非遗数字游戏设计约束。设计约束要考虑各利益相关者，包括预算、解决知识领域冲突、平衡文化和经济效益等。这里的约束条件也指游戏所要达到的质量或特性，如保证一定程度的沉浸感等。

此外，非遗数字游戏设计是一个涉及众多参与者的长期过程，除了游戏领域专业人员外，需要教育领域人员、传承机构和个体、文化遗产管理部门等多方的参与和协调（刘彪等，2021）。这些不同背景甚至不同语言的跨学科团队很可能存在沟通障碍。例如，通常不熟悉软件开发的传承人或教学专家在设计过程中需要与软件开发人员进行沟通，而软件开发人员在非遗或学习方面的知识或经验有限；在开展创意和设计沟通时可能既需要传统的面对面会议，也需要利用电子邮件、视频会议、文件夹共享等方式进行讨论，这对部分人员而言可能是新的挑战。

（二）概念阶段：选择游戏类型、设计游戏环节

第一，选择合适的非遗数字游戏类型。非遗数字游戏一般兼具教育和文化传播功能，学习理论的合理运用是非遗游戏和普通游戏的分界线。依据游戏支撑的学习理论，如问题导向型学习、情境学习、体验学习等，可以选择相应的解谜类、冒险类、模拟类等非遗游戏类型。此外，还应根据非遗游戏类型确定合适的设备或载体。如电脑端具有屏幕大、配置高的特点，适合对画面有较高要求的大型角色扮演类或时空体验类非遗游戏。智能手机和掌上设备具有灵活性强、交互方式丰富的特点，适合解谜和冒险类非遗游戏。体感设备具有沉浸感和兼容性强的特点，适合动态模拟体验类非遗游戏（汤金羽、朱学芳，2020）。

第二，设计具有逻辑性的非遗数字游戏环节。主要工作是确定并完善非遗数字游戏场景。逻辑场景是一个连贯的、独立的、逻辑上可分离的游戏部分，代表性的例子就是游戏关卡。首先，为逻辑场景绘制或完善游戏地图。地图可以由非遗传承人提供。其次，确定每个逻辑场景的微学习。针对独立逻辑场景确定一个或多个微学习目标，然后设计挑战以满足这些目标。最后，设计逻辑场景的挑战环节。非遗数字游戏的挑战或谜题非常重要，可以辅助玩家通过解决它们获得知识。因此，必须考虑到领域知识、教学需要、技术

限制和可行性。挑战环节设计是一个创造性过程，可以从考虑受众对象及其交互作为起点，例如，为了解传统建筑技艺的功能和发展，可以通过与古代日常生活有关的物品（食物、家具、雕塑等）或者与游戏人物进行交互传达相关知识。

（三）开发阶段：整合数据、构建模型、完善细节

首先，收集和整合非遗数字游戏所需数据。详细的数据有助于重建一个可信的游戏环境，更一般地说，有助于传播基于非遗原真性的有效内容。非遗数据或文件来源有以下途径：第一，档案来源的信息。第二，非遗的实物资料。第三，通过科学发掘和图像来源（如绘画、微缩、工艺品等）提供的发现。第四，通过人机交互、三维模型、CG 等采集的动作、手势、表情等数据资源。

其次，构建非遗数字游戏虚拟模型。从技术角度来看，关键的一步是确定游戏引擎，它提供了 3D 图形绘制、声音、脚本、动画、人工智能、网络、流媒体、内存管理、线程、场景图等核心功能。游戏引擎的选择可以基于各种标准，如许可范围、开放性、与其他平台的互操作性、成本、工具的可用性、对虚拟现实的支持等。接下来，游戏设计者就可以在收集、整合文献资料的基础上，构建 3D 或 VR 游戏模型。以五祖拳数字游戏为例，前期可以通过 CAD 或者 3DMax 等程序进行建模，构建出带有传统武术标签的场景，作为五祖拳数字游戏的基本场所。游戏建模师可以通过光线追踪技术、无人机摄影测量技术与图像扫描技术，结合南少林寺、五祖拳传习馆等实体场景，对部分传统武术现实场景进行三维建模再现。在后期，结合游戏引擎技术开发出五祖拳游戏后，可以将五祖拳游戏引入 VR 游戏平台，利用 VR 技术与体感交互技术，辅以动作捕捉等交互装备，在家中即可体验五祖拳游戏。同时，建立基于姿态识别的五祖拳动作识别评分系统，使其具备日常练习、人机评分、动作录制回放、动作等级考核等功能，进一步提升玩家的体验感。

最后，完善非遗数字游戏各项细节。数字游戏常见的问题就是各种漏洞，即游戏系统中存在的缺陷，玩家可以通过它们得到有失公平或意想不到的优

势，进而导致不合理的玩家行为。非遗数字游戏漏洞的解决方式包括：第一，通过游戏设计者的知识、经验和直觉进行判断。第二，邀请其他游戏设计师、相关非遗传承人检查设计。第三，开展数据指标测试。第四，从玩家处获得反馈并改进。

（四）评估阶段：游戏有效性验证、使用者评价测试

第一，进行非遗数字游戏有效性验证。米凯拉等（Michela et al., 2014）认为"一个吸引人且有意义的环境和一个合适且直观的互动范式"是严肃游戏有效性的关键因素。已有研究文献评估严肃游戏的质量标准，涉及游戏设计、用户满意度、可用性、有用性、可理解性、动机、性能、可玩性、教育性、学习成果、参与感、使用体验、有效性、社会影响、认知行为、趣味性、接受度和用户交互等方面（Garcia-Mundo, Genero and Piattini, 2015）。加西亚蒙多等（Garcia-Mundo, Genero and Piattini, 2015）和安德烈奥利等（Andreoli et al., 2017）在对 ISO/IEC 关于软件、分析和设计工艺品的质量标准进行修订的基础上，提出严肃游戏的产品质量模型（见图 7.7），具体包括：功能适用性、性能效率、有用性、兼容性、可靠性、安全性、可维护性、可移植性八个特征。每个特征又可以进一步细分为若干子特征，进而将抽象概念分解为更具体的概念属性。可以借鉴该标准，对非遗数字游戏进行产品有效性评估。

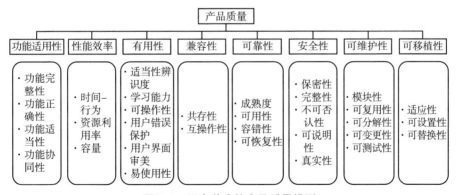

图 7.7 严肃游戏的产品质量模型

资料来源：Garcia-Mundo, Genero and Piattini (2015)；Andreoli et al. (2017)。

第二，开展非遗数字游戏使用者评价测试。问卷调查是使用者评价测试的主要方法。可以进行前测和后测，以了解参与者在参与非遗数字游戏之前和之后的认知和使用情况。已有研究文献提出的调查问卷多数可用于评估非遗数字游戏，包括测量用户沉浸式游戏体验、认知和情感体验、用户满意度、用户参与度、用户接受度、晕动病、虚拟环境中存在感感知以及用户感知有用性等方面的问卷（Garcia-Mundo，Genero and Piattini，2015）。因此，可以结合测试目的和具体非遗数字游戏类型设计针对性问卷。

六、非遗元宇宙

基于云计算、区块链、数字孪生、虚拟现实、人工智能等技术，元宇宙成为强化非遗数字化和智能化业态开发和构建非遗线上线下跨界协同创新的重要载体。本节主要从体验平台、空间管理、运营系统三个方面对非遗元宇宙进行探讨。

（一）基于网络与算法构建非遗元宇宙体验平台

网络与算法可以为非遗元宇宙体验平台的构建提供高效率的信息流，保障平台用户之间稳定高效的信息交流。非遗技艺、载体、流程可以在非遗元宇宙中精确还原，如通过数字孪生构建非遗文化空间的量子形态，以及通过编程的方式实现任何点对点的数据变换。在这个前提下，非遗元宇宙体验平台可以较好衔接数字游戏和电影中应用的语音识别、触感皮肤、人机交互等感官赋能技术，进而优化元宇宙体验感和参与感（潘海霞、王亦敏，2023）。在非遗元宇宙平台上，人们可以快速接收短视频、3D 图文等新闻或广告信息，也可以使用并体验非遗相关数字产品或服务。此外，基于网络与运算技术所搭建的非遗元宇宙平台，能够发挥用户共创的最大优势，提升元宇宙体验过程中受众的主体参与度。如用户和传承人可以借助物品互动系统、用户情绪识别系统及客户引导系统等，塑造自己的虚拟形象并进入到元宇宙，进行 UGC 和 PUGC(professional user generated content，专业用户生产内容）的创作，并通过智能化点对点、人对人的个性匹配，与其他用户、传承人、文创企业进行交流与合作，从而吸引更多的主体加入。

（二）基于物联网技术优化非遗元宇宙空间管理

物联网技术是指通过各类数据传感设备，根据网络协议融合信息空间与物理空间，将物与物、人与物通过互联网连接起来，再通过多种信息传播媒介将收集到的数据信息进行交换，实现智能化识别、定位、自动检测等功能。根据物联网技术的应用层、感知层、网络层技术，可以从设备支持、平台搭建、智能管理三个层面构建一个系统有效的线上线下融合的非遗智慧空间。第一层是设备和基础设施的支持，包括各类软件如非遗技艺系统、非遗技艺动态评分系统、非遗技艺体验游戏，各类硬件如非遗服饰、道具、场馆智能设备、体感交互设备等。数据收集设备与传感器网络能够收集体验者的体能特征、技艺的熟练度与正确率、场馆的温度湿度及体验者的动作视频等数据，通过物联网传输至第二层非遗云平台，并利用大数据、云计算等技术对数据进行后续存储与处理，实现非遗元宇宙空间实时统一的系统闭环控制。最后，再反馈到第三层智能管理，通过对数据的进一步合并分析与反馈，实现非遗元宇宙空间的不断智能优化。将数据分析结果与线下产品服务对接，能够有效链接非遗市场的需求与非遗元宇宙空间的供给，针对性设计非遗元宇宙体验项目与活动，降低非遗元宇宙空间的运营成本。

（三）基于区块链技术开发非遗元宇宙运营系统

区块链可以看作一个记录和跟踪网络资产及其交易记录的数字账本，兼具开放共享和不可篡改等特点。在非遗元宇宙构建过程中，区块链技术的使用有助于促使非遗各个产业、产品之间的信息接收更加及时、透明，进而提高信息的接受速度与信息内容的利用效率，对每一个用户在元宇宙中的账户、资金、支付、预订等信息进行高效跟踪与共享。一方面，区块链技术能够推动建立非遗元宇宙产业经济系统。区块链可以将非遗资源、非遗文创、非遗场馆整合成为独有的经济运营体系，为非遗元宇宙提供基础的组织模式、治理模式及经济模式所必需的技术架构。从数字安全角度考虑，可以利用区块链的加密优势，通过综合利用加密算法、签名算法、共识机制等技术，确保在元宇宙世界中用户间数据传输、拷贝的安全性，促进非遗元宇宙数字要素产品的生产与消费。另一方面，区块链技术有助于实现非遗资产的数字化。非遗资产的数字化能够提高非遗产业的交易活性，利用目前已在多地试点的数字人民币，建立非遗货币交易系统，用户可以在非遗元宇宙的各类活动中去赚取数字货币，这些数字货币转而可以在现实世界兑换非遗相关的实物、教学课程、数字文创、数字藏品、文旅产品等，让非遗更好融入当下数字经济的发展。

第四节　拓展非遗数字商业模式

数字技术从根本上影响了企业构建和开展业务的方式，从而为客户、企业本身及其合作伙伴拓展了价值创造的方式（程宣梅、杨洋，2022）。张敬伟、涂玉琦和靳秀娟（2022）将数字商业模式定义为创新创业主体通过数字使能或数字增强，创新和完善价值创造与获取的路径方式。相较于传统商业模式，数字商业模式呈现资源配置灵活、技术迭代加速、时空跨度增大、产业边界融合等契合数字时代技术发展特点和商业内在逻辑的新特征，有助于企业在不确定性数字环境中探索新机会，最大化释放价值创造与获取潜力。本节主要从 O2O 联动、数字 IP、知识付费、个性化定制等方面对非遗数字商业模式加以讨论。

一、加强非遗 O2O 联动

O2O（online to offline）直译为"线上到线下"，即线下商务机会与互联网的互融共通。O2O 商业模式具有如下特点：一是要求有线下实体空间存在，消费者可以通过实体空间进行消费或引流。二是互联网可以作为消息推送渠道，即通过O2O网站发布广告信息，也可以作为消费平台。三是需要在线支付、物流等配套服务支持，消费者既能线上支付，然后到实体空间提取产品或享受服务，也能线下支付，再通过物流快递配送（杨雨晨、薛媛，2021）。本节主要从"非遗产品服务＋二维码""非遗数字藏品＋实物商品""非遗文创展览＋线上联动"三个方面对非遗O2O联动展开讨论。

（一）非遗产品服务＋二维码

二维码具有数据存储量大、保密性好等特点，能够更好与智能手机等移动终端相结合，优化用户互动体验，已经成为移动互联网的主要流量入口。二维码的市场商业模式可以大致分成信息传播、互动入口、形成购买几种。

基于信息传播模式，非遗企业可以将实物产品一维码换成了承载量更大、连通性更强的二维码，加入非遗项目简介、产品名称、生产地、生产厂家、执行标准、检测报告、企业文化等系列信息。目前，部分浙江"龙泉宝剑"传统工艺品、牡丹江市玉米皮编制技艺非遗文创产品等已通过在产品外包装贴码等方式，在产品包装和文化宣传中融入二维码元素。

基于互动入口模式，非遗企业可以应用二维码进行质量溯源和流程管理，还可以通过交互功能的设计，利用二维码入口向消费者介绍非遗项目深厚的文化内涵，同时通过后台技术手段抓取消费者数据，与消费者建立长期联系，持续为消费者提供针对性营销服务。监管部门也可以应用二维码开展质量和信用监管。除实物产品外，非遗无形产品（如音乐、舞蹈、曲艺等）也可以通过二维码实现互动赋能。肖子娟（2018）提出广西文场（曲艺）可以尝试在出版物的每首曲目后加上二维码，读者可以通过手机扫描该二维码，跳转进入线上平台，欣赏该曲目相关的文字、音频、视频等线上资源。

基于形成购买模式，非遗企业可以通过微信小程序、App等渠道，设置扫拍二维码链接到相关非遗商品的销售平台，并在手机上完成购买支付流程，拓展"二维码＋非遗景区景点""二维码＋非遗餐饮""二维码＋非遗助农惠企"等应用场景。

（二）非遗数字藏品 + 实物商品

非遗数字藏品可以作为数字文化内容和实体商家资源之间的桥梁，提高非遗的人群触达效率，实现产业链条上的利益分配。在发售过程中，可以利用藏品社区中的反馈，通过 UGC 和 PGC（Professional Generated Content，专业生产内容）做好内容传播，并在多品类商业平台上打造内容，以"数字内容 + 实物商品"的形式销售获利，实现从藏品到实物的流量转化。

第一，非遗数字藏品实物配套定制。通过平台提供数字藏品定制实物的选项，既能丰富数字藏品使用权益方式，也能更好开拓数字藏品的线下应用场景。如国内数字藏品平台"鲸探"推出的杭州标志性城市文化元素主题数字藏品，收藏者可以在购买藏品后点击"使用"菜单，便可通过平台的实物商品定制功能付费定制相应的丝绸、丝巾等实物，并附有与数字藏品对应的独一无二的区块链 AC 编码，拓展了非遗数字藏品的价值边界。[①] 第二，非遗数字藏品实物授权生产。除了平台配套定制外，非遗数字藏品还可以通过 IP 授权的形式进行实物生产。如蚂蚁链联合纹藏公司免费开放 1000 个传统 IP 和纹样给设计师和公众再创作。通过对设计素材、设计师到商家进行智能匹配，以非遗纹样设计生产服装、鞋子等商品，并按销量收益完成各方分成，构成以非遗纹样为核心的文创产业链。

（三）非遗文创展览 + 线上联动

非遗文创展览既是非遗信息、展品和体验的综合，也是一种可以在面对面沟通中充分挖掘五官感觉的营销媒介，更加容易获得消费者的信任。在非遗文创展览的线上线下联动上，线上可以借助权威媒体、官方网站、电子邮件、网络直播及社交媒体平台等多元化渠道，全面发布展览信息，包括展览时间、地点及参展产品等，同时发放电子门票、会员积分、优惠券等，以吸

---

① 掌上非遗. "非遗 +" 的 N 种打开方式助力非遗文化沉浸式 "破圈" "走红" ［EB/OL］. （2023 − 09 − 19）［2024 − 05 − 07］. https：//www. 163. com/dy/article/IF1IFVSS053890H6. html.

引更多潜在观众的关注；线下可以通过展位二维码、信息驿站、互动设备等，推动线下向线上的引流。

以新华网与景德镇市联合推出的以瓷文化为核心的"瓷生物乐园"主题展览为例，新华网在展览前就与年轻群体广泛使用的社交媒体和短视频平台进行联动，如借力抖音、快手进行直播造势，通过小红书、豆瓣开展话题讨论等，尽可能先在网络上进行造势预热。在线上线下联动上，展览现场安排了丰富的文化课堂、亲子体验、新媒体演出、主题发布会、传统器乐和现代影像相结合的表演等，推出"瓷龙 LONG·时间的光辉"系列文创产品，并设置多媒体互动体验区和拍摄位，迎合参展群体通过社交平台拍照分享的内容传播需求，既拓展了线下展览的空间影响力，也增添观展的趣味性和真实感（李春梅、张瑞洁，2019）。

二、打造非遗数字 IP

文化产业语境下 IP 指具有较高辨识度和流量变现价值并可供产品化或商品化开发利用的文化符号（王翠莹，2020）。非遗数字 IP 的打造即有目的运用数字技术或数字媒介挖掘非遗项目文化内涵并塑造特定文化符号，及围绕其开展传播和衍生品开发等活动的一系列流程（张召林，2020）。非遗数字 IP 打造的重点是以产权确权、授权使用、跨界合作等形式加强全产业链版权运营，通过构建非遗生态产业链业态融合和协同创新实现非遗 IP 盈利的最大化（汤书昆、郑久良，2019）。本节主要从故事内涵、媒介传播、场景空间、头部 IP 品牌四个方面对非遗数字 IP 打造展开讨论。

（一）挖掘非遗数字 IP 故事内涵

非遗传承以人为本，传承人或创业者在非遗创新创业过程中的艺术见解、技艺特点、生活态度、个人风格等均是非遗数字 IP 打造可以挖掘的核心元素。多数传承人或创业者往往需要"十年磨一剑"式地付出大量时间和精力，才能获得个人作品创作和社会形象上的成功，其背后所承载的故事内涵和文化意义可以成为非遗数字 IP 打造的重点方向。具体而言，可以将这类抽象概念提炼转化为便于受众理解和接受的传播语言（如个人创业经历、企业或机构口号、个人或品牌标识等具象化符号形式），使其符合现代受众的信息接收习惯和审美偏好。以泰丝品牌吉姆·汤普森（Jim Thompson）为例，其通过在《读者文摘》（*Readers Digest*）向广大读者介绍创始人汤普森在泰国的传奇故事以及在《时代》《新闻周刊》《纽约时报》《时尚芭莎》、VOGUE 等权威传媒上发表泰丝的报道，凭借故事营销获取了大量上流阶层的认可和订单（幸雪等，2021）。

（二）加强非遗数字 IP 媒介传播

从传播的视角看，信息从传播者到接收者需要选择合适的中介渠道，才能让信息排除各种障碍顺利到达。信息渠道的选择是决定非遗数字 IP 取得良好传播和经济效果的重要影响因素。

第一，整合传统媒介与新媒介，构建非遗数字 IP 媒介传播矩阵。一方面，要充分发挥不同媒介的互补优势，电视、报刊等具有权威性强和受众广泛的特点，网络、社交媒体等便利性和互动性突出，均可以成为非遗数字 IP 信息传播的渠道选择。另一方面，要重点融合专业视频媒体、即时通信与电商平台等多种流媒体。流媒体是现代大众使用频率较高的媒介形式，应重点布局抖音、快手、微信、天猫、京东等平台，实现非遗数字 IP 信息流的网络实时传输（樊传果、李旭丰，2022；柴昊、赵跃，2020）。例如，成功打造《皮雕大师》《泥塑大师》《竹编技艺大师》《刺绣大师》《油纸伞大师》等知名 IP 的奇人匠心公司，就通过电商自营平台"奇人匠心商城"、知识课堂"大师手工堂"和依托于微博、微信、抖音、快手等互联网社交媒体平台的大师 IP 内容矩阵，提供全方位内容营销布局，为用户提供多元化的网生内容。

第二，利用新技术拓宽传播渠道，强化非遗数字 IP 跨界传播。借助空间定位、三维建模、动作捕捉、人机交互、大数据等现代技术，通过多种媒介的协同作用，非遗数字 IP 可以充分发挥自身的题材特性，突破原有的受众圈子，将视野下沉到更广泛的用户群体，形成以非遗数字 IP 为核心，由漫画、书籍、动画、游戏等多种载体构成的跨界传播矩阵。例如，恺英网络旗下的原创 IP《百工灵》和《岁时令》，前者借由"Z 世代"喜爱的动漫游戏等媒介来传播非遗手工艺知识，后者则综合利用了书籍、漫画、有声书等媒介形式，打造了一个连接传统与未来、虚拟与现实的岁时时空①，两者均通过跨界立体再现非遗场景，有效提升非遗数字 IP 传播效果。

（三）拓展非遗数字 IP 场景空间

非遗数字 IP 具有多元业态包容性，它能够与众多消费体验业态融合，打造非遗特色主题新业态，如"非遗 + 旅游""非遗 + 电商""非遗 + 文创""非遗 + 演艺""非遗 + 节庆""非遗 + 游戏"等。每个独立的新业态，又可以延伸出更多形式和内容，连通上下游业态，从而拓展非遗数字 IP 场景空间。

第一，将非遗数字 IP 融入景区景点。以景区展示和体验非遗数字 IP 为主要方式，结合景区内购物、娱乐、美食、交通等环节，便利游客在游览景区中全过程体验非遗文化魅力。例如，成都文旅局打造的非遗公共 IP"成都手作"与景区景点合作，以"成都手作"非遗集市为支撑，让更多的非遗产品进入景区展示销售。第二，开展非遗数字 IP 体验空间建设。通过街区、集市、展馆等实体空间载体，为非遗数字 IP 提供展示、传播、增加收益的平台，为消费者提供欣赏了解数字 IP、购买非遗衍生产品的渠道。例如，"成都手作"与锦江区东门市井合作建设非遗传承体验街区，与成都文旅集团合作，在安仁古镇建设"成都手作"非遗传承体验（安仁）中心，在西岭雪山建设"成都手作"非遗传承体验（西岭雪山）中心等。② 第三，借力文旅消费集聚区。自文化和旅游部等部委开展文化和旅游消费试点工作以来，各地

---

① GameRes 游资网. 从 IP 孵化到非遗跨界，老牌游戏厂商如何诠释为文化赋能？［EB/OL］.（2023 – 12 – 26）［2024 – 05 – 07］. https：//www. 163. com/dy/article/IMSGL8M90526DPBA. html.

② 北晚在线. 打造引领全国的非遗时尚 IP，文旅农商新物种"成都手作"火出圈［EB/OL］.（2021 – 12 – 28）［2024 – 05 – 07］https：//www. takefoto. cn/news/2021/12/28/10023679. shtml.

不断推进文化产业园区或基地、文体商旅综合体建设，打造新型文化和旅游消费集聚区。非遗数字 IP 可以通过"品牌＋项目＋传承人＋文旅业态＋互联网"文旅商融合模式，提升非遗数字 IP 知名度。例如，惠山泥人"阿福阿喜"IP 在无锡南长街文化街区的泥人咖啡馆被赋予另一种形态，憨态可掬的阿福阿喜、威风凛凛的齐天大圣印上杯身，变身泥人美式、阿喜拿铁、泥娃娃澳白，成为吸引年轻人和游客的文化符号。① 第四，争取亮相各类文博展会。通过形象视频展示、设置展台等形式，在文博展会开展专题宣传推介。例如，以惠山泥人为原型的"傛泥模模"盲盒手办等在进博会等各文化展会中表现亮眼，让惠山泥人以国潮 IP 的身份被越来越多的人知晓。

（四）建立头部非遗数字 IP 品牌

头部 IP 是具有较高曝光度、知名度和稳定粉丝群的优质 IP。向勇和白晓晴（2017）提出头部 IP 的 VISAC 组成要素，即价值观（values）、形象（image）、故事（story）、多元演绎（adaptation）、商业变现（commercialization），呈现由内而外类似洋葱的圈层结构。建立头部非遗数字 IP 品牌，能够让运营者聚焦优势非遗资源和关键目标市场，明晰非遗数字 IP 运营的优化和拓展方向，进而提升 IP 运营增值能力。结合泛娱乐和新文创的产业生态背景，可从以下两点展开：第一，强化非遗数字 IP 运营全阶段多主体协同，构建强强联合整体运营格局。非遗数字 IP 运营涉及从创意、生产到传播、营销多个价值链环节，环节上的龙头企业要充分发挥"链长"作用，整合链条上的非遗内容和运营资源打造头部非遗数字 IP 品牌，形成资源互补的良好生态格局。第二，依托"链长"企业运营能力和品牌溢出效应，拓宽非遗数字 IP 版权运营增值渠道。"链长"企业应加强优质非遗数字 IP 品牌的价值观、形象和故事的塑造和输出，在内容创新和精准营销的基础上，通过授权使用、版权代理、衍生品开发等途径实现产业生态圈内外合作，将非遗数字 IP 充分融入现代生活、

---

① 新江苏. 无限定空间、线上展示、国潮 IP……一览江苏非遗的"古韵今生"[EB/OL].（2022－06－11）[2024－05－07] https：//www. ntjoy. com/html/redian/2022/0611/374134. shtml.

消费和设计空间，提升非遗数字 IP 的商业变现价值（汤书昆、郑久良，2019）。

三、尝试非遗知识付费

罗敏和涂科（2018）认为知识付费和知识变现即知识分享平台运用商业模式将知识变成产品或服务并实现商业价值的过程。邢小强和周平录（2019）将知识付费视为借助互联网工具与平台把知识转化为产品或服务，满足用户学习需求并从中获取收益的商业形态。刘永超（2022）认为知识付费指掌握不同领域专业技能、专业知识、信息的人或组织将知识资源经过加工和包装后，以互联网为媒介出售给有需求的人或组织。可以看出，学界对知识付费的界定均将其视为基于互联网渠道的信息资源商业化过程。互联网知识付费商业模式包含价值主张、价值网络、关键活动与盈利模式四个构成要素，其中价值主张反映时代变化引发的多样化知识需求，价值网络展现企业与知识生产者等利益相关者的协作关系与结构，围绕价值网络的关键活动支撑持续的知识产品与服务提供，盈利模式则通过适当的付费机制设计与价值分配促进商业的可持续性（邢小强、周平录，2019）。本节主要从知识生产者、知识产品内涵、知识产品类型、知识社群运营四个方面对非遗知识付费加以探讨。

（一）招募与孵化高质量非遗知识生产者

第一，引入非遗传承人开展 PGC 或 PUGC 内容生产。传承人是掌握着某项非遗知识、技艺或技术，为社区、群体、族群所公认的具有代表性、权威性与影响力的个人或群体，是非遗的重要承载者和传递者。通过传承人开展非遗知识教学，不仅会让观众深入了解各项非遗所蕴含的故事、文化和内涵，更会让观众有强烈的购买欲望，从而为非遗产品开辟新的商业模式。具体来说，可以由文化传播平台、企业或 MCN 机构对传承人进行专业的课程运营培训指导，并拿出专项流量进行扶持，孵化文化类的非遗网红。此外，传承人、独立艺术家和行业专家可以作为知识合伙人，与企业专门的课程研发团队共同研发非遗知识类课程。

第二，垂直领域养成非遗知识网红。鉴于引入传承人或 KOL（Key Opinion Leader，关键意见领袖）的成本较高，平台或企业可以尝试利用内部资源培养知识网红。首先，在市场调研基础上选择要推向知识付费市场的非遗项目门类和内容主题，如传统手工艺创新教学、非遗与国潮文创设计等。其次，通过内部考核筛选出有潜力的非遗知识生产者，提供定制化专业培训课程，提升其非遗文化素养和知识传播专业能力。最后，围绕非遗知识生产者中的优秀对象进行 IP 化打造，倾斜平台或企业资源提高其受众面和知名度，如采用首页推荐、产品代言、线下活动等方式增加流量（刘家楠，2018）。

（二）优化非遗知识产品内涵

文化产业的本质仍是内容为王，优质的内容才值得用户去付费体验和分享，也是知识付费得以实现的关键。

第一，提升非遗知识内容的专业性和系统性，凸显免费内容所不具备的体验价值。一是非遗知识生产者要具备该领域的专业背景及一定的技艺展示或学术研究能力，塑造个人知识型"大 V"或"达人"形象。二是非遗知识生产者在分享中要善于运用沟通和讲述技巧，积极引导受众参与话题的互动和二次传播。三是在非遗知识生产中应用大数据把握用户需求，如借助 AIGC（Artificial Intelligence Generated Content，人工智能生成内容）技术优化内容质量等（张明新，2019）。

第二，综合应用多种媒体，拓展非遗知识产品表现形式。非遗知识产品因其多元性和综合性，其表现形式除了传统的图文问答外，还可以选择实时语音和视频直播等符合当下流媒体时代用户需求的形式，通过多种媒介表现形式复合应用给用户带来体验增值（马昌博，2020）。

第三，了解用户对非遗知识产品的应用场景和体验期待，丰富个性化体验选择。一是非遗知识产品内容要结合一定的生活或消费场景价值，能够帮助受众通过学习解决经济或文化方面实际问题。二是非遗知识产品要考虑现代受众碎片化时间的消费习惯，在设计上时间要适度、主题要聚焦、方式要灵活。三是对非遗知识产品付费方式进行精准化区分，如大众化内容可以采用会员付费，小众化内容可以采取专栏或单次付费等（黄先蓉、冯婷，2018）。

（三）丰富非遗知识产品类型

知识分享平台的盈利模式大致可以区分为会员收费、内容打赏、电商链接、广告收入、线上引流线下、增值服务等（罗敏、涂科，2018）。与之相对应，非遗知识产品类型也可以十分多元，如入驻第三方知识平台、知识付费问答、人机交互等。

第一，入驻第三方知识平台。目前主流的知识平台主要包括知识聚合订阅类和专业知识订阅类两种，前者以实体经济、订阅专栏、广告合作等为主要特点，代表产品如得到和喜马拉雅FM；后者以虚拟经济、订阅专栏、流量嵌入为商业模式，代表产品如豆瓣时间（马津卓，2018）。非遗知识产品生产者可以通过入驻形式，利用这些内容平台的原有品牌优势，在前期积累一定量级的用户群体。在产品呈现上，一是加强非遗知识内容体系的系统设计，如可以使用免费内容搭配付费内容、设置更多的交互设计和激励渠道等，以更好实现新用户留存或引流。二是将线上非遗知识传播与电子商务及线下产品生产服务结合起来，通过知识分享第一时间收集用户的反馈和需求信息，从而对线下产品进行调整，真正做到按需生产，构建"知识传播在前生产在后"的新模式。三是针对具有一定知名度的非遗知识产品，可以承接关联的广告服务，进一步拓展盈利模式。

第二，引入非遗知识付费问答。知识付费问答即知识供给和需求双方利用网络进行交互，需求方支付金额进行提问并获取答案，供给方则提供解答获取相应报酬。借鉴张明新（2019）对知识付费问答模式的分类，非遗知识付费问答可以采取社区模式和超市模式两种。一是基于用户兴趣爱好或社交需求的知识型社区模式。社区内部可以再区分主题或兴趣小组讨论区方便用户提问，解答则以非遗专业知识内容生产为主，同时设置签到、积分、会员、线下见面会等激励机制以提升用户黏性。二是基于自助型的非遗知识付费问答模式。鉴于非遗具有覆盖面广、品类众多的特点，潜在爱好群体也广泛分布于各个阶层，因此可以借鉴分答的模式，答主根据个人品牌效应和答案质量对知识内容进行定价，用户则根据需求自主选择要查看的答案并付费。该模式下问答均相对自由，能够较好覆盖非遗知识用户的群体层级和应用场景，满足其碎片化时间的快速消费习惯，同时答案质量与价格匹配的定价机制也可以保证一定程度的内容生产专业性。

第三，推出人机交互沉浸式体验型非遗知识产品。在其他条件相同的情况下，交互性有助于用户自主获取非遗知识，也是影响非遗知识体验的重要因素。在具体操作上，一是可以在非遗知识分享平台设置文字或语音自动回复功能，针对用户的提问系统可以做出图文或链接即时反馈，也可由后台进行延迟回复，以更好满足问答双方时间安排上的灵活性。二是借助 VR 和 AR 等技术，营造非遗知识产品的空间沉浸感。如在非遗付费课程引入数字虚拟传承人和搭建虚拟文化空间现场，用户可以在学习过程中体验非遗活态传承场景，增强非遗知识分享的趣味性和沉浸感（刘家楠，2018）。

（四）加强非遗知识社群运营

在非遗知识付费中，知识社群具有重要的作用：一方面，知识社群体现了基于特定目的和意识形态的人群的集聚，具有知识有组织生产和变现的主体性特征，群内成员的付费意愿和忠诚度较高。另一方面，知识社群通过社群关系的资本化过程积累用户和社群等资源，成为知识付费的重要生产和运作载体（卢尧选，2020）。

第一，通过优质非遗内容聚合小部分种子用户，然后采用滚雪球的方式实现同质人群聚集，营造一种社群的品牌、身份或人格以形成用户的主动聚集，在此基础上构建非遗知识社群共同的价值观。第二，开展丰富的线上线下非遗知识社群活动，通过非遗好物推荐、非遗线下体验、非遗媒介互动等，利用信息的高频次交流，提升社群成员的黏性。第三，通过数字技术提供高质量的非遗知识社群成员增值服务。一是注重非遗知识内容时效性开发，向付费成员提供传承人独家专访、非遗最新数字影音产品等。二是提供定制化的非遗知识协同生产机会，如针对特定传统戏剧或民间文学，以小组形式体验剧本或小说创作。三是设置付费成员享有群内专属权益，如传承人或知识达人线上见面会、非遗 IP "剧本杀" 虚拟体验、非遗数字藏品或文创衍生品优先购买等（周璨、魏欣然和沈子钰，2021）。

四、推进非遗产品个性化定制

个性化定制指生产主体针对细分市场的个性化需求，专门组织产品设计、研发、生产与销售的营销模式，其核心特征包括双向沟通、满足个性化需求、柔性设计与生产等。从需求的角度看，人们的经济水平和消费水平在不断提升，万物互联、资源共享的信息时代降低了信息检索成本，丰富了信息资源获得途径，给人们带来高度的想象自由，越来越多的消费者都在寻求产品外观独特和文化价值凸显的商品。定制产品彰显了特殊性和唯一性，能较好满足消费者追求自我价值的精神需求（王君等，2018；刘洋、肖远平，2021）。从供给的角度看，数字信息沟通的便利性和数字平台应用的广泛性，驱动文化产业超越传统的批量生产和固定零售模式，文化产品的柔性化生产和精准营销成为可能，进而为文化产品的个性化定制奠定供给基础（周锦，2018）。非遗产品个性化定制可以分为实物产品定制和虚拟产品定制，本节主要基于数字技术对实物产品定制进行探讨。

（一）利用大数据明晰消费者个性需求

用户分析是非遗个性化定制的第一步，只有在真正把握用户需求的前提下，产品才能被用户接受。一是在定制之前加强收集和分析非遗产品消费者需求数据，对消费者的历史购买数据、搜索记录和页面浏览量进行挖掘，建立消费者购买行为、偏好、消费能力等画像，帮助设计师更好地了解用户，获得特色需求。二是在定制过程中及完成之后，通过线下访谈、伴随观察、问卷等渠道收集消费者意见和反馈，进一步优化和调整产品定制方案。

（二）构建个性化定制设计服务系统

融合 5G、云计算、3D 打印、智能制造等高新技术，构建一个良好的个性化定制设计服务系统，有助于实现非遗产品个性化定制全过程的参与感和体验感，加强设计师、传承人、消费者等群体之间的协同。一方面，非遗产品供给主体应以需求为导向，树立个性化和创新化的设计理念，主动将先进数字技术和数字平台应用于非遗产品的创意研发、材料应用、生产营销等价值链环节。另一方面，非遗产品供给主体应通过移动互联网平台，面向个体文创产品消费品市场和文化创意产业、创新设计教育等领域和行业，提供设计素材资源共享、设计软件应用咨询、定制产品在线打印、创意产品精准营销等多样化服务（张浩，2019）。

（三）引入参数化定制设计方法

参数化技术是通过设定算法及运行规则以调节参数的属性、关系并完成结果输出的计算机数字技术（胡好、王柳庄和彭圣芳，2020）。参数化设计有利于解决人体尺度的适应性问题和丰富非遗产品形式的创新表达，可以成为非遗产品个性化定制的重要辅助手段。

第一，针对服装、首饰等可穿戴类非遗产品，可围绕身体各部位结构和尺度设置定制参数，进而生成基于消费者个体条件的定制方案。如港科大（广州）与中国美术学院学生在机场、高铁站等人流量大的地方搭建香云纱艺术装置，参观者可佩戴 VR 设备，亲身体验香云纱染晒的五大工序和天气日光循环的效果。摄像头会捕捉参观者的动作，结合 AIGC 技术，获取数据，并生成纹样，最后通过激光雕刻在香云纱上。当参观者完成所有工序体验后，将获得一份独一无二的香云纱纪念品。[①] 第二，运用模块化设计分解非遗产品，再利用设置好的参数化模块构成整体。在非遗产品定制设计中，同类或异质模块之间可以灵活排列组合，使整体呈现效果更具新意和多样性。如第四届中国大学生创意节总决赛的作品《吾带当风参数时尚竹编设计》，结合参数化模块的设计手段生成竹编纹样与造型，将敦煌飞天与竹编非遗手工艺

---

① 广州市教育局. AI 科技赋能非遗文化! 在港科广邂逅近千年香云［EB/OL］.（2023－12－01）［2024－05－07］. http://jyj. gz. gov. cn/gkmlpt/content/9/9357/post_9357291. html#247.

结合，给予竹编工艺与竹木材料以艺术穿戴的新途径与体验，将竹编转化为一种行走的时尚艺术体。[①] 第三，对具有特殊象征意义的非遗符号呈现进行参数化设置，如特定的图形、文字等独特元素的组合，以及特定的材料与工艺手段等，凸显非遗产品与个体的文化背景和文化身份之间的强关联。如《螭龙新生赋》首饰设计作品就通过传统大漆和编织技艺的参数化设定，将非遗技艺的文化意义固化并呈现到现代作品当中，赋予佩戴者文化认同感和特定的定制意义（胡好、王柳庄和彭圣芳，2020）。

（四）鼓励用户参与非遗产品设计

在非遗产品个性化定制的过程中，互联网、3D 共享和打印等为定制化服务提供了平台，允许消费者便利地参与到产品的设计和制造中来（张浩，2019）。与传统设计方法相比，用户参与设计具有更大的包容性和用户权限，更强调满足用户创造性的需求，某种程度上是让用户享受设计过程本身，而非产品（见表 7.6）。因此，用户在具体参与设计过程中可能存在设计能力不足、生产周期较长等难题。非遗产品生产主体可以通过加强用户设计能力辅导、优化用户参与设计平台、提升定制产品生产能力等途径，提升用户参与非遗产品设计的体验感。

表 7.6 用户参与式设计与传统设计的区别

项目	用户权限	包容性	主要输出	价值目标	主要需求	技术优势	建模和渲染方面的困难
传统设计	选择权	没有	产品	生产成本低	快速批量生产	成本低、生产周期短、效率高	取决于设计师

① 毕业设计. 第四届中国大学生创意节总决赛名单揭晓（附 创意服装与服饰设计类、创意手造类作品）［EB/OL］.（2023 - 04 - 14）［2024 - 05 - 07］. https：//www. 163. com/dy/article/I29TR4N00538PAUF. html.

项目	用户权限	包容性	主要输出	价值目标	主要需求	技术优势	建模和渲染方面的困难
用户参与式设计	选择权、创作权和设计权	包容性（无既定目标）	经验	满足创造性需求	开放独立创作	高产、新颖、独特、多样化	取决于用户设计能力

资料来源：Xie（2022）。

第五节　推进非遗跨界融合

跨界的概念源于"共生营销"，跨界主体可来自同一或不同产业链，彼此间存在竞合关系（黄春萍等，2021）。随着文化产业供给侧结构性改革稳步推进，非遗产业与其他产业正在加速融合，跨界融合不仅是非遗产业发展的新特点，也是非遗产业数字化转型的爆发点。非遗跨界融合是让非遗与其他领域产生碰撞并整合有利的资源，通过创意设计激活非遗发展的活力，促进非遗更好地服务于人们的日常生活（王家飞，2019）。本节主要从产品创意来源、圈层同域联动、跨界联名、众包合作四个方面讨论非遗跨界融合。

一、拓展非遗产品创意来源

非遗跨界融合很大程度上是对大量创意灵感和商业构想进行梳理、挖掘、完善并最终推向市场的过程，故而需要产业主体不断拓展产品创意来源，加强与高校、设计师团队、KOL、KOC（key opinion consumer，关键意见消费者）等合作。

（一）加强校企合作设计

在非遗跨界融合中，可以采取校企联合举办非遗文创设计赛事的形式，在提升创意质量的同时实现校企共赢：校方在履行发挥服务地方经济功能的同时获得社会关注度；学生获得实践锻炼机会并有机会获得个人荣誉和经济收益；非遗文创企业在提升品牌曝光率的同时也获得更多专业性创意。具体可以有三种类型。一是以企业为主导开展的非遗文创赛事。例如，腾讯游戏学堂携手北京大学历史学系联合发起的 2022 年腾讯高校游戏创意制作大赛，就设立"非遗文化赛道"，以"国粹京韵"为主题，聚焦明清时期灿烂丰富的中华民族非遗，为心怀游戏制作梦想的学子提供展示创意与才华的舞台，同时也让游戏绽放更多元的价值。[1] 二是以学校为主体开展的各类非遗文创赛事。例如，2021 年"新非遗 新故事"成渝双城经济圈高校学生非遗数字文创设计大赛、衢州学院创业学院承办的 2023 年"四省边际"大学生非遗项目 LOGO 创意设计大赛、中南民族大学 2022 年开展的"最美国潮"民族非遗文创大赛等，这些赛事多数以信息技术将非遗项目创新转化成数字文创产品为主要内容。三是政府主导的各项非遗文创赛事。例如，2023 年 4 月清远市文化广电旅游体育局清远"非遗季"系列活动暨清远大学生非遗文创设计大赛，以"新跨界 传非遗"为主题，聚焦"非遗 + 文创"跨界融合，以创新设计、转变传统产品形态，助推清远非遗产品转型升级。

（二）联合品牌设计师合作设计

品牌设计师对市场标准和时代潮流拥有更敏锐的洞察力，是品牌创新的重要主体。随着国潮的盛行，越来越多的品牌设计师开始关注传统古典文化、传统美学及非遗工艺，在设计方面融入非遗工艺、传统材料等。品牌设计师尤其是年轻品牌设计师在汲取传统非遗文化的同时，设计思路也更为自由和充满想象力。因此，非遗跨界融合要获得更多高质量的创意，离不开品牌设计师的参与。联合品牌设计师合作设计，要充分考虑政府、企业、品牌设计

---

① 新华网. 腾讯游戏学堂携手北大历史学系 完成非遗与游戏的"双向奔赴"［EB/OL］. (2022 – 06 – 11）［2024 – 05 – 07］http://www.xinhuanet.com/tech/20220611/ae085444e6a14343bbe12056de7b8 503/c.html.

师及传承人的非遗产品设计诉求。例如，河南省与腾讯公司共同发起的"老家河南　黄河之礼" 2020 国际文旅创意设计季，就由腾讯、品牌设计师、钧瓷烧制技艺和汝瓷烧制技艺等国家级非遗项目传承人，共同设计了黄河非遗文创礼物。在设计过程中，各方诉求均得到一定程度的满足：政府致力于非遗文化更大层面的传播，企业提供合作平台，同时获得更大的品牌曝光度，品牌设计师进一步提升了个人影响力，传承人希望他们的非遗作品通过现代时尚设计与非遗艺术的巧妙结合，打造出具有典藏级国礼品质且符合年轻人喜好的文创新品。①

（三）争取 KOL 与 KOC 参与设计

KOL 通常被定义为在某个领域具有较强专业能力或较大话语权，对相关群体在信息咨询、产品购买、二次传播等方面具有较大影响力的个人。KOC 则具有双重身份，即 Customer 和 Creator，KOC 是消费者的同时也是创作者，是对消费者的购买决策起到关键作用的群体。鉴于产品生产理念的转变和现代技术的支持，开放式创新已逐渐成为文创品牌的设计方式之一。对于非遗产品生产主体来说，KOL 和 KOC 是品牌接触消费者重要一环，生产主体可以通过市场调研获取他们关于产品的建议及创意，既能丰富非遗产品创意来源，也能对品牌和产品进行有效、高效的曝光。

二、依托非遗圈层同域联动

通过整合区域现有资源，打通影响非遗发展的专业、行业、区域和文化壁垒，发挥各方主体在设计研究、产品开发、生产制作、信息传播、人才培养等方面的优势，走协同创新和融通发展之路，是非遗跨界融合的重要路径。

---

① 腾讯文旅. 黄河非遗"数字国礼"精美预告亮相　腾讯文旅联合河南为祖国献礼［EB/OL］. (2020 – 10 – 01）［2024 – 05 – 07］https：//new. qq. com/rain/a/20201001A060BZ00.

（一）加强与区域其他文旅业态的协同

第一，促进非遗与旅游融合发展。基于文旅融合的大背景，通过非遗赋能交互体验，正在成为非遗与旅游接轨的常用路径。例如，圣达菲（SantaFe）通过开设民间艺术市场并持续举办国际艺术博览会、"圣达菲设计周"等活动，形成"创意＋非遗＋社区＋文旅"的圣达菲模式。西班牙科尔多瓦的非遗项目"庭院节"，通过文化展演、艺术活动、空间设计、文创衍生等吸引大批游客前来，同时开设了线上 VR 虚拟展览，供游客 360 度沉浸式参观。可见，通过非遗新业态、新产品、新服务推动沉浸式和体验型文旅消费，将为非遗的跨界融合提供更大想象空间。第二，促进非遗与乡村产业融合发展。一是合理利用古村古镇、民族村寨、文化村镇、自然风光类景区与非遗深度融合，推动发展集文化互动、环境教育、社会实践、自然观光、非遗体验于一体的多元化非遗旅游。二是通过文化科技融合与产学研联动的方法，有效推动非遗艺术介入乡村，打造"非遗＋美学＋教育＋乡村"在场景、业态、平台等方面的融合创新模式。三是推进非遗社区赋能乡村产业振兴。乡村是非遗文化资源的重要土壤，在乡村地域范围内往往聚集着由相互关联的非遗人群或组织形成的社会生活共同体。通过非遗社区建设，能够促进非遗的活态传承和整体保护，增强群众的文化自信和文化认同，同时带动地域文化振兴，全面推进乡村振兴。例如，"侗族织锦织造技艺"传承人粟田梅牵头成立"梭说"文创品牌与粟田梅侗锦合作社，通过"红色文旅＋民俗体验＋四季采摘＋非遗传承"的融合发展模式激活社区内生动力，实现 3000 余名织娘家门口就业，侗锦产业总产值超 400 余万元。①

（二）拓展非遗项目之间的合作创新

我国文化消费虽然增长迅速，但与经济和社会发展水平相比，远未达到

---

① 季铁，闵晓蕾．以创意设计赋能非遗活态保护与创新发展［N］．湖南日报，2023－06－15（12）.

饱和阶段。例如，景德镇、德化、镇湖、鹤庆等传统工艺发达产区，虽然品牌竞争也十分激烈，但更多呈现方兴未艾、百花齐放的差异化发展格局（陈岸瑛、黄庆圆，2020）。新时代背景下，拥有一定知名度的非遗利益相关主体也开始主动相互合作，形成超出项目本身之外的文化附加值和品牌价值。目前常见的非遗项目之间的合作创新有两种形式。一是传承人之间主动寻求合作。传承人之间基于共同的文化身份，往往容易形成固定的社交圈子，便利其开展合作交流。例如，广东省榄雕传承人曾宪鹏通过横向的开发和跨界的融合，将乌榄的原材料做成可以融进百姓生活的产品，像与江门地区非遗技艺恩平裹粽合作开发的"榄肉粽"，与小凤饼非遗传承人合作开发的"九天榄月"月饼礼盒等，在当时受到了市场认可。① 二是政府间跨区域非遗协同发展。部分非遗具有较大的传承空间，尤其是地域毗邻的非遗往往同根同源。因此，跨区域尤其是邻近地域的非遗协同发展十分常见。例如，成都与重庆通过成立川渝非遗保护联盟，全面普查区域川剧、川菜、蜀锦、蜀绣、石刻、竹编、夏布等文化资源，并通过川渝两地现有展馆和平台，联手开展川渝特色非遗展演展示系列活动，互邀参加本省市重大非遗展会活动，同时借助互联网平台开展非遗传播推广，策划巴蜀非遗推广热门话题、传承人线上互动和线上展示展销等活动，有效提升了巴蜀非遗的能见度、知名度和影响力。②

三、加强开展非遗跨界联名

跨越自身领域的异界联名，将充分发挥不同品牌的共同优势和互补调性，广泛引起社会关注，拓展更加广阔的市场（周雨卉，2022）。就非遗而言，可以立足丰富且优质非遗资源，通过品牌培育和知识产权运营与服装、文具、餐饮、游戏、影视、动漫、盲盒等领域联名，构建以非遗文化输出为内核的

---

① 张丹. 非遗"新"传承人：跨界又联名"下刀"如有神 [N]. 广州日报，2023 – 04 – 30（A6）.

② 四川新闻网. 助推两地非遗合作共建！2022 年川渝非遗保护联盟将做到这"四个一" [EB/OL]. (2021 – 12 – 10) [2024 – 05 – 07] http：// scnews. newssc. org/ system/20211210/001227144. html.

跨区域跨产业生态系统（米高峰、赵鹏，2017），有效实现非遗跨界创新性发展，扩大非遗产业数字化转型增值空间。

（一）寻求物质载体的跨界结合

非遗产业生存和发展离不开社会土壤，物品是非遗"见人见物见生活"的重要载体。开展非遗跨界联名，可以结合当代人生活方式，选择现代的、时尚的物质材料或载体，将非遗文化元素跨界融入时下流行的各类生活、工业及文创产品。例如，百事在2019年的"百事盖念店"营销活动中，将瑶绣绣上了环保袋并重点推出，让年轻人愿意把非遗文化背在身上。百事还特别设计了包含瑶绣、京绣、彝绣、苗绣四种不同刺绣工艺在内的非遗刺绣限量罐，把文化价值与商业价值有效结合起来。此外，非遗产品材质选择上不局限于应用传统物质载体，还应推陈出新，避免产品同质化。例如，以汝州市汝瓷烧制技艺为基础的文创品牌"汝山明"，在联名载体上就选择跳出传统大众化产品逻辑，以高端手作和文创定制作为产品卖点，如针对生肖年联合制茶大师、设计师推出"壹盒汝猪"茶具和《猪福365》台历，借鉴宋式汝瓷审美与赖氏纲酱酒合作推出"汝醉——花间一壶酒"礼盒等（温鑫淼、刘宗明和李麟，2021）。

（二）加强品牌跨界联名

品牌联名即不同品牌方或不同设计师共同介入品牌新品的创作和生产并承担相应职责的整个流程。非遗元素可以成为新兴产品的构成单元，能够增加其他品牌的文化附加值。非遗文创品牌也可以与其他较为知名的品牌联名，叠加出"1+1大于2"的市场营销效果，丰富双方品牌和产品的风格与形象，提升市场关注度和吸引力，是目前市场流行趋势下的双赢选择。例如，腾讯《王者荣耀》与越剧的跨界合作，设计师将游戏角色作为非遗文化植入的载体，应用数字技术等新科技，衍生出极具传统文化融合性的现代产品，不仅推出越剧主题的游戏皮肤，还包括数字虚拟人"上官婉儿"的形象塑造及其越剧舞台演出（王佳春、曹磊，2022）。区块链、大数据、人工智能等数字技术的快速发展与应用，也为非遗授权联名在授权方式、主体选择、载体平台等层面提供了更多可能性。例如，湖南省湘绣研究所将《潇湘八景》数字版权授权给华天大酒店制作月饼包装盒，将《九色鹿》湘绣作品融入"天龙八部"手游敦煌游戏场景等，让湘绣非遗往数字文创产品发展方向又迈进一步。①

（三）加强与热门元素结合

社会热门元素能在短时间内吸引公众大量注意力，是品牌跨界联名的重要着力点。非遗的文化差异性有助于给消费者带来文化和品牌的新鲜感，可以用好用活非遗资源，通过推进与时下热门影视综艺、动漫游戏、盲盒文创等产业和社会热点事件、民俗节庆、文体赛事等领域跨界合作，探索热门元素与传统元素的有机融合。例如，网易《梦幻西游》和福鼎市政府部门联合发起"福鼎白茶茶旅联动项目"，共同打造"梦幻仙界茶馆"、联名文创礼盒、联动 MV 等系列主题内容。其中，"梦幻仙界茶馆"集休息、打卡、茶饮体验于一体，在弘扬白茶文化的同时将其打造为网红景点，贴合年轻人的传播喜好，引发游客打卡拍照热潮。除了茶旅联动，《梦幻西游》还以剑侠客和骨精灵两位热门游戏角色作为福鼎茶旅推广大使，将福鼎白茶文化、非遗传承人、制茶技艺、太姥山传说和当地少数民族畲族等元素串起来，拍摄"白茶打卡舞" MV。② 热门游戏《梦幻西游》与非遗的跨界合作，将白茶优秀传统文化融入现代年轻人的日常生活，为白茶文化的破圈传播注入新活力，也带动了当地文旅产业发展。

（四）开展非遗跨界界面管理

在企业管理中，常面临多个主体协同的问题。界面管理（interface man-

---

① 红网. 文化强省　版权护航│版权保护助推湘绣非遗创造性转化、创新性发展［EB/OL］.（2023 – 04 – 21）［2024 – 05 – 07］https：//www.163.com/dy/article/I2S5D4040514EV7Q.html.

② 李濛. 网易：在游戏中看到非遗文化［N］. 北京晚报，2022 – 12 – 23（23）.

agement）即对两个及以上主体之间沟通交流组织模式和渠道方式等的管理，目的是保障多主体交互过程中动机意图的明确和信息沟通的顺畅。界面管理要素包括产业集群或成员企业负责人为代表的跨边界者，信息流、知识流、资金流、物流等交互介质以及组织关系、沟通渠道、角色定位等交互方式（王山、奉公，2016）。对于非遗跨界联名而言，链长企业或联名发起方应多承担有效界面管理职责，对联名各主体角色定位和需求、优势资源和互补契合点开展分析，并在跨边界者之间搭建沟通平台或渠道，组织促进联名有效推进的线上线下活动，促进彼此间的人员、资金、信息等介质的流动，从而提升非遗跨界联名的效率和效益，实现联名利益相关者自身和产业生态系统的价值。

四、引入非遗众包合作模式

借助数字媒体的"公共空间"和"意见平台"属性，赋予了制作者更多表达自己的机会和参与创意生产的权利，用户生成内容引致的集体智慧可以独立产生和传播（Xiao et al.，2022）。众包（crowd-sourcing）指企业或机构借助互联网等手段把员工性质的工作任务分解分包给非特定网络大众的做法，其核心是开放式创新（范小青，2016）。众包模式改变了传统经济中消费者和生产者之间的关系，从单一生产和被动接受转变成自发创意和共同创造的新模式，有效节约了时间成本和人力成本，为企业赢得了广阔的发展空间（黎娟，2017）。在非遗跨界融合中，传承人可以借助众包平台或社区寻找最优潜在合作方，就任务与资质进行精准匹配，并通过网络空间在联名的项目选择、创意生成、方案讨论、设计流程、利益分配等方面进行协同，在完成众包任务的基础上实现互通互联和互惠互利（刘畅，2018）。此外，众包还能有效规避传承人老龄化带来的缺少精力完成各种订单的状况。本节从众包平台、众包人才库、众包激励机制、众包吸引力四个方面对非遗众包合作模式展开讨论。

（一）构建非遗众包平台

布洛姆等（Blohm et al.，2018）通过创建的贡献的多样性和聚合度区分了四类众包平台：（1）微任务平台。（2）信息池平台。（3）广播搜索平台。（4）开放协作平台（见图7.8）。借鉴该研究，可以构建四种类型的非遗众包平台。第一类，非遗微任务平台。可以对高度重复的任务进行可扩展、高效率的批量处理，如对非遗电商订单数据进行归类或对非遗衍生品进行测试等。第二类，非遗信息池平台。例如，通过平均、求和或可视化等方法汇总非遗市场需求，以用于评估和选择备选非遗产品开发方案、激发和验证客户需求、销量预测、市场研究或收集基于位置的信息。第三类，非遗广播搜索平台。广播搜索特别适合解决具有挑战性的技术、分析、科学或创造性问题。因此，广播搜索可应用于各种非遗产品创新、设计或非遗应用科学竞赛。第四类，非遗开放协作平台。通过协作聚合个人贡献，可以为非遗项目创新协作构思、知识创造、开源软件和其他开放项目提供解决方案。在实践中，可以根据需要建构兼具以上几种特点的综合性非遗众包平台。例如，参加非遗创新竞赛的个人如果同时组队与其他团队竞争，此时该平台就兼具广播搜索与开放协作的特点。

（二）建设非遗众包人才库

缺少优质人才的参与，非遗众包就成为无源之水，因此人才储备是非遗项目众包能否顺利开展的重要基础。非遗项目众包的参与者来源有二：一是具备专业技能的个体网民、威客或创客等，二是以完成任务为导向的自组织团队。鉴于非遗项目的专业性和细分化的特征，众包平台可以有目的整合网络上特定个人或群体人才资源，建立非遗领域人才数据库，对优质人力资源的地域分布、知识体系、能力特长、从业经历、众包绩效等进行分档整理和输入，以便通过大数据分析完成精准发包，既可以提高众包的效率和成功率，也可以较好避免有些非遗众包任务由于专业性太强或工作量过大而难以完成的情况。

贡献聚合度

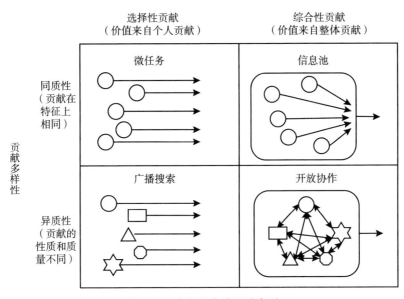

图 7.8　众包平台的四种类型

资料来源：Blohm, Zogaj and Bretschneider et al. (2018)。

（三）优化非遗众包激励机制

　　要激励和激活更多群体参与非遗众包项目，离不开多种激励措施，众包平台可以采取包括支付或奖励方面的经济支出、排名或经验级别等声誉系统、制定任务框架、约定回馈、社会化等机制（见表7.7）。一是经济激励。平台为完成任务者提供常规的类似实体企业员工工资的财务报酬，类似将众包参与者视为平台虚拟员工；也可以针对任务完成情况给予物质激励，如对任务最优贡献者提供现金奖励、各类代金券优惠券等。二是声誉激励。对威客和创客这类追求自我实现的参与者，平台可以采用公开任务贡献者的专业荣誉、活动经验和优点特长的激励方式，如进行贡献者排名、媒体报道等。三是参与激励。平台可以邀请参与者制定众包任务方向、选题和框架，提供进入相关企业内部工作的机会，或邀请参与者共同协商任务的回馈方式，在增强参与感的同时满足差异化回馈需求。四是社交激励。平台可以设置提问、聊天、群组等社交功能，亦可以组织会议论坛、旅游采风、企业走访、专家见面等线上线下交流活动。

表7.7 众包平台的激励机制

激励机制	经济激励	为任务提供类似工资的财务报酬或为最优贡献者提供现金奖励
	声誉激励	公开任务贡献者的专业荣誉、活动经验和优点特长
	参与激励	参与制定众包任务方向、选题和框架或协商任务的回馈方式
	社交激励	提供众包平台社交功能或与其他参与者的线上线下交流机会

资料来源：李景峰和梁明蕙（2016）。

（四）利用数字故事提升非遗众包吸引力

数字故事讲述即使用数字形式在互联网上讲述、存储和交换故事。非遗的人本特性使其蕴含丰富文化内涵，因此故事讲述在非遗众包中可以扮演重要角色，如通过审美吸引、资源分配、面向消费者的内容设计和其他因素吸引潜在个体，使他们更有兴趣参与该项目。数字故事涉及三个关键维度：审美感知、叙事结构和自我参照。审美感知指对自然或人工制品以及人本身的美丽或令人愉悦的外观的感知，其通过强大的图像影响观众的态度和行为，一般在数字故事讲述中具有最高的权重。因此，非遗项目发布应着重展示非遗的美学文化符号，如纹饰、图案、技艺等。叙事结构强调故事的时间顺序和逻辑因果关系，以便合理地唤起观众和读者的情感反应，产生共鸣。非遗项目发布应说明前因后果，阐释清楚项目的起源，明确项目的回报形式。自我参照指能在情感上与观众共鸣的过往经历或记忆。自我参照可以唤起他人进入场景的故事中，产生类似的情感体验。因此，可以在非遗项目发布中融入传承人的学艺感悟和创业经历等（Xiao et al.，2022）。

第六节　加强非遗产品数字营销

从需求角度看，非遗产业数字化转型同样要借助数字营销手段，让更多人了解、体验和消费非遗产品。数字营销指基于数字技术展开的营销活动、过程或机制，它能够产生并传递价值，借助数字技术赋能企业创造、维持和发展关系（王永贵、张二伟和张思祺，2023）。相较于传统营销方式，数字营销具有去中心化、超现代客户体验和自动化等特点。第一，区块链等 Web 3.0 技术开创了去中心化的营销时代，企业得以通过信息共享向消费者提供更多信息并与消费者互动。第二，AR、VR 和 XR 等替代现实技术的进步为超现代客户体验或超现实沉浸式品牌叙事提供了基础，拓展了企业多样化的客户来源。第三，人工智能和机器学习的进步可以帮助营销人员超越简单的计数指标来评估和预测客户行为，同时自动调整营销策略、协调员工关系和提供客户服务。本节主要从短视频推广、数字消费和体验场景、线上线下整合营销对非遗数字营销展开讨论。

一、加强非遗短视频推广

短视频在非遗数字营销中具有打破非遗传播地域性、降低非遗传播和宣传成本、推动非遗市场化和品牌化等独特优势（林加，2023）。目前，非遗短视频的推广主体包括传承人个人账号，地方非遗机构官方账号，知名人士、行业专家与意见领袖的专业账号，社会自由职业者在短视频平台开设的特色专栏等（司若、宋欣欣，2023）。孙传明和张海清（2022）研究发现，短视频推广、粉丝数量与店铺年份对非遗产品高销量结果有关键性作用，并提出提升产品知名度、加强口碑营销与品牌打造等非遗产业发展建议。本节从网络搜索量、圈层渗透、内容质量、口碑营销四个方面对非遗短视频推广进行讨论。

（一）提高非遗短视频网络搜索量

要有效提升非遗短视频推广效果，就必须保证具有一定的网络曝光度，即提高短非遗视频网络搜索量，增加知名度。

第一，建构非遗短视频的品牌符号系统，提高非遗短视频识别度。非遗短视频的品牌符号系统是对非遗的能指形式和所指内涵进行提炼和加工，使其成为短视频时代能够代表非遗文化的传播符号的集合。首先，应为非遗短视频平台账号起一个易于识别、记忆、传播的名称，名称可以包含地域、品类或传承人昵称等，如安溪铁观音。其次，构建非遗短视频品牌标识，强化非遗品牌短视频的形象记忆和个性特征。具体可以从非遗的文化记忆、个性信息、实用功能和审美价值等方面加以提炼。例如，快手与泰国 lllusion CGI 工作室共创的"手上的非遗"广告海报，每张海报都将快手的产品界面具象成一座大型剧场，剧场两边坐满了来自全球各地的观众，中央则是快手上的用户正在表演广西贺州醒狮、甘肃道情皮影、陕西安塞腰鼓等非遗手艺，很好展示出快手愿意一手托起非遗传承的品牌责任感。① 最后，创意设计非遗短视频品牌箴言或宣传口号，与品牌名称和品牌标识同步传播推广（李旭丰、樊传果，2023）。例如，泉州申遗成功一周年之际市文旅局和古城办推出"宋元中国看泉州"抖音话题挑战赛，邀请受众通过拍摄视频推荐泉州生动鲜活的人文风情和多元独特的文旅景观等，迅速吸引了广大市民和游客的积极参与。②

第二，借助关键意见领袖的出镜、推荐等扩大非遗短视频宣传范围和影响效应。徐孝娟等（2022）研究发现，内容层中的短视频权威人物和社会层中的临界质量是影响用户搜寻意愿的主要因素。一方面，非遗短视频推广中要突出传承人、网红主播、短视频达人等关键意见领袖的权威性和专业性，

---

① 广告文案. 快手做非遗：3 张海报，2 个舞台，1 种模式 ［EB/OL］. （2023 – 06 – 13）［2024 – 03 – 04］https：//www.163. com/dy/article/I74MTJGS0514BODN. html.

② 泉州晚报. 抖音"宋元中国看泉州"话题视频播放量 1.3 亿次 ［EB/OL］. （2022 – 09 – 14）［2024 – 03 – 04］https：//www. qzwb. com/gb/content/2022 – 09/14/content_7161373. htm.

打造具有独特性和差异性的品牌内涵。当短视频涉及名人或权威人物时更易引起用户较高的满意度，且更容易促进用户对此类非遗信息的搜寻。例如，短视频制作者李子柒通过承载深厚东方非遗文化的笔墨纸砚、手工锦绣、千层底布鞋、玫瑰花胭脂、贴春联、蚕丝棉被等短视频作品，以专业化的内容吸引了庞大的忠实粉丝群。其本人也成为成都非物质文化遗产推广大使，获评2021"中国非遗年度人物"，这反过来又进一步带动了粉丝集聚效应。另一方面，非遗短视频在传播过程中除了具有内容展示特征外，还兼具社会维度特征，也即用户在非遗短视频信息搜寻过程中，个体的态度和行为会受到周围人的影响。因此，可以通过抽奖、与关键意见领袖面对面、线下联动等促进非遗短视频的转发，当短视频的搜索数和认可度超过一定临界量时，用户在参照群体的影响下也可能采取相同的行为以获得社会认同感，从而诱发用户主动搜寻非遗短视频相关信息。

第三，整合非遗短视频的传播媒介，借助官方媒体和社交媒体的影响力增加短视频流量。一方面，非遗短视频可以与地方电视台、文化和旅游部门等合作，借助其影响力扩大短视频的品牌化传播效应。官方媒体可以自建非遗短视频账号，利用自身资源转播一些直击非遗传承地的采访片段或邀请知名非遗传承人进行技艺讲解，提升短视频专业度和声誉；也可以在当地搭建直播间进行非遗衍生品的带货推广，为受众营造真实情景下的沉浸式消费体验。另一方面，非遗短视频的传播可以选择与社交媒体联合，根据抖音、快手、微博等平台的不同特点对内容进行二次创作，将非遗栏目、非遗活动转化为极具亮点的短视频，以多平台矩阵扩大非遗短视频的影响力（李旭丰、樊传果，2023）。

（二）扩大非遗短视频圈层渗透

在互联网泛化应用过程中，非遗短视频内容生产不再是专业群体的权利，更大范围的传承主体通过自媒体实践、用户生产内容等形式突破传统相对狭隘的短视频流动链路，为非遗短视频的多元圈层渗透提供了良好契机。

第一，扩大青少年群体短视频圈层渗透，促进观看习惯养成。青少年群体是时下互联网的重要受众，应注重培养青年一代的非遗短视频文化识别及体证能力。薛可和鲁晓天（2020）研究发现，社会影响、社交期望、享乐期望、努力期望均正向影响青少年对皮影短视频的观看意愿，其中社会影响的程度最大。一方面，加强非遗短视频内容情境与青少年群体的契合度。例如，将青少年作为非遗短视频故事的讲述主体，展示乡村与都市空间区隔中体现出的不同语境下非遗传承困境，就能使同为青少年的观看群体感同身受（朱斌、刘芳，2023）。另一方面，增加青少年群体接触非遗短视频的频次和机会。一是制作者可以策划抖音、快手等短视频平台的观看打卡、话题讨论、抽奖转发等活动，通过青少年常用的社交媒体增加短视频的讨论度和曝光度。二是制作者主动与有影响力的电视台、报社、互联网门户网站等媒介机构联合，对优秀非遗短视频案例和发布者事迹进行宣传报道。三是制作者将视频宣传融入各地传统文化进校园进社区进公园等活动，针对青少年群体开展非遗文化体验、与传承人或制作者面对面交流、拍照打卡、短视频制作教学等活动。

第二，形成多元合力，加强非遗短视频海外传播力度。伴随传统文化"出海"热潮，非遗短视频也受到国内外众多自媒体和传承人、爱好者青睐，成为草根阶层对外文化传播的重要载体，此外，政府官员、专家学者、意见领袖等精英阶层也时有通过短视频进行非遗海外推介，共同构成跨国别、跨阶层、跨职业的多元群体协同传播模式（司若、宋欣欣，2023）。首先，加强传播资源共享。个人和群体、企业和政府可以通过非遗传播资源共建共享等形式，共同推动非遗短视频国际化传播广度和深度，如个人和企业可以搭乘政府旅游目的地海外推介的机会，加大非遗短视频片花、成片及其衍生品的宣传。其次，拓展传播群体规模。除本土非遗国际传播主体外，可以尝试从外国中华传统文化爱好者和在华留学生等群体中培育非遗达人或网红，鼓励其从外国受众视角拍摄短视频传播中国非遗文化。最后，强化线上线下衔接。支持国内文化企业、传承人或网红博主参与海外文博展会和文化演出，以线下推介形式扩大非遗短视频的曝光范围（李勇等，2024）。

（三）提升非遗短视频内容质量

第一，重视非遗短视频内容与结构的完整性。相较于新闻性或娱乐性的大众化视频，非遗短视频囿于主题的区域性、民族性和专业性，普通受众理解和接受时具有一定的门槛。制作者应注意视频内容与结构的呈现度和完整性，以更好传递具象化非遗信息，增加短视频传播的有效性（翟姗姗等，2023）。一方面，要根据非遗个性形象、短视频平台特性和短视频传播特性设计短视频内容主题，具体包括明确作品的调性与诉求表现、明晰人物设定、在短视频中融入品牌符号、保持场景氛围与非遗品牌主体调性的一致性等。另一方面，非遗短视频内容创作要注意具体细节，画面元素、画面构图、背景音乐、配音文字或字幕内容要紧扣品牌定位。短视频的画面元素可根据内容主题赋予主体元素以品牌个性，关联受众所认同的正能量理念；围绕人物和故事场景选用和展开景别，形成契合品牌调性的构图形式；选择富有感染力的背景音乐作为系列短视频的专属BGM，让受众更容易产生共鸣，从而获得良好的视听体验；提取短视频主题画面作为封面，并在封面和视频中插入主题词，使受众可以直观了解到短视频想要表达的主题，凸显非遗短视频个性特征（李旭丰、樊传果，2023）。

第二，提升非遗短视频的趣味性、社交性和易用性。一是寻找非遗短视频与受众娱乐需求的契合点。在内容上结合网络热梗、时尚资讯、热门影视动漫等题材进行创作，在形式上可以融入H5网页、弹幕互动、二次创作、虚拟现实等，以提升短视频的趣味性和新颖度。二是加强非遗短视频与社交媒体的融合。如在微信、QQ、豆瓣等建设非遗兴趣群组，在微博开展非遗话题讨论和转发分享活动，拉近非遗短视频与受众惯用社交工具之间的距离。三是通过功能优化提升非遗短视频的易用性。如对短视频的字幕、语言、翻译等功能进行优化，对短视频的二次创作推出玩法教程或体验环节等，以更好满足不同背景和不同平台受众的实际需求。

（四）加强非遗短视频口碑营销

第一，拓展口碑营销方式，激发非遗短视频受众情感共鸣。口碑是受众情感的正面表达，而多样化的口碑营销方式有助于更好展示短视频的亮点，激发受众情感共鸣动机和行为。一是利用小红书、B 站等种草平台加强推介。种草平台具有受众广泛、更新及时、信任度高等口碑传播优势，非遗短视频制作者可以和网红或达人合作，加大宣传的范围和频次。二是借助传承人、关键意见领袖等主体进行宣传。这类主体具有权威性高、专业性强、影响力大的特点，对受众二次传播具有较强影响力，容易诱发受众产生口碑传播意愿并付诸行动。三是挖掘短视频的文化认同情感要素。受众在观看非遗短视频时可能会产生对传统文化的认同，制作者可以在传播中凸显工匠精神、汉服文化、国潮元素等要素，激发受众口碑传播行为（孙传明、陈熙和王萍，2023）。

第二，采取知识性和娱乐性兼顾的营销策略，提升非遗短视频传播效果。目前许多非遗短视频是对非遗项目的介绍，以科普性质的知识传播为主旨，对于非专业群体来说效果较为有限，进而缺乏主动推荐的意愿。非遗短视频制作者应考虑受众整体的观看需求和习惯，尝试在普及非遗知识的同时融入一定的娱乐元素，激发观看者主动进行二次传播。一方面，丰富短视频的视觉表现形式。如在影像展现上结合娱乐性更强的动画影像、全息影像、虚拟影像等，并突出短视频的故事性。另一方面，增加短视频的互动体验。如通过传承人开展线上线下短视频主题推介，在进行非遗项目或知识介绍时同步进行技艺展示或互动交流，也可借鉴综艺节目设置答题闯关、抽奖游戏等体验环节，在满足受众通过观看非遗短视频获取知识的前提下，也能促使其主动进行非遗短视频口碑传播。

二、丰富非遗数字消费和体验场景

赵士德、赵晚尔和宋博（2022）的研究表明服务场景能够影响消费者对非遗产品的感知价值，进而产生非遗产品的购买行为。数字时代下各类非遗数字消费和体验场景成为人们日常文化生活的重要部分，同时也是非遗产品数字营销的重要舞台。非遗数字消费和体验场景指通过数字技术和设备实现非遗传播、体验和消费的各类网络平台或虚拟空间，主要包括新媒体平台、云节展和云演艺、数字文旅等（温雯、赵梦笛，2022）。

（一）新媒体平台

新媒体平台相比传统媒体具有去中心化、突破时空限制等优势，为非遗产品提供了契合当下消费方式和消费习惯的短视频和直播体验场景。

一方面，利用国内主流短视频平台提供非遗内容消费和体验。抖音、快手等头部短视频平台均与非遗深度绑定，如抖音拥有大量关于传统非遗、国粹非遗、非遗创作、非遗电商等主题的视频创作或分享，快手推出"非遗江湖""快手课堂"、非遗与民间艺术直播栏目等。这类平台场景吸引了大量对非遗具有共同兴趣的群体，部分甚至形成具有一定社交黏合力的虚拟社区。因此，可以通过在短视频平台植入产品、交流共创的形式，形成"前端传播－中端体验－后端生产"的非遗产品销售闭环。

另一方面，利用直播搭建非遗消费和体验场景。直播是时下热度极高的新媒体应用形式，具有互动形式多样和受众群体广泛的优势。非遗可以应用直播方式搭建直播带货、直播打赏、内容付费、产品竞拍、广告植入等场景，探寻非遗直播流量变现新路径。如各地的网络"非遗购物节"就普遍采用直播带货模式，淘宝、京东等电商平台的非遗店铺和地方特产馆对非遗产品的介绍除图文外也经常配以直播，而这种直观的视觉体验和即时互动形式也为非遗产品供给者带来较大的经济回报，根据《2021非遗电商发展报告》，2021年淘宝非遗产品八成成交来自商家自播，景德镇陶瓷、苏州核雕、龙泉宝剑等14个非遗产业集群在天猫上年成交额过亿元，可见直播及其互动、分享已经成为新媒体重要的跨产业生态应用场景。

（二）云节展和云演艺

随着信息通信技术的不断成熟，非遗节庆展览和演艺活动早已不局限于线下实体空间，线下线上同步进行的做法越来越普遍，因此，云节展和云演艺同样可以成为非遗产品消费和体验的重要场景。

　　一方面，依托各地举办"非遗购物节""非遗年货购物节"等，通过主题集市或购物节专区、优惠券发放、电商平台探店打卡、全媒体引流推送等方式开展线上宣传销售。在2020年"非遗购物节"期间，中国烹饪协会联合美团点评开设北京、上海、广州、成都四地"非遗美食节"专场，1100多家"中华老字号"商家联合美团综合运用消费券、代金券、红包、折扣等方式，推出优惠美食菜品；淘宝为各省区市推荐的非遗传承人、非遗手工坊等开辟专门的板块"淘宝匠心会场"，便于其展示非遗好物；天猫、聚划算、优酷等及本地生活平台，采取线下线上联动的方式，响应本届非遗购物节。

　　另一方面，云演艺超越了传统演艺活动相对封闭和单向输出的业态特征，呈现受众范围广泛、互动形式多样、智能化程度较高等新特点。对于传统舞蹈、戏剧、曲艺等非遗门类而言，云演艺可以保存和反复鉴赏，吸引了更广泛的演艺主体，观众也拥有更多自由的互动性行为，已经日渐被大众接受并认可，成为非遗演出行业新开辟的消费和体验场景。非遗演艺机构和企业应加快发展数字剧院、在线直播、云端剧场等演艺新业态，开辟线上常态化的演出平台。例如，2021年中国歌剧舞剧院《舞上春》项目就同步开展线上线下沉浸式演出，线上制作了VR视频供终端观众多视角欣赏，同时开放弹幕互动、线上选座、付费点播、直播打赏、广告植入等功能，体现了云间与现实交互的社交化、虚拟化、共享化的新消费模式（温雯、赵梦笛，2022）。

（三）数字文旅场景

　　非遗作为重要的文旅吸引物，与文旅的数字化融合创新实践也越来越丰富。非遗数字文旅场景即以具体非遗资源或文化作为内容来源和体验对象，以数字文旅产品或服务为载体的应用场景。

　　首先，政府部门可以通过数字文旅地图整合资源，实现线上线下双向引流，打造文旅流量引力场。如中山非遗地图集结了全市各个非遗项目的相关信息，包括项目名称、地理位置、项目介绍、一键导航等，并将其可视化在地图上。用户可以通过该地图了解和探索中山市丰富多样的非遗项目，包括传统手工艺品、音乐舞蹈、戏曲表演、民俗活动等。线上用户可以通过其资源和服务功能，进行充分探索和交流；线下配套的各种体验活动和惠民措施，鼓励和引导用户参与到实际的文旅活动中，公众端、企业端、政府端均能依托数字文旅地图平台各取所需。①

其次，文旅景区可以通过智慧景区为游客提供线上非遗旅游体验，满足游客 VR 云游导览、智慧地图、讲解导览和线上购物等需求。例如，《云游·大足石刻》App 或云端链接通过对大足石刻景区数字采集与实景建模，借助实时云渲染、数字孪生、数字人等前沿技术，将大足石刻复刻至云端数字世界。用户通过消费级终端设备，便能享受到一场沉浸式的历史对话体验。除景观游览外，《云游·大足石刻》内还搭载了丰富有趣的创新玩法，如体验古香古色的虚拟服饰、放飞孔明灯、在云端文创商店购买数字纪念品等，以更丰富多元的商业模式，激活大足石刻文旅资源的多场景应用，带动景区营收增长。②

最后，虚拟现实、智能交互、数字孪生等数字技术及元宇宙概念的产生，拓宽了非遗数字文旅场景的区域性和系统性构建思路，非遗元宇宙街区（社区）的出现正是这一趋势的具体表现。2022 年 6 月，国内首条元宇宙非遗街区——广州非遗街区（北京路）正式开街，12 月"非遗广州红"元宇宙漫步街区上线。在"非遗广州红"元宇宙街区中，不仅融入了月饼制作技艺、醒狮、舞火龙等非遗项目，还设置了彩蛋福利活动，用户只需要在街区任意打卡 10 处景点，就可随机获得一件非遗广州红主题数字藏品，还可凭数字藏品兑换一份传统文化周边或元宇宙陆地冲浪体验券。③

① 中山 Plus. 手机扫码、一键可查！中山非遗地图正式上线！［EB/OL］.（2024 - 01 - 17）［2024 - 05 - 07］https：//m. thepaper. cn/baijiahao_26042071.

② IT 专家网.《云游·大足石刻》开放测试，数字技术激发世界文化遗产新活力［EB/OL］.（2024 - 04 - 18）［2024 - 05 - 07］. https：//tech. ifeng. com/c/8YswqVB9S0p.

③ 南方日报."非遗广州红"探索数字赋能非遗传播［EB/OL］.（2023 - 12 - 11）［2024 - 05 - 07］. https：//baijiahao. baidu. com/s? id =1784949343996936952&wfr = spider&for = pc.

三、强化非遗线上线下整合营销

线上线下整合营销对文化遗产体验和消费而言会构成互补优势，线下营销具有较强的真实感，可以通过现场体验带动实体文化遗产产品销售，线上营销则能有效扩大文化遗产的网络影响力，拓展文化遗产的数字化盈利空间。同时，两者还能相互引流，实现更大时空范围的流量变现（闵祥鹏，2015）。达妮莎和李建阁（2018）对非遗微博传播效果的研究也表明，非遗微博的线上线下受众群体具有高度的同质性，线下非遗活动是非遗微博传播的主要内容来源和讨论话题，且正向影响其更新频率，而非遗微博账号创建者及其关注者多数也是线下非遗活动参与者。因此，对非遗产品营销来说，可以通过线上线下一体化、在线在场相结合的方式进行整合营销。

具体而言，非遗产品线下渠道主要包括非遗文博展馆、非遗集市庙会、非遗产品或品牌专卖店、非遗工艺体验馆、非遗相关讲座和论坛、非遗文创设计赛事等。线上渠道主要包括非遗网站、文字平台、社交平台、电商平台、短视频平台、旅游平台、众筹众包平台等（见表7.8）。非遗产品供给主体可以通过策划非遗主题的节庆赛事、综艺节目、公关事件、促销活动等，开展线上线下全渠道宣传和推广，以最大化品牌的影响力和美誉度（温鑫森、刘宗明和李麟，2021）。如同程旅行孕育的《非遗所思》品牌IP，基于"非遗+旅游"衍生出"非遗+直播+电商""非遗+文创""非遗+线路"。线上通过体验式慢综艺式直播+短视频结合的形式，借助同程旅行2亿规模用户的流量，让非遗文化引起更大范围的关注；通过中国国家地理·风物小馆、同程优品两个电商平台推动目的地非遗好物营销。线下联合目的地本土非遗产品，共同打造非遗文创联名款；联合国家地理杂志共同策划目的地城市文化旅游线路，开展"大V"实地探访+传播的采风活动；举办线下主题分享会，发布风物之旅视频、文化旅游产品线路、目的地城市最美十大名片、手绘攻略图等。该IP通过整合目的地多元的文化资源、旅游产品、传统活动，形成"产品设计—传播推广—销售转化"的线上线下营销闭环。①

表7.8　　　　　　　　非遗产品线上线下整合营销渠道

渠道	类型	举例
线上	非遗网站	中国非物质文化遗产网、非遗人之家等
	文字平台	知乎、今日头条、微信公众号等
	社交平台	微博、微信、小红书等
	电商平台	淘宝、天猫、京东、拼多多等
	短视频平台	抖音、快手、微视、B站等
	旅游平台	去哪儿、携程、爱彼迎、飞猪等
	众筹众包平台	淘宝众筹、京东众筹等
线下	非遗文博展馆	浙江省非物质文化遗产馆、苏州非物质文化遗产馆等
	非遗集市庙会	上海龙华庙会、丰都庙会等
	非遗产品或品牌专卖店	各地老字号非遗实体店
	非遗工艺体验馆	各地非遗文化、国风手作体验馆
	非遗相关讲座和论坛	中国非遗传承发展与创新高峰论坛、非遗成都论坛等
	非遗文创设计赛事	甘肃省非遗文创大赛、萧山区非遗文创设计大赛等

资料来源：笔者根据相关资料整理。

① 环球网. 文化自信正当时，Z世代成消费主力军：同程寻找"非遗+旅游"的融合营销新模式 [EB/OL]. (2021-11-01) [2024-05-07]. https：//hope. huanqiu. com/article/45PQzACKydG.

第八章

非遗产业数字化转型政策建议

本章从治理能力、政策规制、人才培育、载体建设、专业服务等视角，提出非遗产业数字化转型若干政策建议，包括提升非遗数字产业治理水平、加强非遗数字产业行政指导、构建非遗数字产业人才体系、打造非遗数字产业平台、提高非遗数字产业转型效率等。

第一节　治理能力：提升非遗数字产业治理水平

治理强调通过合作和协商实现多元主体的利益最大化。自2013年党的十八届三中全会提出"国家治理体系和治理能力现代化"改革目标以来，文化治理作为国家治理体系的重要构成，逐渐引起研究者关注。数字文化治理是因应数字技术应用快速发展和文化产业转型升级而形成的综合性、交叉性研究方向，范围涵盖传统文化的数字技术革新和数字技术驱动下的新文化形态（肖波、宁蓝玉，2023）。非遗产业数字化转型涉及跨领域的不同主体，需要从文化治理层面形成合力，共同推进转型高质量、可持续发展。本节主要基于数字文化治理相关研究，从数据共享、协同治理和提升效能的角度提出建议，以期更好推进非遗数字产业治理体系和治理能力现代化。

一、推进非遗公共数据跨界共享

数字经济背景下非遗公共数据是重要生产力，为非遗产业数字化提供了转型方向、创意来源和应用场景。因此，有必要破除非遗公共数据的"信息孤岛"，加强非遗公共数据跨界流动与共享。流动是共享的前提，数据要素跨界流动即数据要素在政府、市场和社会之间的转移与交互（张会平、马太平，2022）。本节从制度建设、共享体系、权益协同三方面对非遗公共数据跨界共享加以探讨。

（一）完善非遗公共数据管理和使用制度

2020年5月，中央文改办下发《关于做好国家文化大数据体系建设工作的通知》，为完善非遗公共数据管理和使用制度提供了政策依据、建设路径和主要思路。一方面，规范非遗公共数据使用标准。通过制定专项政策，出台非遗公共数据库建设和使用的相关标准，将标准细化到非遗具体门类及其数字采集、数据保护等实施项目中。各省份也可以参照国家标准制定区域标准。另一方面，强化非遗公共数据管理和使用的安全性、规范性。非遗公共数据库是中华优秀传统文化的数据库，是中华民族的文化基因库和推动中华民族伟大复兴的重要资源性力量，它的存储、管理和使用安全至关重要，国家指定的建设机构应在数据安全性、使用规范性等要求下开展工作。

（二）打造非遗公共数据资源共享体系

非遗公共数据利益相关者不仅涉及政府文化部门，还包括各类文博场馆、企事业单位、教育机构、科研院所、传承人等。非遗公共数据要真正发挥作用，一方面，要树立开放合作和互赢互利理念。按照互联网和大数据的发展规律，打通非遗公共数据与各级各类大数据体系的有效连接，如加强国有文化机构和企业与民营文化机构和企业之间、互联网文化巨头之间、文化机构和企业与其他类型单位之间的开放合作，发挥全社会之力建设非遗公共数据体系（郭全中，2020）。另一方面，建设非遗公共数据共享平台。可在中国非物质文化遗产网·中国非物质文化遗产数字博物馆①基础上，整合其他关联数据，搭建国家非遗公共数据平台，实现非遗公共数据在更广范围、更多平台之间的推广。

（三）平衡政企权益协同推进非遗数据跨界流动

文化企业及传承人是非遗产业数字化转型主体，而非遗公共数据拥有者又多数为政府文化机构，因此，应着力平衡政企权益，协同推进非遗数据跨界流动。第一，鼓励文化企业参与非遗公共数据体系建设和运营。非遗公共数据体系建设往往资金投入大、回报周期长，尤为需要大型文化企业积极参与。政府可以通过让渡数据使用权、特许经营等形式，引导文化企业将战略选择和生产资源转向非遗公共数据，以便发挥文化企业尤其是大型互联网文化企业在用户积累、资金规模、数据整合、产品创新等方面的优势，为用户提供更好的非遗产品。第二，拓展非遗公共数据应用场景和获利空间。大数据技术应用的广泛性和加速化，使其落地场景越来越丰富，产业价值也逐步凸显。要打造良好的文化大数据生态系统，就要让参与各方都能获益，而这就需要更多的商业场景落地，"以技术为本、以文化为魂、以产业为载体"就是有效的思路，除了非遗体验馆、非遗体验园之外，文创产业、旅游产业、电子商务、演艺业、游戏业、教育业等都是很好的落地场景和载体。

二、强化非遗产业数字化协同治理

协同强调"协调合作"，治理倡导多元主体通过多种方式共同对公共事务进行管理。协同治理可以视为一种公共治理制度安排，具有多元参与和相互依赖的关键属性。利用信息技术手段，可以降低协同治理的参与门槛与协

---

① 中国非物质文化遗产网·中国非物质文化遗产数字博物馆是由文化和旅游部主管，中国艺术研究院（中国非物质文化遗产保护中心）主办的公益性非遗保护专业网站。

调难度。曾渝和黄璜（2021）将数字化协同治理定义为应用数字平台实现多个相互依赖的个体或机构参与公共决策和管理的制度安排。本节基于杜庆昊（2020）提出中国数字经济协同治理"关系协同 – 主体协同 – 机制协同"的理论分析框架，对非遗产业数字化协同治理加以分析。

（一）主体协同：促进非遗产业数字化多元主体协同合作

第一，推动政府主体的内部协同。协同是一个包含同类及不同类主体的多维概念。同类主体要先内部协同才能更好实现多元主体的协同共治，即同类主体内部定位要清晰、职责要明确、资源要共享。政府作为非遗产业数字化协同治理的主导力量，应协调好中央与地方、地方政府之间以及政府部门之间的权力边界和职责分工（杜庆昊，2020），如通过地方政府合作实现非遗数据和产业资源跨区域共享，构建非遗数字经济部门联席会议制度加强政府部门内部横向沟通等。

第二，通过整体规划加强统筹协调。由政府主导编制非遗产业数字化转型的发展规划，并纳入地方国民经济发展规划当中，避免各主体由于利益的纷争而造成非遗文化市场及管理体制上的分割，统筹产业主体利益与区域大局利益。

第三，开展专业培训整合产业发展力量。政府除加强内部协同、制定非遗产业规划外，还可以利用文化事业建设费及非遗产业带来的财政收入，通过组织专业培训提升产业主体短板，如聘请直播专家甚至是网红，帮助传承人和创业者搭建非遗直播间，传授直播技巧，进而快速提升他们的网络直播能力和技巧，由点及面地影响传承和创业群体，构建文旅统筹发展格局（王文权、于凤静，2019）。

（二）关系协同：构建利益共享的非遗产业数字化治理体系

政府可以通过宏观制度安排，确立"1 + N"的非遗产业数字化体系模式（1 即政府，N 为非遗传承人、精英联盟、文化园区、企业、公众等），使非遗数字文化产品及服务实现跨业、跨界、跨域、跨国的充分融合，形成由政府主导的利益共同体。一方面，建立因地制宜和按需分配的非遗文化资源供给模式，营造非遗产业数字化转型的良好氛围。另一方面，实现东西部地区、发达地区与老少边穷地区的非遗资源享用机会均等和非遗资源公平分配，以及非遗产业数字化服务商业性与公益性并重的格局（罗仕鉴等，2022a）。

（三）机制协同：优化非遗产业数字化协同治理机制

为推动非遗数字产业健康有序发展，政府、企业、公众、社会和行业组织等多元主体应明晰协同合作的因果结构关系和关系运行方式，构建和谐有序的协同治理机制（杜庆昊，2020）。

第一，优化非遗数字产业效能评估标准。在非遗产业数字化转型过程中，政府要科学衡量转型效果，对管辖范围内的非遗数字产业的发展规划、服务宗旨、运作规范等制定合理评估标准，定时开展评估考量，及时对不合规范标准的非遗数字产业进行管控（罗仕鉴等，2022a）。首先，整体目标与层级目标的统一。整体目标要立足于非遗的可持续发展，层级目标要充分考虑各利益主体的投入产出，尤其要重视社区和传承人的目标诉求。其次，经济效益、社会效益和文化效益的统一。既要避免单纯从经济效益角度出发，陷入狭隘的经济利润决定论，也不能唯保护至上。应该将经济效益、社会效益和文化效益三者综合，既考虑企业的盈利目标，也兼顾社会、文化效益，如就业增加、社区参与度提升、非遗成为现代人们文化生活的一部分等。最后，定性评估与定量评估的统一。量化有利于目标输出评估的可操作性和可比较性，要形成一套科学合理的反映投入产出的量化标准，对于一些不容易定量评估的指标，如社会形成保护非遗氛围、传承人自豪感的提升等可以采用定性的评估方法。

第二，构建非遗数字产业准入和退出机制。非遗开发利用中的风险评估已经引起部分学者重视。如李烨、王庆生和李志刚（2014）认为旅游开发给非遗传承与保护带来客体、主体和环境三个方面的风险，具体表现为文化内涵丧失、传承机理干扰和文化环境破坏。李昕（2011）认为在实践中必须为非遗能否进入文化产业制定一个评估方案，并提出由7个一级指标、20个二级指标、30 个观测点组成的评估指标体系。其中，7 个一级指标分别为区域投资环境、文化产业的智力资源、项目投资的资金渠道、非遗的品牌形象、非遗转化产品的市场开发、非遗转化产品的竞争力提升、非遗产业化的预期效益。这些研究成果对非遗数字产业的前置评估进行了有益探讨，但还必须进一步根据非遗的性质和类型、互联网背景下消费者的需求偏好及地区文化产业的实际情况等，构建合理和科学的准入评估指标体系，从全局上明晰非遗数字产业的时序、标准和重点，实现非遗与数字化的充分互补与共赢。同时，非遗本身具有活态流变性，随着经济、社会的发展，其自身也会发生一定程度的演化。准入评估毕竟只是事前控制，一旦非遗数字产品不适应变化的市场，又或者过度开发利用大幅改变了非遗本身的原真性，甚至危及非遗的现代化生存，那就应该让这部分非遗退出市场，通过其他途径加以保护利用（黄益军、吕庆华，2015）。

三、利用数字政务提升非遗产业效能

近年来，我国"互联网 + 政务服务"取得显著进展。《中国互联网络发展状况统计报告》显示，截至 2023 年 12 月，我国在线政务服务用户规模达 9.73 亿人，较 2022 年 12 月增长 4701 万人，占网民整体的 89.1%，在线政务服务水平稳定在世界第一梯队。2023 年中共中央、国务院印发的《数字中国建设整体布局规划》明确了新时期数字政务建设路线图，贯彻落实《规划》"发展高效协同的数字政务"的任务要求，以数字思维和数字技术驱动政务服务数字化发展，对利用数字政务提升非遗产业效能具有重要意义。

首先，要进一步提升政务服务非遗数字化能力，加快推进线上线下融合，持续发挥数字一体化政务服务平台作用，促进非遗政务服务标准化、规范化、便利化水平持续提升。例如，湘潭市文旅广体局采取"政务网站 + 新媒体 + 线下"联动的方式，创新非遗宣传体系，利用政务公开平台详细公示非遗代表性项目和代表性传承人的组织推荐评审认定流程，充分解读非遗相关政策文件，较好促进了非遗传承发展。① 其次，充分利用大数据、云计算、移动互联网和人工智能技术，拓展移动性、智能化和个性化在线服务对非遗的覆盖程度和范围。如在网络政务平台设置 24 小时自助服务区、非遗数字文化展示区等，加快非遗数字产业范围内实现跨部门和跨区域通办。最后，创新数字政务服务方式以降低企业和公众信息搜索和使用成本，不断增强非遗企业、传承人和公众的获得感。从效率上看，政务服务访问渠道应加强整合和数字化应用，通过数字信息管理系统和政务大数据共享提升服务速度。从方式上看，可以根据数字技术迭代趋势和社会公众信息接收习惯，探索企业定制化和全周期服务、公众移动端信息精准推送、平台供求信息匹配等。例如，北京西城区文旅局推出"数字西城卡"微信小程序，区内 20 余家文旅行业单位、非遗老字号作为首批商户入驻平台，为部分符合条件的用户提供文旅优惠服务，与文旅企业形成良好的线上互动。②

第二节 政策规制：加强非遗数字产业行政指导

政策是"国家（政府）执政党及其他政治团体在特定时期为实现一定的政治、经济、社会和文化目标所采取的政治行动或所规定的行为准则"（宣晓晏、姚佳根，2023）。基于高度的权威性和普遍的影响力，政策是产业规制最常用和生效最快的方式之一。结合我国非遗保护和文化产业政策来看，党的十八大以来非遗保护政策从挖掘非遗经济价值和贯彻"创造性转化和创新性发展"精神出发，以推动非遗合理利用和产业开发为主（黄永林、李媛媛，2023），而文化产业政策则开始从重视文化科技融合向聚焦数字化转变，

---

① 湘潭市文旅广体局. 走进非遗"政务公开主题日"助力非遗活起来 ［EB/OL］.（2023 – 07 – 03）［2024 – 05 – 07］. http：//www. xiangtan. gov. cn/427/428/23642/23643/24388/content_1225222. html.

② 文旅北京. 提质升级迎复苏｜西城区搭建政务服务体系 助推区域文化产业高质量发展 ［EB/OL］.（2023 – 05 – 19）［2024 – 05 – 07］. https：//baijiahao. baidu. com/s？id = 1766279377155252821&wfr = spider&for = pc.

如将数字创意产业纳入国家战略性新兴产业、实施文化产业数字化战略和国家文化数字化战略等，数字文化产业成为文化产业发展的新动能和经济发展的新增长极（黄永林，2022）。一方面，通过政策可以引导和鼓励数字技术创新，引导非遗传承人、传承机构和文化企业等供给主体加强业态创新，提高其借助数字技术力量提供非遗数字产品的积极性和创造性。另一方面，可以通过约束机制，对供给主体的非遗数字产品标准、消费主体的非理性需求等进行限制（黄益军、吕振奎，2019）。本节主要从政策主体、政策客体、政策工具等方面提出建议。

一、强化非遗数字产业政策主体协同参与

数字文化产业的规模化发展和专业性提升，使政府监管需要协同跨部门、多主体才能更好达到政策预期，故而在政策主体方面呈现从少部门独立管制到多主体协同参与的特征，也即政府利用政策资源和政策工具引导数字文化产业利益相关者团结协作，进而构建整体性治理格局（陈庚、林嘉文，2022）。对非遗数字产业政策主体协同参与来说，可以进一步从政策的制定、执行和监督等环节加以强化。

一是保障政策主体参与政策制定的全面性。一方面，要充分考量非遗数字产业政策的涉及面。各级政府应根据中央数字文化产业政策目标，加强对区域非遗资源价值的有效识别和多效协调利用，保证非遗产业数字化转型嵌入宏观经济政策制定的全过程，以充分吸引非遗产业利益相关者的政策注意力。另一方面，应因地制宜制定区域性非遗数字产业规划或政策。政策制定者可以聚焦非遗资源的数字融合创新，通过专项规划或政策构建符合区域实际的非遗数字产业模式，完成区域市场和细分市场利益相关者的政策需求嵌入。

二是加强政策主体参与政策执行的适配性。非遗产业数字化转型政策要有效执行，离不开具有数字化认知、素养和能力的人才队伍，其中政府文旅、技术和经济等职能部门扮演关键角色。一方面，强化职能部门人员的数字化

认知。利用国家文化数字化战略契机，引导职能部门人员尤其是管理者认识非遗数字产业的战略逻辑、机理机制和模式路径，同时鼓励其通过实践调研加强对产业现状的了解，促进政策更好落地，实现地方非遗资源与数字技术、数字经济耦合发展。另一方面，提升职能部门人员的数字化素养和能力。通过数字技能培训、数字岗位轮动、数字企业挂职等形式加强数字化人才队伍的培育，同时对干部的年龄结构进行优化，改善数字技能低、"老龄化"的现状，为数字赋能非遗产业发展的政策执行过程注入活力。

三是提升政策主体参与政策监督的科学性。非遗产业数字化转型政策要有效实施并完成预期目标，政策主体应对政策工具、政策执行、政策效果进行全过程评估，并制定科学的监督制度。一方面，明晰各政策主体的权力边界。政府制定并引导政策落地，其内部层级之间、部门之间权责归属要先明确；企业、社会和行业组织、公众应有清晰的流程、渠道、方式参与政策监督。另一方面，优化完善政策施行问责制度。地方政府是政策制定和执行的关键主体，在监督考核指标制定上要尽量科学合理，如指标规范化精简化、避免硬性一票否决、保留容错纠错空间等，以避免地方政府形式主义、内卷空耗等趋向（王振艳、李佳蕊，2023）。

二、拓展非遗数字产业政策客体覆盖范围

一是培育非遗产品供给者数字化意识，保障政策客体理念协同。非遗产品供给者是非遗产业数字化转型政策的主要作用对象，需利用政策宣导在意识理念、行为方式上做到有机协同。首先，树立非遗产业数字化转型发展理念。引导非遗产品供给者充分认识数字技术和数字经济对于非遗产业的机遇和挑战，使其发展理念和资源与国家文化数字化战略导向相一致。其次，树立非遗数字产品创新理念。鼓励非遗产品供给者引入先进数字技术、融合多元数字业态，延展形成以非遗为核心的数字文创、直播电商、虚拟旅游、数字游戏等数字产业链条，以提升产品的数字附加值。最后，强化非遗产业数字化转型参与意识。加强非遗产品供给者在数字技术应用和数字产品生产销

售等方面的培训支持、税收优惠和知识产权保护，引导更多资金、技术、人才等社会资源参与非遗产业数字化转型过程。

二是培养非遗产业数字化转型专业人才，保障政策客体人才协同。具备非遗知识与数字技能的人才是重要人力资源，是非遗产业数字化转型的关键。一方面，发挥传承人在非遗产业数字化转型的主体作用。政府可以采用提供数字化培训机会、实践场所、资金补贴等方式，鼓励传承人提升自身数字素养和能力，同时做好数字技术储备和转化、数字平台建设、供求市场匹配等服务，并通过政策宣传和媒体报道树立传承人数字化转型标杆，促进传承人积极参与非遗产业数字化转型并发挥主体作用。另一方面，培育非遗数字产业高精尖人才。政府应在全社会营造重才爱才的良好营商环境，并在非遗数字创新创业活动项目审批、信贷发放、税费减免等方面予以政策优惠，鼓励非遗企业引进数字技术工程师、数字经济师、数字媒体专家、数字产品经纪人等高精尖人才（王振艳、李佳蕊，2023）。

三、优化非遗数字产业政策工具适配机制

政策工具是政府在部署和贯彻政策时拥有的实际方法和手段。豪利特和拉米什（2006）按照政府或公众参与程度的高低，将政策工具划分为强制性工具（包含行政管制、公共企业和直接提供）、自愿性工具（包含自愿性组织、社区与家庭、私人市场）和混合性工具（包含补贴、税收和使用者付费、产权拍卖、信息发布与劝诫）三类。

一要改善非遗数字产业的政策工具结构。我国在推进文化数字化战略方面使用强制性政策工具频次较高（闫慧，2022），可以参考发达国家和地区处理类似问题时使用政策工具的做法，增加非遗数字产业的政策工具多样性和灵活度。第一，加强自愿型政策工具的使用。在文化数字化政策自愿性工具使用上，我国提出产业创投基金引导社会资本、政产学研文化资源数据共建共享等，对非遗数字产业具有一定激励作用。可以进一步借鉴美国支持艺术产业、欧盟将中小企业引入文化遗产领域、澳大利亚政企合作打造文创综

合孵化平台、英国加大文创商业收入流等政策提法，将更多社会资源引向非遗数字产业领域。鉴于我国在自愿性组织、家庭和社区这两类工具使用频率上相对较少，可以参考英国、澳大利亚和美国的一些做法，如英国充分发挥大学、社区与私营企业在政策制定、创意转化、资金筹措等的作用；澳大利亚积极引入社会资本参与数字经济，为数字创新创业者提供合作平台，并注重维护原住民数字权利；美国通过各类基金会加强对社区艺术项目的资助。我国也应进一步加强非遗公共文化服务社会资源的共建共享，推动非遗数字产业的政产学研用协同合作。第二，丰富混合性工具的使用类型。在文化数字化政策混合性工具使用上，我国更强调"鼓励""推进""支持"等策略性措施，以及财政和金融支持等补贴、税收工具。一方面，可以在适当减少策略性措施使用的同时，加强针对性政策实施细则的制定，如设立文化遗产数字化公共基金、增加创意产业集群研发投入、推出非遗数字化专项计划等，为非遗数字文创、数字游戏、元宇宙等领域的创新创业提供经费支持，以提高文化数字化政策在非遗领域的可操作性。另一方面，适当规避强制禁止措施或刚性处罚手段，加强信息发布与劝诫等工具的应用。告诫劝导类的柔性工具有时更利于政策入耳入心，尤其是非遗数字创新创业者多数具有较强传统文化自豪感和认同感，可以多采用道德内化、训导劝诫、树立典范等行业规范方式，以增强政策工具的渗透度和持久性。

二要强化非遗数字产业的政策工具联动效应。政策工具的联动体现在产业链上下游的覆盖面和产业内部活动环节的配套性两个方面（张窈、储鹏，2021）。在延展产业链上下游的覆盖面上：一是加强对小微型非遗数字企业和工作室的资金扶持。针对非遗数字创新创业的小微主体，可以通过专项资金对其数字产品和服务供给提供创作奖补、项目融资、投资对接、文化交流等方面帮扶。二是增加非遗产业数字技术税收优惠政策的覆盖面。将人工智能、虚拟现实、增强现实等非遗产业数字化支撑技术及数控设备、智能可穿戴设备、智能机器人等非遗数字业态辅助硬件设备纳入税收优惠政策配套文件，以便低税率和研发费用加计扣除等税收优惠能及时覆盖开展数字技术迭代的非遗企业（胥力伟、丁芸，2021）。在提升产业内部活动环节的配套性上：

一是加强对非遗企业数字技术研发的财税支持。如对非遗企业进行数控设备改造、数字平台建设、信息系统研发等按投资额一定比例抵扣所得税。二是加强对非遗数字业态的税收优惠。针对非遗数字信息服务、非遗云展览和云演艺、非遗数字出版等新型业态，可以参照实体文化业态的税收优惠政策，如对电子门票和数字产品收入免征增值税等。三是协调非遗数字产业的经济效益和社会效益。鉴于非遗数字产业公共文化属性的特点，可以针对社会效益较强的非遗数字产品项目采用立项倾斜、专项资金、生产补贴、服务外包津贴等政策鼓励措施（张窈、储鹏，2021）。

三要加大非遗数字消费环节的政策扶持力度。我国"十四五"规划明确提出要增强消费和扩大内需。非遗数字消费方兴未艾，通过消费扶持实现市场扩容增量，也能更好反哺非遗数字产品的创作与生产。第一，细化非遗数字消费政策实施细则。目前出台的促进文旅消费和商务消费的政策文本中，《关于促进服务消费高质量发展的意见》《关于进一步激发文化和旅游消费潜力的意见》并未将非遗与数字消费关联起来，《关于实施数字消费提升行动的通知》虽明确提出培育非遗数字消费业态、激发非遗数字消费活力，但文本篇幅较少，且内容过于宽泛。应对比分析不同类型非遗产业的消费需求结构，出台《非遗数字产品消费指导意见》，培育非遗数字经济消费增长点，创新非遗数字消费场景。第二，加大非遗数字消费财税和金融支持。财税上可以通过降低非遗数字产品税负、落实个人所得税专项附加扣除等间接扩大非遗数字消费需求；金融上可以加大对非遗数字消费重点领域信贷支持力度、探索非遗数字消费群体的差异化金融产品供给等。第三，提升非遗数字产品和服务付费意愿。通过政策宣传、媒介舆论、公共活动等加大非遗数字版权保护的宣传力度，引导公众树立知识产权付费意识，并内化为消费行为。

第三节　人才培育：构建非遗数字产业人才体系

非遗产业数字化转型需要大量具备有目的运用信息技术能力（如游戏素

养、执行力、多任务处理、分布式认知能力、团体智力、信息识别、网络协商能力等）的业态新主体（王佑镁等，2013），这需要政府与民间、社会与学校在人力资本方面的持续投入。目前，非遗人才的培育涵盖三种形式：第一种是通过学校培育，其载体一般为各级学校或依托学校的研究机构；第二种为社会化培育，其载体比较多元，可以是企业、家庭，也可以是非遗传承人工作室、爱好者团体或非营利组织；第三种是联合培育，一般以校企联合培养的模式较为常见。

一、加强高等院校非遗数字化教育

2003 年联合国教科文组织《保护非物质文化遗产公约》明确提出教育是非遗传承的重要手段和机制。《"十四五"非物质文化遗产保护规划》也提出"加强高等院校非遗学科体系和专业建设，支持有条件的高校自主增设硕士点和博士点"，"推动高校与传承人开展科研合作、与代表性项目所在地开展交流协作"。高校作为社会文化高地和教育高地，能够在推动中华优秀传统文化传承上提供大量的学术和教学资源支持，是构建非遗传承体系的应然主体和实然主体（雷显峰，2021；张勃，2021）。高校开展非遗教育也具有自身的优势。[①] 一是高校在搭建非遗传承的各类组织平台上具有独特优势，是非遗技艺传承的天然场所（刘畅、严火其，2018）。二是高校可以通过学生社团和社会实践，实现创新创业教育与非遗传承的深度链接。三是高校尤其是高职院校在专业设置具有较强的地方特色和灵活性，可根据需要设置相关非遗专业。相较于企业，高校更熟悉教育规律，拥有稳定招生渠道、专业教育队伍和教学设施，有利于系统化和规模化培育非遗数字人才，同时可颁发毕业文凭，社会承认度高（孙丰蕊，2019；张姣姣、王剑，2020）。本节主

---

① 高校也存在非遗人才培养模式上缺乏与市场的有效对接、非遗传承的高要求和高校有限培养时间之间存在矛盾等劣势。见：李彤，柴亚晶．非遗传承语境下双创型艺术设计人才培养模式研究[J]．艺术工作，2019（6）：95-98。

要从课程、学科、学生社团、实践教学平台等方面对加强高等院校非遗数字化教育展开讨论。

（一）加强数字技术与非遗课程教学的融合

一方面，实现数字赋能，丰富课程资源。首先，开设非遗数字信息处理相关课程。非遗产业数字化转型的基石就是非遗信息资源的数字化，这为非遗高等教育的建构提供了一个基点。非遗信息资源数字化包括获取、护理、存储、使用等步骤，决定了非遗数字化的教学需涉及传媒工具、信息处理、数字经济等技术层面，相关的课程可以包括非遗数字目录与档案管理、非遗数据库构建、音视频编辑、数字文本编辑、数字图像编辑、非遗新媒体应用等，以便培养能切实服务非遗产业数字化的专业人才，并提升保护利用手段的可靠性和科技含量（杜莉莉，2016）。其次，构建线上线下融合的非遗课程教学供给体系。通过创建高校非遗大师工作室和校外实训基地，引入 AR 虚拟仿真、智能交互等设备，丰富非遗技艺教学硬件设施，同时加快建设非遗课程实践数字平台，借助数字软硬件联动非遗线上线下课程教学资源。最后，拓展非遗课程数字化教学资源。通过建设非遗课程配套数字教材、视频、动画等教学资源，以及非遗智慧云课堂、非遗课程资料数据库等平台，提升课堂数字化和信息化水平（李舒妤，2023）。例如，华中师范大学国家文化产业研究中心借助文化数字化实验室对撒叶儿嗬传承人进行三维动作的捕捉、录制，制作成"撒叶儿嗬"动画，发布"土家撒叶儿嗬动漫教材互动版"，并开发《土家撒叶儿嗬交互展示平台》，极大丰富了撒叶儿嗬教学和传播资源。

另一方面，加强交互式学习设计，增强教学环境真实性。传统课堂场景和教学设计，对非遗专业学习来说，存在一定程度上的环境失真，学生难以深度融入课程，理论知识学习和转化效果不理想，而多样化的媒介技术和平台能够丰富课堂的学习形式，提升非遗专业学习的主动性，也能增加学生对非遗数字媒介应用的直观感知。例如，视频直播作为容易被年轻学生接受的课堂体验形式，就被厦门工学院尝试融入课堂教学，这也可以为开设非遗专业的高校所借鉴。厦门工学院在"广告学概论"教学中，借助本校运营的"新鲜制造局"视频号，在课堂上开展作业直播并同步线上点评，通过真实的跨时空场域互动创新了课堂呈现形式，吸引了不少师生观看并参与互动（樊丁，2023）。

（二）加强数字人文与非遗学科建设的融合

一方面，开设非遗数字化相关专业。2021年"非物质文化遗产保护"正式列入普通高等学校本科专业目录，标志着非遗已渗入普通高校本科教育。2021年4月，国务院学位办同意符合条件的学位授予单位设置非遗学科或方向，培养非遗保护传承和创新利用的高层次人才。全国设置非遗保护本科专业的大学有西安音乐学院、兰州文理学院等。我国高校的非遗专业或方向多立足于自身优势学科开设，原有学科特征或痕迹明显。基于非遗交叉学科创新型、复合型、应用型等特点，真正能进行跨学科培养的高校较少（王福州，2021）。高校服务地方非遗产业数字化转型，最直接的途径就是人才培育上的支持，也即实现地方非遗资源和产业与高校学科专业的有机对接。具体而言，既可以针对地方非遗产业需求开设非遗数字化相关专业，如非遗数字档案、非遗数字传媒等专业，系统化培育非遗数字化人才；也可以只在非遗专业开设数字化方面课程，提升学生利用数字工具和技能解决非遗数字化创新发展问题的能力（刘文良、张午言，2022）。

另一方面，深入开展文化遗产学科与数字人文学科协同共建。复旦大学、山东大学、华东师大、云南大学等十余所高校在民俗学、考古学、文物与博物专业底下设置了非遗相关研究方向，2022年1月上海大学整合校内文化遗产保护、考古、图书档案等院系力量成立文化遗产与信息管理学院，天津大学从2022年开始培养首批非遗学交叉学科硕士研究生。新文科背景下文理学科的交叉融合是大势所趋，各高校可以结合自身学科建设情况，探讨数字技术应用和非遗保护利用的协同创新空间，如相关院系共建项目团队和应用平台、互设研究方向等，并逐步过渡到跨学科联合人才培养（胡娟、柯平，2023）。在非遗交叉学科建设过程中，高校应积极联合传承人参与制订非遗人才培养计划、讲授非遗专业课程、共建非遗数字产品创新实践场所等，使传承人的实践方式、行为和经历内化为非遗学科的知识体系和理论话语，创建一种切合非遗实践并区别于民俗学等学科的新学科建设范式（万建中，2022）。

（三）利用学生社团培育非遗数字创新创业能力

首先，鼓励非遗学生社团注册成立文化企业或模拟市场运作形式，整合校内外创新创业资源，拓展学生社团服务地方非遗数字服务市场的路径。例如，山东政法学院"'耳畔乡音'——民俗遗产保护计划"数字非遗文化创意团队，在团队组织和运营架构上聘请专业市场人士与校内老师进行联合指导，立足非遗的数字化采录和新媒体传播，在文创产品开发、数字档案库建设、产品营销方案策划等方面形成了较为成熟的非遗数字化传承模式，保护与推广了王皮戏、花棍鼓舞、五音戏等多个非遗项目。

其次，利用高校学科专业多样化、人力资源基数大等特点，组建跨学科非遗数字创新创业团队，通过合理搭配团队成员构建技术创新和管理运营优势。例如，苏州市职业大学数字非遗文化科创团队，以虚拟现实应用技术专业学生为主体，与其他各学科专业交叉融合，致力于打破非遗文化传播的壁垒，利用数字化技术对非遗文化进行传承和保护利用。

最后，提升学生社团非遗数字创新创业技能，帮助大学生快速消化兴趣爱好和所学知识，促进学生数字创新创业的市场转化，为传统非遗技能注入新的活力创新点。如山东工艺美术学院和山东省非遗传承人群研修研习培训基地围绕非遗数字化创业，开展"非遗蓝印花布数字化创新创业训练营"系列活动，帮助大学生了解非遗传统工艺，增强创新创业能力，共同助力蓝印花布传统工艺走进现代生活。

（四）搭建非遗实践教学数字平台

首先，按照数字教学资源特点和信息化教学改革需要，以高校为主体建设各类非遗实践教学数据库，实现政产学研用多方知识和技术共建共享。例如，由苏州工艺美术职业技术学院与国内外院校、企业、工艺美术大师（非遗传承人）及其工作室联合建设的"百工录：中国工艺美术非遗传承与创新"资源库（简称"百工录"），为师生、传承人及其他社会主体提供了传统工艺美术知识共享空间。百工录主要包括资源平台、学习支持平台和服务平台三个部分。资源平台提供文本、音视频、动画等各类教学素材，学习支持平台为自主学习提供线上交流和辅导、学习统计和评估、资料管理和检索等功能，服务平台则供使用人员进行界面登录和权限分配等。

其次，针对高校非遗传承实践现状和困境，协同"数字技术＋教学信息管理＋非遗资源"，以传承人工作室、研培基地、研究中心与推广中心为抓手，加强非遗、艺术、数字技术等专业与非遗资源和产业的对接，创设多样化非遗创新实践教学数字平台（李国兵，2021）。一是基于数字孪生、同步建模、增强现实等技术，以模拟现实非遗传承体验或产品生产场景为主打造线上非遗智能实践教学平台。二是基于数控生产、产品图谱、辅助设计等技术，以资源共享和产教融合为主打造线上线下融合非遗实践教学平台。三是基于线上音视频教学资源、体验课程包、智能交互等技术，以工学交替和同步实验为主打造线下非遗实践教学平台（黄音等，2021）。目前，线上线下融合的非遗实践教学平台较为常见，如苏州工艺美术职业技术学院整合校内专业教学资源进行传统工艺数字采集和建档，建立"爱手艺"和"智库计划"平台，并与传承人、贵州传统工艺工作站、当地农户等合作，推进传统工艺数字资源的创新和孵化（杨佩璋、向师师，2020）。

二、政产学传联合培育非遗数字化人才

中办、国办印发的《关于进一步加强非物质文化遗产保护工作的意见》，中宣部、文化和旅游部、财政部联合印发的《非物质文化遗产传承发展工程实施方案》，文化和旅游部印发的《"十四五"非物质文化遗产保护规划》，都明确要拓宽人才培养渠道，推动传统传承方式和现代教育体系相结合，创新传承人培养方式。强化政产学传联合，是推进非遗数字化人才培育重要路径。

（一）政产学传共建非遗数字人才培养体系

首先，加强非遗数字人才培养顶层设计。一是在制度上推进非遗传承人技术职称与高校职称职位互认，打通非遗高技能人才与专业技术人才的双向评价贯通通道。同时，全面优化评价标准评价方式，建立非遗高技能人才职称评审绿色通道，充分体现非遗人才发展特点，重点考察人才的职业道德、传承能力、工作业绩，对非遗高技能领军人才申报职称予以适当倾斜。二是在双创时代背景下引导高校、企业、传承人做好非遗项目与高校创新创业项目的对接，切实消除非遗知识、传承环境的障碍与壁垒，为实现政产学传共同推进文化传承和培养非遗潜在传承人营造良好传承环境，为创新创业孵化提供知识储备（谢菲、韦世艺，2022）。

其次，拓展政产学传非遗数字人才培养模式。第一，组织非遗数字人才专项培训班或研修班。政府牵头依托高校、企业以短期培训的形式，组织传承人和创业者加强非遗数字知识技能学习，提升人力资源服务地方非遗数字产业发展的能力。第二，加强非遗数字创新创业团队专项扶持。在政策出台、项目审批、资金筹措、职称评审、人才认定等方面对团队进行专项扶持，引导团队创办的数字工作室、创业工坊等与规模企业加强人才互送共享和联合培养。第三，聚焦非遗数字化细分门类或专业深度融合培养。如针对非遗数字文创、非遗新媒体应用等打造政产学传联合培养模式，强调人才培养形式的开放性和多元性，对接非遗数字产业需求，培养学生创新素质、技能素养，特别是解决非遗数字化传承和产业发展问题的能力。第四，共建数字产业学院或数字创新中心。非遗数字学院或中心兼具职业教育、产品研发、成果转化、师资培养和社会服务等复合功能，可以充分利用区域文化产业发展和非遗资源聚合的优势。目前国内多地已开始这方面的实践探索，如苏州市职业大学与苏州秀生活文化传播有限公司、苏州电子商务协会、喜马拉雅等共同发起成立苏州市数字非遗文化产业学院，同济大学设计创意学院、上海刺绣标布非遗传承人及其机构与阿斯顿·马丁共建阿斯顿·马丁拉共达 NICE2035 创新中心等。

（二）基于产教融合共同培养非遗数字人才

与高校培养模式相比，企业学徒制培养非遗人才存在一定不足。一是企业偏重非遗技能的实操，缺乏非遗知识的系统性学习，对学徒综合素质的提升较为有限。二是企业的学徒制培养未能像高校一样获取毕业资格凭证，在社会认可度、就业面和吸引力上较弱。基于产教融合，通过发挥院校理论研究和完整人才培养体系的特点，结合企业在技术应用方面的优势，实现校企合作共赢。首先，联合制定非遗数字人才培养方案。通过校企共商非遗数字人才培养方案，非遗企业为学校教学培养把控方向，并提供顶岗实习的就业机会，实现市场需求无缝对接（张姣姣、王剑，2020）。其次，实现高等院校与非遗企业师资共享。一方面，高校可通过共组非遗数字创新创业实践团队、共建非遗数字工坊或工作室等，选聘企业高技能人才成为学生技术导师或创业顾问。另一方面，企业可以聘请高校数字技术专业教师或研发团队对员工开展培训，同时提供高校教师参与企业非遗数字产品开发的机会，将系统理论知识用于解决非遗实际问题。最后，鼓励校企以项目制开展数字人才合作。通过短期数字课程培训、企业数字产品研发与推广等形式，提升非遗人才在短视频拍摄制作、商业 IP 打造、直播带货、互联网运营等领域的能力。例如，北京快手科技有限公司与苏州工艺美术职业学院联合开展的"快手–苏工美非遗培训计划"，覆盖从非遗技艺培训到非遗产品创新创作，再到电商销售全链条，为传承人提供系统的短视频拍摄、社交电商等技巧，发挥短视频在非遗传播上的优势，探索互联网全方位赋能非遗的特色形式。

（三）借力企业提升非遗传承人数字化能力

作为生产组织的企业，在非遗数字人才培养上较之学校和个体传承人，具有培养规模和时间灵活、紧跟社会发展需求、师资队伍专业性强等优势。可以采用政府购买服务等形式，充分借助各类组织的科技力量和平台优势，对非遗传承人进行新媒体认知、电商运营、数字品牌营销等方面的培训。如快手发起"快手非遗带头人计划"，成立"快手非遗学院"，利用直播课程帮助传承人提升专业和互联网技能、拓展文化视野和品牌建设能力等；腾讯社会研究中心与腾讯微信联合举办"数字时代的非遗"——微信·非遗传承人数字技能专题培训，围绕微信开店、非遗直播带货、微信视频号和小程序运营等授课解惑，助力2022年"非遗购物节"开展。

第四节　载体建设：打造非遗数字产业平台

平台具有典型的中介属性，为供给、消费、金融和技术等主体提供了信息、资金、产品和服务的流动和交互空间，推动产业组织关系从线性竞争到生态共赢转变（李永红、黄瑞，2019）。随着数字技术的集成运用，以数字平台为主导的发展模式成为文化产业发展的重中之重。数字平台具有突破时空限制、功能综合齐全、准入门槛较低、沟通方便快捷等多方面优势，可以成为非遗产业数字化转型的重要载体。在数字经济时代，以平台为基础开展的各式各样的文化生产与服务，在生产者与消费者之间搭建桥梁，促进了网络化、定制化、体验性、智能化、互动型等消费形态的产生，不仅加速生产与消费有机对接，也使得文化产品供给更具针对性。本节主要从新基建赋能、指导标准制定、资源整合、服务效能提升等方面对非遗数字产业平台建设进行探讨。

一、推动新基建赋能非遗数字产业平台

新型基础设施是在新发展理念引领下通过信息网络技术创新提供数字转型、智能升级、融合创新等服务的基础设施体系，包括以5G、物联网、工业互联网、卫星互联网为代表的通信网络基础设施，以云计算、区块链、人工智能等为代表的新技术基础设施，以数据中心、智能计算中心为代表的算力基础设施等。新基建在重塑文化产业发展理念、夯实文化产业技术支撑、催生新型文化产业形态、推动文化产业能效升级等方面具有重要作用（田野，

2021；黄韫慧、刘玉杰和陈璐，2023）。

第一，利用新基建优化非遗数字产业平台功能。新基建不仅是新业态和新技术的重要组成部分，同时也为非遗数字产业平台建设提供了坚实技术支撑。可以利用新基建优化平台功能，如利用大数据开展非遗公共文化服务和非遗数字产品精准推介，利用信息管理系统和工业互联网整合非遗产业链资源、提升非遗数字产品创新效率等。例如，上海通过推动大世界、中华艺术宫等非遗文化展馆数字新基建建设，利用政务信息系统推进非遗与文旅、音乐、美术等领域的跨界融合，既拓展了非遗智能互联的落地场景，也提升了非遗公共文化服务的范围和效率。

第二，利用新基建催生新型非遗数字产业平台业态。一方面，加强非遗数字产业平台业态创新主体培育。及时为非遗平台型企业提供技术迭代和行业创新动态，同时加强对初创型和高潜力型非遗平台型企业在政策、资源方面的帮扶，引导它们进入短视频、直播、新文创、人工智能生成等新基建赛道。另一方面，推进非遗数字产业平台资源挖掘和利用。利用平台大数据和算力算法对非遗数字业态需求进行跟踪和分析，在此基础上运用新基建新技术进行非遗资源的数据采集和基因库构建、云信息计算和存储、衍生品设计和转化，重点发展独具本地特点的非遗数字业态（郝挺雷、李有文，2021）。

第三，利用新基建拓展非遗数字产业平台应用空间。一方面，利用新基建为广大非遗中小企业和创新创业群体带来商机。新基建与新经济企业相伴相生，具有更大的商业模式创新空间，同时新基建带来的设施更新和技术便利在某种程度上降低了创新创业的门槛，提供大量的非遗数字创新创业机会。另一方面，利用新基建拓展非遗数字业态落地场景。随着基于新基建的直播电商、云展览云演艺、沉浸体验等新业态的兴起，越来越多传承人走到镜头前，利用短视频和直播来展示非遗文化、销售非遗产品、传承非遗技艺，受到了网友的关注与欢迎。元宇宙时代下，非遗传承渠道的数字化和科技化趋势日趋明显，基于区块链和大数据的非遗数字藏品、基于 VR 和 AR 的非遗网络体感游戏等新兴消费场景正崭露头角。

二、制定非遗数字产业平台指导标准

非遗数字产业平台应立足已有的公共数字文化服务平台，以节省平台建设成本，同时也能有效利用成熟平台的影响力。公共数字文化服务平台是政府机构整合文化场馆、资讯、产品、服务等方面数字信息并统一提供给公众的集中空间，如各类以提供公共文化服务为主旨的网站、电子地图、应用程序等。目前，已有部分地区开始建设专门的非遗公共数字文化服务平台，如甘肃省文旅厅与腾讯云联合建设的"甘肃非物质文化遗产大数据平台"，整合了省内非遗数据建设数字档案，并通过官网、小程序和 App 多个入口进行展示；北京市东城区非遗保护中心组织搭建的"非遗101"平台，具备非遗资源展示、数字全景呈现、模拟交互体验、活动信息发布、非遗产业联动等功能。比较常见的还是将非遗资源展示和产品业态融入综合性公共数字文化服务平台，以平台内子栏目、版块或资讯链接的形式进行展示和互动，通过地区公共数字文化资源的共享和联通间接带动非遗数字消费和非遗数字产业升级。

鉴于目前各地非遗平台建设分散在不同部门，缺乏有效统筹，呈现"九龙治水"的现状，国家应该制定非遗数字产业平台指导标准，以加强对不同地区非遗数字产业平台的统一规范管理，促进非遗数字产业平台的标准化建设，提高非遗数字产业平台的整体传播影响力。具体来说，指导标准的制定应考虑如下三点：一要加强整体统筹。基于各地非遗资源禀赋和非遗数字消费市场需求，结合已有非遗数字工程建设情况，确认平台的目标群体、建设阶段和功能定位。二要以群众消费需求为导向。充分考虑不同地区基层群众的非遗产品消费需求，避免非遗数字产品供给与需求脱节的现象发生。三要考虑区域现实差异。制定普适性和特殊性结合的非遗数字产业平台标准化体系，并积极推动政策落地落实（刘佳静、郑建明，2021）。

三、加强非遗数字产业平台资源整合

非遗数字产业平台资源整合既包括非遗公共数字文化服务体系内部资源，也涉及文创、旅游、数字经济等外部相关产业资源，在整合过程中需通过对现有资源的有效对接和融合，使平台建设效益、资源建设效率和服务质量水平得到保证和提高。

第一，加强非遗数字产业平台的内部整合。由于目前我国采取"国家""省""市""县"4级非遗保护体系，各级各类非遗数字资源平台、业务平台、应用平台众多，存在平台内容雷同、功能重叠、资源浪费等问题。一方面，要加强非遗数字产业平台的存量整合。基层文化机构和中小企业建设的非遗数字产业平台一般规模较小、影响力有限，应加强与上层文化机构或大型企业的共建共享，政府机构平台可以统筹到省级层面，企业平台可以由区域行业组织进行整合，以减少平台建设的人财物耗费，也能扩大平台整体影响力。另一方面，要加强非遗数字产业平台的流量整合。平台各主体可在资源获取、上传、维护等方面开展联合建设，按协议定期向平台上传数据资源，以及加强数据爬取技术交流、共享数据收益分配、共建数据专家人才库等，实现非遗数字产业平台的动态整合和维护。

第二，加强非遗数字产业平台的外部整合。除了在文化领域进行平台整合外，还可以跨界开展资源展示、产品服务、应用界面、建设主体等方面整合，以在更大范围提升平台服务非遗产业数字化转型效能。具体可从以下几点入手：一是资源展示整合。平台在非遗资源之外，可以融入文旅、动漫、游戏、娱乐、电商等其他领域资源，使非遗数字资源的展示和传播形式更为多样化。二是产品服务整合。平台可以基于新融合的外部资源创新非遗数字产品和服务形式，拓展新的非遗数字消费空间。如与本地旅游景区景点和文创产业融合，推出非遗数字藏品、数字文创产品和虚拟旅游等；与出版机构、图书馆、书店融合，开展数字阅读、在线剧本杀等；与电商平台和社交媒体融合，推出非遗直播带货、非遗微短剧等。三是应用界面整合。平台可以对

应用界面加强优化，在栏目版块、功能服务、资讯链接等层面设置直接展示融合成果的窗口或入口，以提升平台使用的便利性，更好对接受众数字文化生活和消费需求。例如，中国非遗保护协会委托中数集团搭建的"非遗人之家"网络服务平台，就通过非遗优品、非遗旗舰店、非遗市集等版块对非遗产品进行介绍，并可以点击链接跳转到淘宝、京东等电商平台进行购买。四是建设主体整合。可以借鉴 PPP 模式中的 BOO（building-owning-operation，建设－拥有－经营）运作模式，推动社会资本参与非遗数字产业平台的建设。例如，株洲市文体广新局就通过招标、授权等形式，委托湖南韵动公司建设运营"韵动株洲"平台，政府通过服务购买的形式承担一部分成本，并拥有运营监督和绩效审核的权利，韵动公司则履行建设运营并定期报告的职责，并拥有平台知识产权相关权利（唐义、徐薇，2020）。

四、提升非遗数字产业平台服务效能

第一，勾画用户画像，为平台用户提供精准非遗数字文化服务。非遗数字产业平台除了通过注册信息了解用户，还应开发出更具人性化和智能化的搜索引擎，以便通过信息搜索行为挖掘用户需求及潜在偏好。此外，平台还可以设置交流模块或功能，通过即时沟通、社区讨论、用户留言等形式获取用户动态性信息，如对非遗数字产品的使用心得、改进建议等。在上述用户信息搜集和整理基础上，可以借助算法和模型等对用户数据进行模块化或标签化分析，在精准勾画非遗数字用户画像基础上提供更具时效性和针对性的平台服务。

第二，利用云计算、大数据和人工智能等手段，提升平台服务能力。非遗数字产业平台可以基于不同的技术进行创新。一是利用云计算和搜索引擎服务，拓展非遗数字产品和服务的覆盖面，并通过精准推介提升非遗数字传播效率。二是利用算法模型、数据库和机器学习技术，加强平台搜索、整理和转化非遗数字信息的能力，提升非遗知识聚合的深度和广度（朱莉，2023）。三是基于人工智能技术，推动平台信息管理、产品设计和功能界面等系统的智慧化。例如，在平台引入人工智能辅助非遗创作，靳聪等（2023）以陕西凤翔戏出年画与天津杨柳青年画为例，借助 ChatGPT 和 Lumen5 模型，构建了动态非遗年画生成系统，可以对一些耳熟能详的中国民间故事进行全新演绎。四是基于大数据技术，构建非遗数字信息的获取和应用生态体系，加强大数据对非遗数字产业的支撑。如将基于互联网的地理信息系统（Web Geographic Information System，WebGIS）技术融入非遗数字产业平台，构建一个集定量、定性与定位于一体的多元化服务形态和设计框架，提供非遗地图浏览、跨地域非遗知识共享、跨行业非遗知识服务创新等功能（周鼎、李芳，2022）。综上所述，利用数字技术对非遗数字产业平台进行全方位和全链条的改造，目的是推动平台服务走向网络化和智能化（嵇婷、耿健，2020），提升平台服务非遗产业数字化转型的效率。例如，上海"公共文化产品线上文采会"平台通过线上传统工艺品直播展示、非遗故事讲述及云交易场景塑造，将海派非遗融入沉浸式文创和旅游体验活动，实现海派非遗数字传播和数字消费场景的融合创新。

第三，加强非遗数字产业平台与文创设计产业的对接。鉴于目前我国文创设计产业仍存在供求信息不对称、产品特色不鲜明、产业链条不成熟等问题，可以有针对性发挥非遗数字产业平台在匹配对接、共建共享等方面的作用，有效解决文创设计产业的难点和痛点。一方面可将非遗文创设计素材、文创设计机构和人才、文创设计赛事等信息纳入平台基础数据库，并提供文创设计的创意辅助、基础审核、专家评审等功能或服务；另一方面发挥平台在供求、资金、项目等方面的中介作用，引导社会资本和产业资源进入非遗文创设计领域（邢江浩、王华年和吴志军，2019）。

第四，针对不同的非遗数字产业平台展示终端，升级用户体验。针对非遗 App 终端用户，一要加快平台 App 技术迭代，通过缩小内存、优化功能等措施降低用户的使用成本；二要提升平台 App 的适配性，通过系统兼容、账号统筹、服务打通等形式便于用户登录和使用各类设备；三要注意平台 App 定期更新，保持平台页面、功能和操作逻辑的完备性。针对非遗小程序终端用户，一要加强技术维护，避免出现无法登录、加载缓慢、版本冲突等问题；

二要丰富自身内容，尽可能拓展微信生态下的多样化服务项目和激励措施，如微信红包、朋友圈转发奖励、点赞兑换、外部跳转链接等。针对非遗网页终端用户，一要降低网页对浏览器和网络环境的依赖，注意平台网页页面显示和功能操作的兼容性和统一性；二要做好平台的功能设置和优化，提高平台的网络数据接收、发送和处理速度，优化平台与网页终端设备的智能交互（贾宇婷、吴丹，2023）。

第五节　专业服务：提高非遗数字产业转型效率

商业模式运营、数字经纪、文化众筹等服务创新能够为更多非遗传承人和创业群体提供商业和管理教育、产业和品牌资源等，激发非遗数字产业的市场主体创业活力和创意主体创新潜力，进而提高非遗产业数字化转型效率。

一、提供非遗数字产业运营和管理服务

非遗数字产业的运营和管理服务涉及信息资源供给、商务机会创造、新媒体运营、数字商业经纪、数字版权运营等方面，需要政府、企业、社会组织、传承人、教育机构等多主体协同提供。

首先，聚集非遗产业、理论研究、文化传播等资源，梳理出适宜与数字产业对接的非遗资源清单。在非遗数字产品和服务的开发中，各地政府、文化和旅游部门应争取文化学者和非遗保护工作者的参与和配合，有意识地整合已有的非遗产业资源及传承人档案信息，建立大数据支撑下的非遗数字产业资源目录数据库。

其次，政府牵头制定非遗专项扶持计划，创造产学研用交互和对接机会，推动非遗产品设计创新和生产方式数字化转型。例如，苏州市吴中区"双百伙伴计划"联合知名文创企业、非遗手艺人协会、高校院所和博物馆等平台，助力100名非遗匠人结对100家文创企业和制造业企业，将"藏品"

"展品"活化为"产品""商品",塑造"苏作 IP + 文创数字化"新格局。①

再次,协同政产学研用各主体,通过短期培训、训练营等形式,提升非遗传承人数字商业运营能力。例如,针对元宇宙给非遗产业带来的发展机遇,光明网、北京市西城区文旅局、北京市西城区文保中心联合主办了"西城非遗元宇宙实战训练营",包含"读懂非遗生意经·非遗之城白泽智库""传承人的店·西城非遗全民电商""厂甸云庙会·非遗胡同文创周""传承人携手铸就顶级非遗数字藏品"等版块,探索助推"非遗元宇宙"生态长足发展的新模式②;快手通过幸福乡村带头人计划发掘乡村非遗传承人,为其提供商业和管理教育、产业和品牌资源等。③

最后,利用已有的众包、众创、创客等平台,以非遗数字文创项目的形式,推进"创意—项目—产品"的流程转化。例如,陕西省数字文化创新平台利用 CG、AI、AE④ 等数字技术为不同市场主体提供传承人商业化经纪服务;"苏作天工·非遗数字实验室"以吴文化博物馆为载体,聚力打造非遗 IP 授权平台、设计师服务平台,携手苏作手艺人探索非遗元素提取、IP 开发及二次创作之路,研发适合数字化生产和小批量定制的特色文创产品。

二、加强非遗数字产业投融资服务

在市场经济体制的混合场域中,针对非遗文化资本的投融资产品与服务是非遗数字产业生态体系中不容忽视的赋能要素,有利于促进非遗数字资源与旅游项目、商业街区、文创产品、影视综艺、动漫游戏等产业融合发展。

第一,创新非遗产业股权交易模式。随着非遗产业在高科技化、互联网

---

① 新华网."苏作天工·非遗数字实验室"揭牌 [EB/OL]. (2022 – 11 – 17) [2024 – 05 – 07] https://m. gmw. cn/baijia/2022 – 11/17/36166168. html.

② 非遗发布. 西城非遗元宇宙实战训练营,助力传承人拥抱数字时代 [EB/OL]. (2022 – 08 – 30) [2024 – 05 – 07]. https://topics. gmw. cn/2022 – 08/30/content_35987573. htm.

③ 新华网. 让传统文化活起来 快手发布"非遗带头人计划"[EB/OL]. (2019 – 03 – 27) [2024 – 05 – 07] https://baijiahao. baidu. com/s? id = 1629170729019056323&wfr = spider&for = pc.

④ Adobe After Effects, Adobe 公司推出的一款图形视频处理软件。

化、标准工业化、品牌化等方面的迅猛发展，非遗数字领域的龙头企业不断出现，如匠人手作电商平台"东家"、非遗文企"石雀故事"等，客观促进了非遗企业股权投资需求。因此，以投资价值梯度规律为基础，创新非遗企业股权交易模式，可以为各类基金介入非遗产业提供更多可选择的通道，具体形式包括股改、并购或上市非遗企业定增等。例如，深圳文交所"非遗专板"于2016年上线并正式启动非遗产业股权交易，下设传承人、体验、文创、行业、原创、公益保护、"一带一路"、互联网、服务、红木十大板块专区，通过线上产权交易、现货交易、众筹融资等形式为非遗产业提供金融服务和孵化支持（闵晓蕾、季铁，2023）。

第二，充分利用基于网络平台的众筹、大数据金融、微信金融等新型金融业务模式，为非遗传承人和创业群体提供更便捷、更智慧、更具针对性的金融服务。例如，淘宝网于2016年1月上线"春节非遗众筹"项目，包括贴窗花、贴年画、蒸饽饽、纳鞋底、吉祥抱枕五个创意众筹项目，其中一幅卡通形象的宫廷帝后像年画半天筹款达成率就超过150%（廖璇，2016）；京东众筹通过互联网众筹非遗产品入口，为非遗匠人与热爱非遗文化的大众提供产品市场化所需的资金、设计、运营等综合性服务，有力推动了龙泉宝剑、荣昌陶、大漆葫芦等拓展市场。

第三，加强非遗数据知识产权的质押融资。许多非遗企业尤其是"老字号"企业拥有多年的销售积累，可以利用其设计、生产、销售数据等商业数据注册为数据知识产权，进行知识产权质押融资。浙江省已在全国范围内率先出台《浙江省数据知识产权登记办法（试行）》，推进数据知识产权制度改革，为企业提供专业的指导和支持。非遗草编帽制造企业浙江舜浦工艺美术品公司就以数据资产作为质押物获得了5000万元的银行授信，展现了数据作为一种新型无形资产在非遗企业融资服务体系中的价值。

第九章

非遗产业数字化转型风险及应对

本章分析了非遗产业数字化转型可能面临的文化缺失、数字版权侵权盗版、数字信息安全等风险，并提出应对措施。

第一节　非遗文化缺失及其应对

一、非遗文化缺失的风险

（一）非遗传承人话语权缺失

其一，市场逻辑下技术和资本的力量在非遗产业化进程中占据优势地位。首先，资本介入导致非遗数字化商业运营呈现马太效应。资本逐利的性质使其更青睐于具有流量变现价值的非遗项目和传承人，各类 MCN 机构或企业愿意投入资源为其进行专业包装、运营和推广，使其得到更好的孵化进而提升个人或项目影响力，而其他边缘化的传承人和项目则愈加处于弱势地位，甚至湮没于发展进程之中（袁梦倩，2021）。其次，传承人的网络产能转化困境可能削弱其话语权。以传统技艺传承人的电商尝试为例，一方面非遗工艺品、非遗食品等多数具有较强的区域性，传承人难以承担大量的资源进行广告宣传，在与电商平台或品牌孵化机构对话中处于劣势；另一方面直播等带货方式准入门槛虽低，但投入产出存在较强的不确定性，且对主播的专业带货能力要求较高，这对传承人而言在角色转换上面临较大挑战（郭永平、贾璐璐，2023）。最后，市场逻辑下的信息和能力不对称使销售或推广主体掌控更大话语权。如非遗直播电商就需要对带货话术和受众心理具有较强的认知和把控，但并非所有传承人对消费市场和消费心理逻辑都有完全认知，在很多非遗直播情境下带货者或销售者是职业主播或传承人的子女徒弟，传承人自身则沦为直播背书者或边缘人（梁莉莉、布瑞丰，2022）。

其二，非遗传承人多为"数字弱势群体"。首先，传承人的年龄劣势明显。文化和旅游部公布的第五批国家级非物质文化遗产代表性项目代表性传承人名单显示，传承人年龄整体偏大，平均年龄为 63.29 岁，其中 80 岁以上的占 9.8%，40 岁以下的仅占 0.64%。虽然近年来涌现出一批新潮传承人、非遗创二代，但多数年长传承人囿于年龄偏大带来的时间精力和数字能力有限，再加上部分传承人对数字技术和工具或有抵触情绪，或投入学习不够，作为"数字落后者"在非遗数字化进程中更是被不断推向边缘。其次，传承人的数字场景适应需要时间。以非遗直播为例，传统线下非遗技艺演示或展演中传承人的主体地位不言而喻，而线上直播的时空场景、互动方式、受众群体等要素均与线下不同，部分传承人数字工具应用不熟练、直播技巧欠缺或临场反应不足，使其在镜头前产生不自在或回避感，在某种程度上消解了传统非遗保护实践中传承人的中心地位。同理，技术带来的传承人主体性消解风险在其他非遗产业数字化实践中也时有出现，甚至更加明显。

（二）非遗信息原真性和整体性不足

首先，非遗信息数据的存储特点容易导致信息失真。与庞大的非遗资源相对应，非遗信息本身呈现数据类别多、数据存量大、数据维护和印证难度大、数据真实性和存储时限要求高等特点（梁莉莉、布瑞丰，2022）。其次，以符号为中介的非遗数字信息传播过程中可能出现信息失真。非遗信息在传播过程中呈现"信源 – 信息 – 信宿"典型特征。从编码者视角看，非遗信息传播是编码者有意识对非遗文化元素和符号语言进行加工重构并使其具象化为可理解的信息的过程（王蒙、黄本亮和 Chen Qing，2021）。从解码者视角看，受众出于年龄性别、见识阅历、教育背景、民族宗教等原因在接收信息中会导致二次认知偏差。最后，部分非遗数字信息受特定封闭空间限制无法实现有效传播。例如，线下非遗场馆在运用数字技术或设备展示非遗资源和项目时，就会受到固定的场馆空间限制，无法获得与非遗原生文化空间同样的真实体验和即时互动（高旸、陈鹏，2020）。

（三）市场逻辑主导下的非遗异化

一方面，市场追求流量变现的目标和网红经济的马太效应使非遗潜藏着过度商业化的隐忧，在某种程度上不断消解着非遗的文化属性。商业化的指向夸大了非遗的经济效用，使消费语境中的数字化非遗与生活场景中的非遗具有较大差异（解梦伟、侯小锋，2021）。段卉和方毅华（2021）也指出在宜兴紫砂陶产品变现和去圈层化传播过程中，产品创作者群体的日渐庞大导致紫砂工艺话语权泛化，部分年轻创作者加速变现的心态导致初级消费市场充斥大量低价劣质紫砂产品，可能会造成紫砂工艺评价标准的扭曲，甚至可能引发市场供求关系和生产关系的深层变化。此外，非遗产品数字营销中市场优先的算法机制强化了非遗异化过程，使得具备较高文化价值但不易变现的非遗项目更加边缘化，失去从消费市场获得经济反哺的发展机遇。

另一方面，非遗非专业生产可能对非遗拥有者造成负向反馈，影响他们对非遗的认知和传承。"流量为王"时代下非遗的传播和再生产，成为部分网红吸粉增流的工具和二次传播噱头的手段，如网络上部分粗制滥造的非遗短视频充斥张冠李戴、随意复刻、插科打诨的现象，不仅起不到传播和活化非遗的作用，反而造成了非遗知识内涵和文化情感的消解（郭永平、贾璐璐，2023）。像某网红就曾对黄梅戏《女驸马》进行"魔改"，轻佻媚俗的着装、矫揉造作的肢体语言和不伦不类的唱腔引起了大量网友的质疑和反感。对非遗拥有者而言，异文化群体生产的非遗数字产品虽然良莠不齐，甚至粗制滥造，但却有可能收获大量的流量、人气甚至商业利益，这种行为向非遗拥有者传递的信息会直接刺激他们的文化认知，进而影响他们的文化传承行为。这种相互影响构成"行为—认知—行为"闭环，如正反馈则双方皆受益，如负反馈，部分个体、传承人或企业可能获得短期经济利益，但从长期看则皆受损。

（四）非遗传播中的信息茧房现象

桑斯坦在《信息乌托邦：众人如何生产知识》一书中用"信息茧房"（information cocoons）描述通信领域中的主观选择现象，即人们更倾向于选择使自己感到愉悦的信息（桑斯坦，2008：8），类似蚕丝包裹的茧房，在同质化的信息接收中导致认知不断狭隘化。一方面，内容同质化是非遗信息茧房现象的主要原因。在非遗内容生产过程中，出于作品原创意识的缺乏和数字技术应用的相似，非遗信息产品在主题创意、内容展示、载体选择等方面具有较强的趋同性。另一方面，推荐算法加剧了非遗信息茧房现象。常见的网络算法推荐形式是基于用户特征和作品内容进行推送，因此，高点赞、评论、转发或涨粉的非遗内容最有可能得到算法推荐，一些平台还设置反复叠加推荐或权重热度加权功能，使非遗内容推荐呈现明显的马太效应，同质化、热度高的非遗内容愈受关注，而冷门但优质的内容被排斥在算法推荐范围外，难以被受众看到。

二、非遗文化缺失的应对

（一）保障传承人深度参与非遗数字化生产

首先，加强传承人与数字技术人员的沟通交流。传承人的深度参与需要建立在与数字技术人员（尤其电脑技术人员）深度合作与平等协商的基础上。通过与传承人的深度交流，让电脑技术人员与传承人的认识相互交融，使他们能够理解传承人生活世界和地方性知识，进而在与传承人加强协商的基础上将非遗转换为数字形态，如建立符合地方文化的数字化分类与评价体系，根据传承人的知识体系与生活体验进行合理的数字化设计，以保证传承人的理念和诉求得以表达。

其次，构建传承人与异文化群体的交流系统（王明月，2015）。解梦伟和侯小锋（2021）指出数字媒介具有为受众提供获取、交流非遗信息的服务功能，同时受众的共享、参与也不断使非遗传承主体获得基于数字和网络媒介的创新认知，如通过大数据定位获取受众对非遗的喜好程度和交流频次，有利于非遗传承主体通过学习丰富原有非遗知识体系，并改变或拓展非遗的发展路径。斯图达尔和默特贝里（Stuedahl & Mörtberg，2012）也强调可以通过社交媒体提供交流空间，让来自不同社区的利益相关者和受众参与遗产的振兴、对话和谈判。具体可以建立微信、微博、QQ、网络社区等交互平台，以供传承人与异文化群体开展良性互动，实现文化的相互理解（宋俊华、王明月，2015）。

最后，塑造传承人和异文化群体之间的共同身份。通过数字文化遗产知识在谈判、翻译和知识生产中的交叉，非遗项目的使用者和实施者之间可以存在共同的身份。吉列托等（Giglitto，Lazem & Preston，2019）提出了四种非遗数字化的技术原型：一是基于音频、照片或文本的信息分享。二是基于视频、照片、记录、链接和文本的文档浏览。三是基于产品销售的在线平台。四是基于遗产学习的数字游戏。可以邀请非遗爱好者、社区居民、学生等群体与传承人共同设计非遗数字产品方案，缓解前者对非遗项目可能形成的偏见，更多地了解传承人的文化和生活方式。

（二）构建非遗数字化主体利益协调机制

非遗数字化相关主体的关系呈现"对立－合作"连续统一体形式。通过构建非遗数字化主体利益协调机制，可以避免由于理念和利益冲突导致的非遗异化。一方面，关注传承人和社区利益。一是收集传承人和社区参与非遗产业数字化转型的动机。在非遗数字内容生产中，要关注传承人和社区需要和想要什么，允许他们实现文化的自我表达，而不是由技术人员单方面提出技术要求或选择要记录的内容。二是保障传承人和社区对非遗项目的所有权。参与者的主人翁意识可以为追求遗产项目的可持续性和影响力做出必要的承诺。在非遗数字内容生产的所有阶段始终将他们纳入决策过程，从而使结果反映并尊重他们的期望和需求。另一方面，发展地方非遗文化和软件开发企业。尽量利用非遗项目所在地的软件开发和创新创业的专业知识和人才资源，以便能够在当地设计和维持适合社区需求和文化特点的技术，并反哺地方非遗项目的数字化保护和传承。

（三）突破非遗传播领域的信息茧房现象

翟姗姗等（2021）基于非遗短视频的研究发现：信息茧房突破意愿受用户信息选择性行为影响最大，信息偶遇影响和社交圈影响次之（翟姗姗等，2021）。因此，可从内容、机制和社交群体三方面突破非遗信息茧房现象。

首先，创造优质内容。在海量及高度同质的非遗内容面前，用户对于内容的质量更为看重。一方面，强化非遗传播内容标题或介绍的特色性。以非遗视听作品为例，由于信息偶遇对突破信息茧房具有正向影响（翟姗姗等，2021），因此介绍标题或标签要设置成既契合传播主旨又能体现非遗鲜明特色的关键词，在介绍内容中要尽量采用高频词、热门词，语言要精确简洁，避免产生歧义，以提高被推荐与检索的可能性。另一方面，重视非遗传播内容与结构的完整性。非遗数字传播过程中要充分考虑非专业受众的理解与认知能力，注意内容展示与主题结构的完整，使受众在接收真实非遗信息的同时突破固有甚至是错误的信息藩篱，如字幕对于方言类非遗视听内容的理解具有不可替代的作用，主题匹配度高的音乐能够更好渲染氛围与传递信息等。

其次，优化推荐机制。一方面，推进即时通信工具、短视频平台、视频网站等数字内容渠道优化算法，打破信息茧房困境，利用算法向公众推送优质非遗传媒内容。如快手引入避免资源配置两极分化的"基尼系数"机制，运用人工智能等高新技术，在内容分发上秉持普惠原则，不仅仅着眼于推流"爆款"，即使是刚刚发布视频的素人创作者，快手也会为其"引流"，让每位视频内容创作者具有相同的机会，能够匹配到与之相适应的观看用户。另一方面，加强对数字传播平台和非遗从业群体的运营管理，通过标准制定、账号审核、内容筛查等方式，从源头治理角度做好互联网非遗内容管理。如加大对非遗直播、短视频等视听内容运营主体审核力度，动态跟踪自媒体等第三方运营的传承人账号，筛查非遗传播内容与传播主题之间的关联性等（赵晖、王耀，2022）。

最后，利用社交影响。一方面，提升非遗数字内容产品的传播效果。自媒体时代下用户内容生产和分享趋于常态，非遗数字内容生产者可以通过输出优质内容增加受众的订阅、关注、点赞、转发等，通过有效拓展非遗信息社交接触面间接帮助受众突破信息茧房。另一方面，加强非遗数字内容产品的互动与推广。非遗数字内容接收者的社交圈越广，就越有可能产生二次传播行为，非遗信息的辐射面就越大。因此，可以通过话题讨论、文化体验、参与游戏等互动形式吸引受众的注意力，增加受众选择性接触非遗内容产品的行为，并可以通过红包、抽奖等适当激励他们开展二次创作和分享，形成信息传播的雪球效应。国潮文化背景下新媒体平台上非遗主题的话题和活动关注度一般比较高，可以利用这点加强非遗数字内容产品的推荐和展示，通过增加信息偶遇的机会破除信息茧房。如抖音平台上的京剧、龙舟、剪纸、三月三等都有极高的播放量和点赞评论数，《延禧攻略》带火的南京丝绒、线下体验反哺线上的泉州簪花也有着极高热度。

第二节　非遗数字知识产权侵权盗版及其应对

数字经济背景下知识产权管理和保护更加脆弱和必要，同时也越来越复杂。首先，文化新业态新模式呈现出更加明显的知识技术密集型特征，人工智能生成物、数字化产品、NFT 艺术品等对知识产权保护的固有模式和观念构成挑战。其次，数字化技术扩大了文化产品与服务的公益性质，免费数字资源有利于盗版及未经授权内容的传播。最后，技术进步使得操纵和修改数字内容变得便捷和可行，不利于原始内容的真实性和原创性保护（左惠，

2018）。基于此，大数据、人工智能等数字知识产权保护的制度研究和实践探索，正在成为世界各国关注的重点。2021 年 2 月韩国知识产权局发布了基于人工智能和数据的数字化知识产权创新战略，主要内容包括革新知识产权法律制度、构建知识产权数据的基础设施、加强以知识产权为基础的数字产业竞争力、倡导新的知识产权贸易秩序等。深圳也于 2022 年 4 月出台全国首个《关于加强数字经济知识产权司法保护的实施意见》，提出保护数字经济创新创意成果、维护数字市场公平竞争、加强平台治理及反垄断、积极应对新型纠纷、深化审判机制创新等司法举措。随着数字技术手段的进步，非遗知识产权保护面临新的侵权盗版风险，保护的方式方法也应与时俱进。

一、非遗数字知识产权侵权盗版的风险

（一）知识产权标准界定存在现实困难

首先，非遗知识产权保护针对性法律法规缺乏。目前，我国并没有专门针对非遗知识产权的法律法规，在归属、纠纷等方面进行裁量时基本上比照著作权法的有关规定，但著作权法适用于有明确创作者的文学、艺术和科学作品，非遗知识产权侵权的界定并无统一标准，一旦出现抄袭、剽窃等行为，容易出现无法可依、互相推诿的情况。例如，近年来我国民间艺术家优秀的剪纸作品在未经许可的情况下屡屡被翻版，或比原作增减一两个人物，或在采用原作关键性元素基础上改动细节，或将剪纸作品翻版成油画、重彩画等艺术表现形式，给原创者造成一定的知识产权收益损害。

其次，繁杂的保护主体导致权利义务不清晰。不少非遗作品由群众集体创作，没有明确的原创者，谁才是真正的权利人，是非遗版权保护亟待解决的一个难题。例如，电影《千里走单骑》将贵州安顺地戏张冠李戴为"云南面具戏"，被安顺文体局以侵犯署名权将张艺谋和制片方起诉到法院。法院最终驳回并认为安顺地戏作为戏剧种类本身不构成作品，无法比照著作权法的署名权利。此外，非遗项目申报名录的保护主体性质和构成不一，涉及政

府内设机构或授权部门、事业单位、行业协会和寺庙、企业法人和个体工商户、联合或共同保护等，使得非遗保护主体受到侵害时，其应尽义务和享有权利不明（王燕仓、黄璟，2021）。

最后，公有非遗权利与个人创新权利界限不明。如在非遗的保护与利用中，传承人可能从非遗的商业或广告价值出发，认为个人独立创作成果的公开传播是一种侵权行为，会造成不正当竞争，而地方政府则从非遗的公共属性出发，对非遗的商品化利用和广泛性传播持支持态度。这种权利认知上的差异不仅出现在政府与个人之间，在个人与企业之间也屡见不鲜。例如，个人传统技艺是否构成商业秘密在学术界和司法界一直存在争议。以2008年6月自贡扎染工艺厂和天工艺术品公司关于扎染工艺的纠纷为例，扎染厂原厂长和员工离职创办天工公司，被扎染厂以未遵守劳动合同保守商业秘密的承诺告上法庭。最终审理结果认为自贡扎染工艺本身是公开权利，在工艺传承中发展出的独创性技术才应成为商业秘密，而扎染厂无法举证原员工发展出独创性技术，故侵权请求被法院驳回。①

（二）数字知识产权侵权盗版的便利性

"非遗+直播""非遗+电商"等创新模式为非遗产品的开发和营销提供了便利，拓宽了渠道，但也一定程度上增加了侵权盗版的隐患，如新设计的非遗文创产品、直播间的非遗表演可能落入他人的著作权、专利权与商标权等知识产权法律的保护范围。

第一，数字技术"去中介化""突破时空限制"等特点，极大扩充了非遗数字内容产品的分享空间；同时，非遗的公共属性、平台便捷的转发分享设置和几乎为零的复制粘贴成本，使非遗数字内容的复制与分享行为变得更加容易，用户可以免费获得这些资源，这有利于盗版及未经授权内容的传播。例如，某商家通过网络上贵州雷山县非遗苗族银饰锻制技艺短视频引流的形式，在短视频平台和电商平台上宣传所售银饰为控拜非遗手工银饰，而直播

---

① 王逸吟. 非遗产品的知识产权，如何保护？［N］. 光明日报，2013 – 04 – 25（15）.

带货的商品实则来自浙江、广东等地，不仅损害了国家级非遗苗族银饰锻制技艺的声誉，也对消费者的合法权益造成侵害。①

第二，网络直播的杂技、舞蹈、相声等非遗表演作品可能侵犯他人知识产权。一方面，具有独创性的表演作品受著作权法保护。以杂技表演为例，在排除演出舞台和道具对演出效果的评价影响及公知公有的杂技常规动作之外，杂技技术动作之间的衔接、与舞蹈动作的融汇和协调、演员的出场顺序和站位均体现了作者特定创作意图的编排、取舍和设计，构成独创性杂技艺术作品。另一方面，表演参考的剧本也受著作权法保护。如2021年10月某剧团曾以华阴迷胡戏《情洒老岭》演出原告的剧本《两个女人和一个男人》，并作为当地非遗文化名片进行宣传，从而引发纠纷。法院审理结果认为被告剧团在未经著作权人许可下将原告作品摄制成视听作品演出，并未署原告姓名在本地公众号及相关平台上播放，侵害了原告作品的署名权、保护作品完整权、表演权等。②

第三，非遗传承人通过埙、独弦琴、筚篌、口弦等非遗乐器直播表演歌曲，而未获得该歌曲权利人的授权，也会引发侵权纠纷。虽然著作权法规定，在一定条件下未经许可使用他人作品，构成合理使用，但大部分直播间存在打赏等获利行为，同时奖项、声誉、巡演机会等无形利益的获取也影响合理使用的判断。因此，这种情况下为规避侵权风险，最好的解决方法是获取著作权人的许可。

（三）新型侵权盗版手段的隐蔽性

随着虚拟专用网（VPN）、远程拨号、移动办公室等网络移动接入应用日益广泛，设置访问权限的便捷性使原始数字内容的修改和操控更加可行，从而导致知识产权控制权和收益方的变更，对非遗数字内容的知识产权保护和

---

① 汪静. 非遗传承人投诉网红直播售假 [N]. 检察日报, 2023 - 03 - 20 (4).
② 创意世界杂志. 非遗创新发展, 如何规避知识产权风险？[EB/OL]. (2023 - 06 - 16) [2024 - 05 - 07]. https：//www. 163. com/dy/article/I7C4OHCT05128393. html.

创新意识培育是一个新的挑战。左惠（2018）归纳了六种在线版权侵权的商业模式（见表9.1），可以看出，利用免费的数字内容，再引入第三方广告主获取经济收益，表面上并未直接利用数字知识产权获益，具有极强的隐蔽性。而非遗出于其公共属性，多数数字信息内容由政府部门、广电机构、文博场馆或传承人个体制作，并可公开免费观看或下载，极易被用于知识产权侵权的商业应用当中。

表9.1　　　　　　　　　　六种在线版权侵权的商业模式

网站类型	商业模式
直播电视	链接到托管服务器，以电视内容免费直播获取广告或捐赠，或付费直播获取订阅费
点对点社区	通过点对点服务器内容免费下载获取广告或捐赠
内容订阅	通过分布式或点对点服务器下载内容获取订阅费，有时也依赖广告
音乐交易	通过网站自有服务器下载数字音乐获取收益
内容集成	内容提供者获得财务奖励，用户访问网站部分内容免费，网站通过提供增值服务获益
嵌入式流媒体	将内容嵌入到可以流式传输的网站，上传者获得奖励

资料来源：左惠（2018）。

二、非遗数字知识产权侵权盗版的应对

（一）健全知识产权管理机制

首先，完善非遗知识产权政策法规。如前所述，非遗数字知识产权不仅涉及繁杂的保护主体和模糊的公私权利义务，也面临数字知识产权侵权的便捷性和隐蔽性等复杂问题。因此，应在知识产权行政管理机构部门整合和功能优化的基础上，进一步健全知识产权管理机制，以更好应对非遗数字知识

产权的新形势和新变化，提升知识产权治理水平与执法能力。一方面，加强《著作权法》的修订。我国《著作权法》颁行于 1990 年，截至 2020 年经过三次修正，但与快速发展的数字版权实践相比，修订频次相对滞后。应及时跟进数字版权产业发展现实和数字版权领域侵权纠纷案例，不断完善著作权法相关条文（左惠，2018），使非遗数字版权从根本上做到"有法可依"。另一方面，出台非遗数字知识产权专项法规。各级地方政府、文化和旅游部门可以针对具体地方非遗数字资源存量与利用现状，制定更具针对性的非遗数字知识产权保护条例或实施细则。例如，景德镇市于 2024 年 5 月 1 日起正式施行《"景德镇制"陶瓷保护条例》，明确"景德镇制"商标使用门槛及授权原则和路径，并通过建立陶瓷数字化管理系统和创设陶瓷专用标识加强防伪溯源保护。

其次，构建非遗知识产权惠益分享机制。中共中央、国务院 2021 年 9 月印发的《知识产权强国建设纲要（2021—2035 年）》强调"加强遗传资源、传统知识、民间文艺等获取和惠益分享制度建设"。加强非遗知识产权的惠益分享，既能从经济价值上体现非遗数字化实践中内容生产者的劳动投入，也可以通过非遗数字知识产权保护中的分配正义反哺非遗的活态传承和保护，是非遗产业经济效益和社会效益统一的集中体现（覃榆翔，2023）。一方面，强化非遗私权主体尤其是传承人的法律地位，通过法律法规明确其非遗民事权利诉求；另一方面，针对非遗集体产权构建集体管理制度，将行业协会、村委会、居委会等组织作为特定的非遗民事权利主体，在更大范围内共享非遗数字版权收益。

最后，出台具有操作性的非遗授权和侵权识别举措。以非遗网络直播为例，由于网络直播行业在技术手段和行业形态上都具有较强的数字社会特征，传统的授权和侵权识别方案已不能适应这一行业的发展（张维胜，2022）。非遗网络主播获利的一大来源是虚拟网络打赏，涉及平台、主播、著作权人等多方利益主体，可以借鉴《著作权法》第四十六条对广播电台、电视台播放他人已发表的作品支付报酬的规定，探索行业统一的授权方案，并将侵权行为的追责问题利用互联网实时解决或统一后置，这将极大改善目前网络直播行业对非遗作品的侵权现状。

（二）进行非遗数字知识产权确权

首先，非遗数字知识产权确权具有逻辑基础。从劳动投入看，非遗数字成果的信息获取和整理、内容创作和呈现、传播渠道和方式等层面均需要专业化人力物力投入，故而赋予非遗数字化参与者版权具有内在逻辑性。从法律制度看，修正后的《著作权法》第三条将作品定义为"文学、艺术和科学领域内具有独创性并能以一定形式表现的智力成果"，实现了将多数非遗数字产品纳入著作权法保护客体的可能性；第十条第一款第五项中复制权的"印刷、复印、拓印、录音、录像、翻录、翻拍"后增加"数字化"；第五十三条强调了未经著作权人许可通过信息网络向公众传播其作品应承担的侵权责任，使非遗数字成果的复制、发行、表演、公众传播等权利延伸到虚拟空间，为非遗数字成果的确权奠定了制度基础。

其次，建立非遗数字知识产权确权标准。技术本身并不会产生新作品，非遗数字成果是否受《著作权法》保护，关键看成果数字化过程是否具有独创性智力参与（邵燕，2014；吕莹，2017）。根据非遗数字成果的智力参与程度，可以由低到高分为"记录""加工""优化""重组"四类，对应差异性内容呈现形式。"记录"型非遗数字成果多数属于简单的信息收集和整理，有现成操作规范或技术标准可供参考，智力参与程度较低。后三种类型非遗数字成果需要生产者投入较复杂的创造性脑力或技术活动，对非遗资源的文化内涵和符号元素进行萃取并完成再创作，使之呈现新的具象表征。可以借鉴该判别标准，构建非遗数字成果的分级分类保护体系，以呼应《著作权法》对受保护作品独创性的要求（覃榆翔，2023）。

最后，明晰非遗数字知识产权权利义务关系。一方面，非遗数字成果权利人行使受《著作权法》的各项人身权和财产权，如禁止他人未经许可使用和传播成果、自主通过版权许可使用和转让获取经济收益等（覃榆翔，2023）。另一方面，非遗数字成果传播者享有与著作权有关的邻接权，如非遗表演者对其表演活动、非遗录音录像制作者对其制作的录音录像、非遗出版者对其版式设计享有专有权利。除表演者以外，邻接权人仅享有财产性权利。在具体操作中，非遗数字知识产权权利义务关系可以通过知识共享协议①的方式进行认定。该协议下所有人都可以自由共享与改编（或部分商用）版权所指向的内容。同时可以进一步依据资产属性做差别确权，如依托财政资金或非营利性资金开发的可以使用一般共享知识许可协议，而市场化资本开发的应授予明确的排他性专属知识产权（魏鹏举、魏西笑，2022）。

（三）数字技术赋能非遗作品知识产权保护

随着全媒体时代的来临，人人都可能是知识产权所有者成为现实。但传统知识产权保护流程烦琐，知识产权费用较高，导致知识产权效益没有最大化发挥。随着数字知识产权尤其是"微版权"的出现，对知识产权保护途径提出了新要求，信息技术在知识产权方面的应用为数字知识产权保护提供了有效路径。

首先，利用数字技术降低非遗数字知识产权盗版风险。区块链、数据加密、时间戳、数字水印、文件权限与访问控制等技术的应用可以有效防范非遗数字知识产权盗版。如区块链去中心化、可追溯、不可篡改等特点可以赋予非遗数字成果可追溯的确权标识，数据加密、文件权限与访问控制等可以确保只有授权人员能够浏览、修改或复制非遗数字成果，时间戳、数字水印等可以通过在非遗数字成果中嵌入信息来标识成果的原始来源和所有权，并可以溯源追踪侵权使用源头。此外，还应加强非遗数字成果关联标识符标准化建设，如利用目前我国正在推广的 ISLI（International Standard Link Identifier，国际标准关联标识符）对非遗数字素材和成果进行精细化数据标引，在纸媒、光盘、磁带、电子设备等载体以及文字、图片、声音、影像等内容之间建立关联，规范非遗数字成果的传播和运营（吕莹，2017）。

其次，利用数字技术减少非遗数字知识产权司法纠纷。数字赋能下非遗

---

① 知识共享许可协议是一种适用于公共领域的文化创意作品的版权主张，包括但不限于网站、图像、视频、博客、电子文档、书籍、数据集等。

数字成果的作者、内容及时间将会被统一绑定，版权申请、登记、授权、支付等信息公开透明并可以同步传送至司法鉴定中心备案。一旦出现知识产权纠纷，司法部门可以根据网络信息留痕进行数字身份 ID 溯源和数字版权网络确权，方便快捷地完成举证、审验、取证等流程，在节约人力、物力和时间的同时，还有效降低人为操作失误率，确保取证的可靠性。如 2018 年 6 月杭州互联网法院公开宣判了一起侵犯作品信息网络传播纠纷案，原告为证明被告的网络侵权行为，通过第三方存证平台，对侵权网页的有关内容进行抓取，并将其中的摘要信息上传至区块链以确保数据的完整性和可靠性。在诉讼过程中，杭州互联网法院通过自主开发的电子证据平台从区块链中提取出相关信息并进行还原，认定为该案的关键证据并予以采纳。① 此外，还可以在文化管理机构、文化企业、民间社团与知识产权管理部门之间设置非遗数字档案和数字版权信息共享端口，便于传承人和创业者就创新成果申请知识产权权利保护，降低维权成本。

（四）提高非遗数字知识产权保护意识

一是非遗数字成果生产者应尽量选取公有领域作品作为素材。知识产权的权利范围有限，在寻找创作素材或表演曲目来源时，可以优先选取已经进入公有领域、不再受著作权法保护的作品。具体而言，公有领域的作品包括过了著作权保护期限的作品和著作权人放弃作品权利而形成的作品。除署名权、修改权、保护作品完整权外，《著作权法》对作品其他财产权的保护期为作者终生及其死亡后五十年，合作作品的保护期截止于最后死亡的作者死亡后五十年。因此，在著作权保护期限过后使用作品不需要付费，如使用非遗乐器表演巴赫的曲目、使用非遗技艺将齐白石的《齐门二十四景》转换为铜雕或鱼灯等。需要注意的是，作者的署名权、修改权、保护作品完整权等

---

① 新蓝网·浙江网络广播电视台. 杭州互联网法院宣判一起网络侵权案　首次将区块链技术融入司法审判［EB/OL］.（2018－06－28）［2024－05－07］. http：//i. cztv. com/view/12940363. html? from = timeline.

人身权的保护期不受限制，所以在使用这些已经失去财产权利的作品时，仍要为作者署名。目前国际上被广泛接受的放弃作品权利的做法是通过知识共享许可（creative commons，CC）CC0 协议①声明作品进入公有领域。Pixabay、Kaboompics 等网站汇总了许多通过 CC0 协议进入公有领域的作品，包括绘画作品、摄影作品等，在这些网站中选取素材可以有效避免侵权风险。

二是非遗数字成果生产者应主动联系知识产权人进行许可授权。对于仍在权利保护范围内的知识产权，如果非遗数字成果生产者想要对其进行表演或再创作，可以主动联系权利人获取授权，在缴纳合理费用之后合法使用剧本、曲目、创作形象等知识产权。知识产权的许可需要签订许可使用合同，包括许可使用的权利种类、地域范围、期限、付酬标准和办法、违约责任等。著作权和邻接权中的人身权利不得许可，所以非遗数字成果生产者应当为权利人署名。数字平台使非遗数字版权许可使用变得更为便捷和高效。如乌力格尔、好来宝等部分非遗音乐作品已经在腾讯音乐上线，腾讯音乐一次性采购了经过版权认证的曲艺作品 100 件，平均每件作品能给艺人带来约 600 元收入，还能通过点播、数字专辑等形式实现二次销售收入分成，不仅保护了非遗音乐作品版权，也通过获取合法收益保护了原创者的积极性，让作品在更大平台触及更多民间音乐和传统文化爱好者。

三是倡导非遗数字成果生产者设计原创产品并进行权利登记。鼓励原创产品的著作权登记和专利申请不仅有助于维护非遗数字成果生产者的权利，也能更好弘扬优秀非遗文化。一方面，地方版权局应加强开通线上作品登记系统，以便广大非遗数字成果生产者进行版权登记。如云南省版权局开通的"云南版权网"，可以在线免费完成作品登记流程。另一方面，非遗实物产品整体或局部造型、创意图案、色彩应用等可提交外观设计专利申请。在根据非遗元素或使用非遗技艺创作作品之后，可以对作品外观设计专利权和著作权进行规避侵权检索。如通过专业数据库，以设计开发对象的特征、主题为关键字进行专利或著作权登记背景调查，也可以委托专业知识产权法律服务

---

① creative commons license，知识共享许可协议。

机构进行反侵权检索，以确保产品的原创性。[①]

四是营造非遗数字版权保护氛围。一方面，在非遗资源富集地区加强建设"非遗产业知识产权运营保护中心""非遗知识产权保护公共服务平台"等，以保护和维权援助服务支撑非遗数字版权产业创新发展。另一方面，在全社会推广非遗数字版权保护的经验。如"世界陶瓷之都"德化建立并形成了企业、协会、政府、司法、社会"五位一体、多元共治"的陶瓷知识产权保护体系，同类型县市就可以进一步结合自身的非遗特色，进行复制和推广。

第三节　非遗数字信息安全风险及其应对

数字技术和数字产业的快速发展使各国、各组织日益重视数字信息的安全问题，纷纷制定相关法律法规和行为规范。如欧盟委员会 2016 年 4 月通过《统一数据保护条例》，制定数据安全风险评估制度，强调数据保护的义务和责任。数字信息安全与伦理是组织数字化转型稳健推进的基础保障，成功的数字化转型具有高度数据化特征（钟志贤等，2024）。非遗数据在采集、管理、分析、治理和共享的过程中可能面临技术、道德等方面的挑战，可以从安全意识、信息管理、普查考核等方面进行应对。

一、非遗数字信息安全的风险

（一）非遗数字信息安全的技术风险

非遗数字信息的收集、护理、存储均要借助网、端、云等基础设施，涉及各类复杂的硬件和软件，在其运行过程中不可避免会面临潜在的技术安全

---

① 创意世界杂志. 非遗创新发展，如何规避知识产权风险？［EB/OL］. (2023 - 06 - 16) ［2024 - 05 - 07］. https：//www. 163. com/dy/article/I7C4OHCT05128393. html.

风险，如数据损坏、丢失、篡改、非法使用等。一方面，自然灾害可能给非遗数据存储设备造成破坏。强震、强台风、飓风、海啸、泥石流、火灾等都可能对数据存储设备造成损坏，导致数据丢失。另一方面，非遗数据也容易受到人为损坏。常见的人为威胁包括病毒攻击、黑客攻击、社会工程学攻击、恶意软件、网络攻击等。这些威胁可能会导致数据泄露、数据篡改、数据丢失等后果。传统非遗数据库中心化的网络结构使得中央处理器受到攻击会影响整个网络数据使用，即使有的数据库采取了异地备份和异质备份，但在一定时间和范围也会造成非遗数据异常或使用不便（王箐，2018）。除网络攻击外，非遗数据库管理制度不完善、管理人员职务变更、管理人员专业素质不高、传承人离世和老龄化等原因都有可能造成非遗数字信息流失和损坏。

（二）非遗数字信息安全的道德风险

在经济利益和声誉利益驱使下，非遗产业主体面临信息造假的道德风险。其一，申报材料弄虚作假。自2004年加入联合国教科文组织《保护非物质文化遗产公约》以来，我国非遗保护实践在政府、产业和民间等层面不断推进，非遗代表性项目名录申报制度日渐常态化，但个别地方还存在暗箱操作、弄虚作假以谋取私利的行为。例如，2015年安徽省黄山市祁门红茶制作技艺传承候选人王某，在公示期内就被实名举报履历和师承关系造假。有的地方甚至出现冒名申报非遗传承人且通过审核的荒唐情况，如2022年内蒙古巴彦淖尔市文旅广电局就通告了一起购买非遗相关实物冒充传承人的处置意见，对市级非遗"周氏揉筋复骨术"的申报人及项目保护单位作出依法撤销资格的决定。① 其二，篡改数据获益。市场交易中信息和技术优势方可能利用信息不对称的优势，选择性通过算法、参数或模型使自身获得潜在收益，甚至会非法采集、使用、泄露、买卖消费者和合作方数据，使消费者群体和其他利益相关者受到损害（谭洪波、夏杰长，2022）。例如，非遗产品市场营销中的虚假宣传屡见不鲜，中国消费者报曾报道景德镇泽荣陶瓷工作室通过某

---

① 李玉波. 内蒙古一市级非遗项目因造假被撤销［N］. 工人日报，2022–03–24（6）.

视频号直播间销售陶瓷产品时，虚构直播地址，以"开箱探宝"形式销售商品误导消费者，将价格低廉的瓷器编造为非遗作品、上过拍卖会海外回流瓷、官窑烧制，以及将普通瓷板框架材质虚构为小叶紫檀等虚假宣传内容，诱导消费者购买。①

二、非遗数字信息安全的应对

（一）提升非遗数字信息存储的安全意识

第一，强化多元主体共同参与。非遗数字信息主体包括政府文旅管理部门、文化企业、高校和学术研究机构、社会组织及传承人等，多元主体的共同参与既能拓宽信息来源以保证非遗原真性，又可以在非遗信息安全出现问题时协商应对。第二，开展分布式存储。将非遗数字信息储存方式由传统的集中式变为分布式，通过信息的多节点、多载体、多区域备份可以有效降低数据遗失风险，也能提升非遗数字信息处理的灵活性。第三，构建数字信息共识机制。尝试构建非遗数字信息共享联盟链，通过时间戳和数字水印追踪等技术，实现数字信息录入的不可篡改和数字信息记录的可追溯，在各参与方或节点之间就非遗信息数据的有效性和安全性达成共识（陈海玉等，2021）。

（二）引入区块链技术优化非遗信息管理

第一，区块链技术去中心化和不可篡改特点具有抵御各类网络攻击的优势，可以提升非遗数字信息管理系统的安全性。非遗数字信息各主体或各节点可以借鉴区块链分布式账本技术，联合构建多个共享型非遗数据库副本，利用区块链历史记录真实可信、公开透明和不可篡改的特性降低信息管理系

① 中国消费者报. 直播间销售假"非遗"瓷器，商家被罚 100 万元！［EB/OL］.（2023 - 12 - 25）［2024 - 05 - 07］. https：//baijiahao. baidu. com/s？id = 1786258857871223349&wfr = spider&for = pc.

统中心节点或单节点失效的风险，一旦中心数据库或节点数据库受到攻击，可以通过数据备份或追溯防止出现重大信息损失。第二，区块链技术安全透明和可编程性特点可以便捷进行非遗数字信息共享与授权，降低非遗数字版权保护和利用的成本。可以在非遗数字信息区块链中设置领导者节点、关键节点和监管节点，并设置不同的管理权限，如非遗管理机构和部门可以设置为领导者节点，拥有允许监管节点参与的绝对权限，非遗传承人、创业者和文化企业管理者可以设置为关键节点，拥有数据备份、版权查询与授权等权限，各节点之间应形成共识机制，如只有在领导者节点和关键节点均认可情况下才能写入非遗数字信息（王箐，2018）。

（三）加强非遗数字信息安全普查和考核

第一，通过普查可以更好掌握非遗数字信息安全管理现状，便于后期非遗数字信息管理的开展。鉴于普查工作具有涉及面广、工作量大、时间跨度长的特点，可以采取政府牵头、多主体共同参与的形式，对非遗数字信息的基础档案资料、保护利用现状、管理存在问题等进行深入调查，在此基础上制定非遗数字信息管理规划，并建立非遗数字信息管理档案和数据平台。第二，完善非遗数字信息安全的法律及考核标准体系，从宏观层面为非遗数字信息管理工作提供科学指导。应以非遗管理部门和机构为执行主体，从非遗数字信息的自身特征及管理需求出发，对现有的法律法规和考核制度进行优化改进，提升非遗数字信息安全考核的规范性和科学性。

第十章

非遗产业数字化转型的福建案例

福建省非物质文化遗产资源丰富，截至 2022 年，共有国家级非遗项目 145 项，省级非遗代表性项目 705 项，国家级传承人 143 名，省级传承人 917 名，市、县级非遗名录 3000 多项，数量均位居全国前列。在联合国教科文组织《保护非物质文化遗产公约》规定的国际一级保护的非遗三个序列中[①]，福建省共有 9 个项目入选，其中南音、妈祖信俗、中国剪纸（漳浦、柘荣）、送王船、中国传统制茶技艺及其相关习俗[②] 6 个项目入选《人类非物质文化遗产代表作名录》，中国木拱桥传统营造技艺、中国水密隔舱福船制造技艺 2 个项目入选《急需保护的人类非物质文化遗产名录》。2012 年"福建木偶戏传承人培养计划"入选《保护非物质文化遗产优秀实践名册》填补了国内空白，至此福建成为我国首个入选联合国教科文组织非遗保护全序列的省份。丰厚的非遗资源禀赋，特别是传统技艺、传统美术、传统医药、传统戏剧等类别的非遗项目，成为福建非遗产业的重要基础。本章选择福建省域内的惠安石雕、片仔癀、沙县小吃和梨园戏四个典型案例，在分析其数字化转型实践探索过程及存在问题基础上，针对性提出数字化转型的路径建议。

[①] 即《人类非物质文化遗产代表作名录》《急需保护的非物质文化遗产名录》《保护非物质文化遗产优秀实践名册》。

[②] 该项目包括福建省的武夷岩茶（大红袍）制作技艺、铁观音制作技艺、福鼎白茶制作技艺、福州茉莉花茶窨制工艺、坦洋工夫茶制作技艺、漳平水仙茶制作技艺等 6 个国家级非遗代表性项目。

第一节　非遗美术产业数字化转型案例：惠安石雕

惠安石雕是以硬质青石为主要原料的传统美术门类，2006 年入选首批国家级非遗名录，是南派石雕艺术的代表。2015 年 10 月，惠安被世界手工艺理事会授予"世界石雕之都"。惠安已成为全国规模最大的石雕石材业出口基地和主要的石材石制品集散地之一，2022 年全县共有石雕企业 600 多家，其中规上企业 168 家，实现工业产值 500 多亿元。① 惠安石雕业的繁荣，带动石材机械制造、木制品包装、运输、建筑、旅游等一系列相关行业的发展，有效拉动了地方经济。数字化对惠安石雕生产效率、工艺质量、产品研发、营销推广等均带来一定提升，本节在分析惠安石雕产业数字化转型的实践探索和存在问题基础上，探讨惠安石雕产业数字化转型优化路径。

一、惠安石雕产业数字化转型实践

（一）数字技术提升惠安石雕生产效率

惠安县"十四五"规划提出"实施制造业智能化升级行动，在石油化工、石雕石材等领域开展应用试点，加快建设一批机器人自动化生产线、数字化车间智能工厂，推动互联网、大数据、人工智能与实体经济深度融合"。随着政策扶持和技术进步，越来越多的惠安石雕传统车间开始尝试数字化技术改造，在生产一线引入切、锯、磨、钻、刨等机械，采用"库卡"（KUKA）机器人进行个性化定制和智能化生产。当代科技的发展、多种现代化机械设备以及高新生产设备的投放使用，很大程度上解决了传统石雕生产速度慢、效率低、产量少等弊端。以数控雕刻为例，其具有高效便捷的优势，前期可

---

① 何金. 惠安石雕，游走于传统与现代间 [N]. 福建日报，2023 – 08 – 09（8）.

通过 3D 软件建模和平面设计图形方便后续优化调整，随后通过数控机械加工原料，最后采用人工精修优化细节即可，为惠安石雕产业市场开拓和规模扩张提供了技术支持（王芳、陈金华，2019）。例如，豪翔集团采用数字化雕刻机，不仅生产过程更环保，产品质量也更加稳定、更加标准化，产品附加值和单价均有所提升。① 数字技术的引入不断优化石雕产业的结构，极大提升产业生产效率，并在一定程度上增加石雕产品的附加值，推动传统石雕产业适应新的市场。

（二）数字产品丰富惠安石雕产品类型

数字技术发展促进石雕艺术产品类型不断丰富，为年轻受众提供更加多元的选择，同时本区域举办的创新性石雕比赛又进一步推动石雕技艺的传承发展。数字经济背景下，"90 后""00 后"年轻消费群体逐渐占据主市场，网红爆品和数字藏品层出不穷。近年来，惠安石雕产业也在积极求变，突破现有产品升级和文化创新的瓶颈，如部分非遗传承人利用数字技术，开始传统石雕产业"破圈"新模式、新探索。2022 年 1 月，鲤城文旅携手功夫数字平台发行泉州首套"双遗"数字藏品，其中就有惠安石雕传承人张秋霞制作的《魅力泉州：影雕老君岩》。传统石雕设计元素是文旅产品、工业设计、室内装修创意和产品重要素材来源，能极大提升多种产业整体附加值。为推出满足新时代年轻人情感体验及消费心理的文创家居产品，2023 年 3 月惠安县政府主办"中国惠安石雕 + 家居工业设计大赛"，组委会搭建石雕家居创新设计成果云平台，不仅推动石雕产业跨界融合发展，还将部分产品打造成具有网红潜质的国潮爆款产品。

（三）数字电商拓展惠安石雕营销渠道

数字媒介的发展为传统石雕提供更为广阔的展示平台，线上线下结合的

---

① 何金. 数字赋能 泉州 2500 多家规上企业参与数字化智能化改造［N］. 福建日报，2022 – 02 – 25（1）.

创新营销模式引发公众对石雕艺术的关注，石雕制作方与需求方的互动也愈发紧密。一方面，惠安石雕企业积极推广电子商务等现代营销方式，部分小件商品可以直接线上交易完成，大件的石雕动物、佛像等商品则采取线上初步沟通、线下洽谈合作完成。惠安石雕企业在各省市设立办事处、经销点的有 600 多家，182 家建立企业网站，392 家企业运用电子商务手段与国外客户进行贸易往来。① 惠安雕艺文创园"电商直播基地"采取电子商务培训、直播带货等模式，与阿里巴巴、京东、拼多多等头部电商平台对接，为雕艺企业提供营销推广、电商数据等领域的高效服务。另一方面，政府部门不断加强线上线下互动推介。2020 年 11 月第六届惠安国际雕刻艺术品博览会（简称"雕博会"）运用云上 360 度全景展示平台、云商城、电商直播交易等开展招商推介和直播营销，帮助雕艺企业、雕艺大师完成艺术品和工程产品的线上布局。2021 年第七届雕博会开启"线上 + 线下"双线办展常态化模式，线下室内展出各类高端石材产品、石雕精品、机械设备，线上通过展会系统、雕博会企业号、视频号、抖音号、微博等平台开通直播 30 余场，吸引大量互动评论和点赞量②，对推广惠安石雕艺术、促进行业发展起到极大的作用。

二、惠安石雕产业数字化转型存在问题

（一）石雕数字资源整合度有待提升

惠安石雕的数字资源较为分散，以石雕资源介绍、石雕资讯提供、石雕电商信息为主，散见于惠安县政府、惠安文旅集团、各石雕企业官方网站以及惠安文旅局微信矩阵，目前尚未建立起县域范围的石雕数字资源素材库或

---

① 闽南网. "跨界融合、品牌培育、平台塑造"——逐梦世界石雕之都［EB/OL］. (2021 – 11 – 28）［2024 – 05 – 07］. https：//baijiahao. baidu. com/s？id = 1717669823642040426&wfr = spider&for = pc.

② 杨镇堂. 筑梦世界石雕之都 譬画雕艺无限未来 第七届中国（惠安）国际雕刻艺术品博览会圆满收官［N］. 泉州晚报，2021 – 11 – 18（12）.

数据库，未能为石雕产业开展产品创新设计提供更多助力。部分企业虽然开始尝试数控雕刻、数字定制等业务，但典型的数字化应用场景不多，也缺乏统一的数字石雕技术标准和数字化改革制度成果，不利于形成可借鉴和推广的机制体制创新。

（二）石雕价值链数字化应用较为单一

在智能制造风潮的推动下，惠安不少石雕厂采用石雕机器人、平面雕刻机等机械设备取代了部分人工凿刻，目前惠安全县的平面雕刻机超过 1500 台，实现了较大规模普及。但是，数字化在惠安石雕产业中的应用主要在制造层面，在上游创意层面，较少企业利用计算机辅助设计、数字可视化等技术对传统石雕进行研发及数字石雕创意内容生产；在下游营销层面，业内长期沿用传统手工技艺，以传统的网络、电商营销为主，数字营销实操融入相对国内其他地区较晚，缺乏全息影像、互动游戏、数字孪生、裸眼 3D、CGI 特效、数字沙盘等技术的整合应用，较少借助石雕沉浸式场景及数字化体验空间开展客户营销。

（三）石雕数字产品类型尚不够丰富

惠安石雕产品以碑石等传统园林景观、建筑构件品类居多，主要用于寺庙古建、陵园墓葬、城市建设、家居别墅等项目。随着数字化应用场景的增加，具有独特资产价值的石雕数字产品成为传统艺术领域新的流量入口。国内如青田石雕、寿山石雕均推出自己的 NFT 数字产品，如寿山石雕传承人陈礼忠在阿里拍卖推出"二十四节气"24 款数字藏品，取得较好的销售量。目前，惠安石雕在数字藏品推出方面较为滞后，商业化程度不高，在"数字藏品＋旅游""数字藏品＋文物""数字藏品＋民俗"等文化场景与消费模式的创新不足。

三、惠安石雕产业数字化转型路径优化

(一)建设惠安石雕设计元素数据库

首先,建立惠安石雕设计元素采集平台。鉴于目前惠安石雕数字资源分散的现状,可由政府牵头建立统一的采集平台和工作队伍,制定县域内外石雕设计元素的提取流程和标准。同时,平台还可以增设石雕信息查询、价值评估、政策兑现等功能,通过构建信息采集、雕刻创作、鉴定认证、售卖流转的全流程闭环溯源服务管理体系,打造惠安石雕品牌效应。

其次,明晰惠安石雕设计元素提取内容。惠安石雕设计元素的提取,既可以从造型轮廓、纹理图案、雕刻技法、构成方式、代表作品等有形元素加以整合,也可以从惠安石雕作品蕴含的思想情感、象征意义、创作环境、使用目的、传说故事等无形元素进行挖掘(刘子建等,2017)。

最后,加强惠安石雕设计版权保护。数据库的建设离不开"区块链+石雕溯源"的保驾护航。与国内外知名互联网技术公司合作,对进入数据库的惠安石雕产品,从石料来源、艺术创作到流转售卖全过程,借助区块链技术实现专属认证、全程可溯和品质保真。

(二)利用数字技术开展个性化定制

一方面,开展定制作品的先行预览。惠安石雕创作过程烦琐,创作者往往需要不断构思打磨,在开展个性化定制过程中,不可避免要与客户进行反复沟通,耗费大量的时间和资源。利用数据库、3D扫描软件、即时通信等工具,创作者可以单独调用现有的雕刻技法、色彩或纹饰图案,自行搭配或加入原创元素,并制作成3D立体模型供客户进行成品预览,客户也可以借助数字媒介提出修改建议甚至参与设计,最终将满意的作品在线下雕刻或打印出来(朱方胜、王玮和殷俊,2014)。数字技术不仅可以作为惠安石雕艺术家的辅助工具,也能使业余爱好者拥有创作的可能,使得更多人能够享受惠

安石雕创作的乐趣。

另一方面，加强3D个性化定制。现代制造业市场正从单品种、大批量、长周期向多品种、小批量、短周期的方向发展，如个性化人像礼品、三维人像雕塑、真人浮雕、手办等。惠安石雕适合开展的3D定制产品包括如下品类。一是人像相关产品。个性化定制真人工艺品能跨越时空限制，通过网络和计算机对真人图像进行数字化建模和协同修改，顾客可以先检查产品数字化模型效果，满意后再进行后续成品加工。二是历史人物、现代伟人等三维石雕。通过三维扫描的方式可为大型雕塑制作提供虚拟模型。三是3D打印手办。手办泛指互联网和动漫游戏人物模型，具有较高的收藏和艺术价值。传统的手办制作工艺开模一般流程复杂，模具的制造精度也很难控制，因此价格一般都比较昂贵。利用3D建模和3D打印机，只需几个小时就可以得到精细度极高的手办模型，适用于小批量生产和个性化定制，且综合成本也更低。四是高端家居定制。惠安石雕企业可借鉴"无匠堂"将石雕与传统东方美学结合起来的模式，通过线上会员定制石雕室内外装修设计，打造家居艺术品定制品牌。

（三）推出惠安石雕系列数字产品

首先，推出"风情惠安"系列影雕数字藏品。鼓励石雕传承人和企业以"惠女、非遗、古城"等惠安特色文旅资源为对象，设计系列影雕数字藏品，并与旅行社和崇武古城风景区、惠女风情园、台商八仙过海旅游度假区签署合作协议，将数字藏品共同推向文旅市场，通过在各景区景点打造数字化展厅，将景区特色和发展历史以数字石雕产品的形式展现出来。

其次，开发惠安石雕体验游戏。一方面，深入挖掘惠安石雕历史、技艺、人物、作品等方面内涵，借助网站、App、微信小程序等平台，设计石雕拼图游戏、模拟雕刻游戏、石雕答题闯关游戏等。游戏积分可兑换实物石雕文创产品，受众DIY的雕刻作品也可以进行个性化定制。另一方面，争取与腾讯、网易、米哈游等知名游戏厂商合作，通过创作基于石雕技艺及惠安风情的关卡故事背景、NPC（非玩家角色）对话等方式，将惠安石雕元素融入

《王者荣耀》《原神》《逆水寒》等热门游戏场景或角色道具。

最后，打造惠安石雕数字 IP。目前，惠安雕艺文创园已推出"惠安打石狮" IP 卡通形象，并开发了"打石狮"表情包、口罩、背包、文化衫、车载摆件、留言牌、名牌、置物架、水晶贴、图章、拇指陀螺等文旅纪念品和伴手礼。今后，可进一步通过 IP 授权等形式丰富石雕数字 IP 衍生品系列，如数字动漫、文创咖啡馆、主题文博展馆等。同时，开发"打石狮"虚拟形象代言人、虚拟主播等，融入新闻媒体播报、文博展会推介、新媒体运营推广等场景，推动惠安石雕品牌形象传播。

（四）借助数字技术强化营销推广

一方面，加强虚拟体验在惠安石雕营销中的应用。通过雕刻空间模拟、流程可视、物品仿真、文化体验等方法，融合惠安石雕工艺实体生产与可视虚拟场景，打破传统技艺体验的时空限制，实现惠安石雕的虚拟可视体验。具体来说，可以尝试构建惠安石雕虚拟可视体验的"采集—存储—复建—展现—体验"技术路径（见表 10.1）。在采集方面，通过田野调查获取传承人及其作品资料，通过政府公共服务平台填报获取石雕企业信息，以及在网络平台发布问卷、文章、视频等收集石雕受众的偏好。在存储方面，建立包含惠安石雕技艺、设计元素与作品在内的数字信息系统，对石雕工艺流程进行数字化记录，做好不同种类石雕作品和产品的电子归档。在复建和展现方面，进行惠安石雕代表作的 3D 模型复建甚至整个雕刻场景的数字孪生，通过创办数字博物馆、制作数字动漫和纪录片、AI 虚拟数字人等进行可视化展现。在体验方面，强调惠安石雕美学内涵的智能识别和技艺的 DIY 体验，可推出惠安石雕研学专线、开发石雕主题数字游戏等。

表 10.1　　　　惠安石雕虚拟体验设计的技术路径及营销方案

设计步骤	营销方案	数字技术
采集	惠安石雕田野调查；石雕企业信息采集；惠安石雕产品受众偏好调研	数字照相、数字摄像、录音、扫描、电子问卷等信息采集技术

续表

设计步骤	营销方案	数字技术
存储	惠安石雕数字影像记录；惠安石雕设计元素数据库；惠安石雕代表作数据库等	信息统计与分析程序技术
复建	惠安石雕 3D 模型复建；雕刻场景数字孪生	基于 AutoCAD、3ds Max、SketchUp、Rhinoceros、Maya 等数字化平台的模型复建技术
展现	惠安石雕数字博物馆；数字动漫和纪录片；AI 虚拟数字人	基于 Illustrator、Photoshop、Flash、VR、Enscape、KeyShot 等平台的图像数字处理技术
体验	惠安石雕研学活动；石雕主题数字游戏	AI 智能识别技术，基于 Axrue、Pano2vr、Unity3d 等平台的虚拟交互技术，Native App、Hybrid App、Web App 等移动应用开发技术

资料来源：卜颖辉（2021）。

另一方面，拓展惠安石雕电商直播。借助具有一定知名度的惠安雕博会平台，开展石雕技艺网络直播、电商直播节、"惠安石雕优秀主播"评选等活动。鼓励豪翔、日昇园林古建、大唐石刻等具有一定规模的石雕公司与微拍堂、东家等非遗电商平台积极开展合作，拓展"直播＋社交＋拍卖＋鉴宝"的模式，提供一站式石雕文创产品在线交易服务，降低用户前往线下市场购买石雕需要付出的时空成本，推动惠安石雕产业的互联网化。

第二节　非遗医药产业数字化转型案例：片仔癀

漳州片仔癀药业股份有限公司 1999 年 12 月改制成立，2003 年 6 月于上交所上市。片仔癀是国家认定的首批中华老字号企业，核心产品片仔癀是国家一级中药保护品种，其传统制作技艺入选国家非物质文化遗产名录。片仔癀在企业发展中逐渐构建"多核驱动、双向发展"大健康产业发展战略，以中医药为核心，强化保健产品和化妆品、日化制品为两翼，形成多业态发展格局。2022 年 9 月，中国品牌建设促进会、中国资产评估协会、新华社民族品牌工程办公室等联合发布"2022 中国品牌价值评价信息"。片仔癀以品牌价值 370.19 亿元、品牌强度得分 931 在中华老字号品牌中蝉联第二，品牌价值再创新高。[①] 市场营销是推动企业发展的重要力量，合理的营销策略能够为企业带来规模效益，科学技术的发展为营销注入数字因素，使营销能够更加迅速和有效，驱动数字营销在企业营销中占据越来越重要的位置。近年来，片仔癀顺应社会发展趋势，制定并实施系列数字营销举措，推动片仔癀走向更为广阔的市场，提高了经济效益，但在数字营销实践中也存在网络品牌印象刻板化、数字平台产品联动效应较弱、数字营销效果有待提升、线上线下渠道融合性较低等问题。本节在分析片仔癀数字营销现状及存在问题的基础上，提出片仔癀数字营销的优化建议。

一、片仔癀数字营销实践

（一）建立企业官方网站

企业官方网站能够展示公司的精神文化和企业风采，为外界提供了解信息的线上渠道，集中展示产品信息，发布企业相关资讯，加强企业与消费者之间的直接沟通，提升企业的知名度与可信度。片仔癀官网创建于 2002 年，网页整体色调以棕黄色为主，风格稳重大气，观感较为舒适。官网共有八个主版块，对片仔癀传统医药品牌进行较为细致的介绍。产品介绍版块对片仔癀产品进行分类汇总，涉及药品、外销产品、化妆品、日化用品、医疗器械和健康食品，分类清楚明确。此外，网站设有子公司的官方链接，包括化妆品、医药、口腔护理、医疗器械、保健食品、电子商务等类别。

（二）开拓线上购物渠道

目前片仔癀在淘宝、京东和拼多多等主要购物平台均注册了官方旗舰店

---

① 漳州市国资委. 喜讯！片仔癀公司蝉联中华老字号第二位 品牌价值再创新高［EB/OL］. （2022 - 09 - 13）［2024 - 05 - 07］. http：//gzw. zhangzhou. gov. cn/cms/html/zzsrmzfgyzcjdglwyh/2022 - 09 - 13/1971906763. html.

（见表10.2）。根据每个平台的特点，片仔癀的官方店铺也略有区别。淘宝的商品量大、种类繁多，片仔癀将商品进行分类后各自开设店铺，店铺多且分工明确。京东主要突出其送货速度，片仔癀在京东以自营店的方式开设，能够实现快速配送货。拼多多的主要特点是商品价格低廉，通过拼单的方式来降低售价，片仔癀在拼多多的价格也相对淘宝和京东低。在这三个平台上，除了片仔癀自身开设的直营店铺外，还有众多有片仔癀授权的品牌电商店。

表10.2   片仔癀电商平台店铺情况

电商平台	店铺名称
淘宝	片仔癀官方旗舰店、片仔癀口腔护理旗舰店、片仔癀大药房旗舰店、片仔癀洗护旗舰店、片仔癀食品旗舰店
京东	片仔癀京东自营官方旗舰店
拼多多	片仔癀大药房旗舰店、片仔癀护肤旗舰店

资料来源：笔者整理。

（三）开展社交媒体营销

片仔癀在微博、微信、抖音、快手等用户量较大的社交平台均注册了官方账号。片仔癀在微博的官方账号有三个，更新都较为频繁，其中"PZH片仔癀化妆品"和"片仔癀口腔养护世家"的粉丝数量均在30万以上。片仔癀在微信注册了八个公众号，每个公众号根据自身定位发布不同类型的推文和视频，其中有六个公众号设置了产品版块，以便消费者快速了解适合的产品信息；"片仔癀国药堂"公众号的主要功能是线上预约名医，方便消费者线下门店问诊。片仔癀在抖音注册了四个账号，其中三个粉丝数量均在8万以上，发布的作品大部分以护肤为主，贴近人们的日常生活。

（四）尝试公域直播带货

片仔癀在淘宝、拼多多、京东、抖音等多个第三方平台通过直播进行线上产品售卖，具体包括工作日固定直播、不定时直播等。直播时，店铺通过定时秒杀、产品套餐、优惠券等方式设置一定的价格优惠，提高消费者的购买欲望。在抖音搜索框输入片仔癀，可以看到很多带货博主在直播销售片仔癀相关产品。片仔癀抖音官方账号在 2022 年抖音"618 好物节"期间，通过开展"满减""关注主播粉丝专享优惠券"等促销活动，在一定程度上吸引了消费者在直播间下单。

（五）全方位投放数字广告

片仔癀在百度等常用搜索引擎投放了部分广告，用户在搜索相关词条时，就会出现片仔癀相关产品的信息，并在之后一段时间接收到相关广告的推送。片仔癀也在社交平台、短视频平台进行线上广告布局，发布产品相关资讯和信息。2019 年，片仔癀携手创意广告策划团队艾迪因赛制作了创意广告连续剧《女将军的黑历史》，以轻松诙谐的语言讲述了肤色健康的女将军墨玉上场杀敌，为保家卫国征战数年，最后却从黝黑变得白嫩的故事，通过广告将女性应该打破束缚，活出自我的理念传递给观众，使观众产生触动。

（六）配备体验店数字终端

以 2015 年 1 月第一家片仔癀体验馆在武夷山开业为起点，片仔癀开始尝试医药行业体验式营销新模式。为更好优化顾客体验，片仔癀积极将数字智能终端融入线下体验。公司为各体验馆统一配置平板电脑、智能机器人以及终端触摸刷屏机等现代智能设备，通过触摸自助咨询，消费者可以即时了解片仔癀品牌故事、质量文化、产品及服务。数字终端为企业和消费者提供信息交互渠道，也有效提升了消费者的体验感受，实现"产品兴趣—购买欲望—购买行为"的良性循环。同时，片仔癀也通过加强体验店的信息化管理，定期收集体验馆的销售数据，进行数据分析和统计。

二、片仔癀数字营销存在问题

（一）网络品牌印象刻板化

2021 年，在资本和市场的操作下，片仔癀医药产品被炒作为具有奇效的"神药"，在受众中成形为"贵""虚假宣传""'神'药"等刻板印象，引来主流媒体纷纷发声斥责，片仔癀股价一度大跌，市值蒸发 200 多亿元。在有心人士和网络的推动下，事件在各大社交媒体平台持续发酵，不少媒体和大博主对片仔癀发表不利言论，一时间各种批评声音不绝于耳。而片仔癀在事件发生的第一时间并没有做好后续公关，在官网和官博上主动道歉后，未能采取后续措施引导舆论走向，其高价和虚假宣传的形象就在这时逐渐形成，使消费者望而却步。

（二）数字平台产品联动效应较弱

2014 年，片仔癀正式启动"一核两翼"发展战略，片仔癀化妆品通过"美妆大 V"、时尚杂志、娱乐节目多方面进行产品体验推广，片仔癀口腔护理产品以"清火"为核心定位，在 2021 年成为全国清火牙膏销售额头部品牌，取得一定的经济成效。但是，目前片仔癀知名度最高、产值贡献最高的产品依旧是医药类产品，保健产品和日化产品占总利润比例仍较低（见表10.3）。片仔癀药品的高销量并未带动其他产品提高市场占有率，消费者的品牌意识不强，联动效应较弱。在百度、微博、抖音等平台搜索片仔癀，排位靠前的结果几乎全是医药产品的相关信息。在抖音平台，售卖片仔癀化妆品和日用品直播间的消费者寥寥无几，销量不佳。

表 10.3   **2018～2022 年片仔癀主营业务收入及占比**   单位：亿元

主营业务	2018 年	2019 年	2020 年	2021 年	2022 年
医药制造业	—	—	27.32 （41.96%）	39.72 （49.53%）	38.13 （43.95%）

续表

主营业务	2018 年	2019 年	2020 年	2021 年	2022 年
医药商业	23.53 (49.37%)	27.88 (48.72%)	—	—	—
医药工业	18.8 (39.45%)	22.72 (39.71%)	—	—	—
医药流通	—	—	28.44 (43.68%)	31.46 (39.21%)	40.59 (46.79%)
化妆品、日化业	—	—	—	8.41 (5.56%)	—
化妆品业	—	—	—	—	6.34 (7.31%)
日用品、化妆品	4.98 (10.45%)	6.35 (5.9%)	9.05 (7.5%)	—	—
保健食品	0.13 (0.3%)	—	—	—	—
食品	—	0.11 (0.1%)	0.11 (0.1%)	0.45 (0.3%)	—
其他	—	—	—	—	1.69 (1.94%)

注：括号内为占比。
资料来源：根据片仔癀年报整理。

（三）数字营销效果有待提升

目前数字营销给片仔癀带来的效果较为有限。微博粉丝最多的账号"PZH 片仔癀化妆品"自 2012 年开通以来，转评赞最高的一条微博点赞仅达到 9000 多，少数微博点赞数在 1000 以上，大部分点赞数量为个位数。片仔癀微博企业号的推文大部分带有较为明显的推广色彩，用词偏向于传统的广告语，内容大致分为产品推广、抽奖活动、促销活动、知识科普等。片仔癀微信企业号的推文更新频率较低，只在有活动和进行产品推广的时候才会撰写推文，且内容千篇一律，维系粉丝的能力较差。片仔癀三个抖音账号粉丝数量均达到 8 万以上，但是发布的作品大部分是平淡无奇的产品介绍视频，缺少与抖音热点的连接，和粉丝的互动频率较低，视频文案无趣，不能吸引大数据的精准推送，每个作品的点赞量平均仅 200 左右。除了一个抖音店铺商品销量最高达到 2.7 万件，其余商品的平均销量在 800 件左右，销售额相较于其他抖音店铺、带货主播较为惨淡。

（四）线上线下渠道融合度较低

片仔癀的销售渠道线上主要为各大电商平台，线下为实体店和体验店。因 2021 年上半年陷入药品炒作风波，片仔癀为尽快调整价格恢复正常，新增开设片仔癀大药房天猫旗舰店和片仔癀大药房京东旗舰店，开始加快拓展线上销售渠道。但是，目前片仔癀的线上销售渠道和线下相对割裂，线下店铺信息化建设不足，两者的消费者和粉丝不能实现良好互通，阻碍了线上粉丝向线下实体店的经济变现，未能对现实和潜在的顾客资源进行有效整合，实现线上线下双向引流。

三、片仔癀数字营销优化路径

（一）运用数字媒体塑造企业品牌

第一，运用新媒体讲述品牌故事。"90 后""00 后"的年轻消费者成长于中国经济全面强大的时代，民族自豪感和文化自信衍生的文化认同，使他们的消费观在青睐国外品牌的同时也逐渐向偏好国货转变（王德胜、李婷婷和韩杰，2022）。片仔癀具有将近 500 年的悠久历史，是国家非物质文化遗产，拥有"国家顶级配方"，为片仔癀增加了神秘感和历史厚重感，能够让消费者对其产生良好的品牌印象。片仔癀要在此基础上进行文化营销，用视频、推文、H5 广告等方式讲述片仔癀背后的品牌故事，塑造"百年国货"的正面形象，增强消费者的品牌好感度和文化认同感。公益也是品牌故事的重要组成部分，如蜜雪冰城、鸿星尔克在郑州洪水时第一时间捐款，其品牌形象在网络上发酵之后得到极大提升。片仔癀应建设专门的公关团队，在进行公益活动同时善于运用新媒体进行宣传，塑造"有温度"的正面品牌形象。

第二，深化数字内容营销。内容营销将品牌理念、品牌价值观、品牌文化等信息自然地嵌入内容当中，避免简单粗暴植入商品信息引起消费者反感，有利于品牌主创造长期价值（程明、龚兵和王灏，2022）。片仔癀开展过趣味微电影《女将军的黑历史》、抖音热点活动"别叫姐姐小姐姐"等较为成功的内容营销，可以参考之前经验进行优内容、高质量的输出，如继续拍摄趣味微电影，将片仔癀产品巧妙地安插在相关剧情中，既不突兀又能让人印象深刻。片仔癀应重视短视频营销，紧跟平台潮流热点，使用网络流行热梗，增加产品短视频趣味性，拉近与网友的距离。还可以在微博、微信、短视频等平台进行知识科普，如借鉴抖音网红程十安教授"有用的小技巧"，针对不同产品进行专业知识普及，吸引粉丝，提高带货能力。

第三，加强数字粉丝社群运营。粉丝社群指以粉丝为主要消费群体和营销对象的经济模式（张燚等，2019），其中忠诚度较高的粉丝愿意付出大量时间精力与金钱为偶像、大博主、IP 等买单。片仔癀化妆品主要面对女性消费群体，可以尽量争取流量较高的偶像团体或演员、"爱豆"，通过代言人做客直播间、不定时赠送代言人亲签等活动，充分利用代言人的热度和流量与粉丝形成亲密互动，培养粉丝品牌忠诚度。片仔癀还可以与短视频和社交媒体上知名度较高的网红合作，进行产品病毒式营销。在初期宣传阶段，可以选择具有较好口碑的博主，其粉丝信任度较高，接收推荐的可能性更强；中期和后期可以选择全网营销，在更大范围提升知名度和销量。

（二）加强数字营销平台产品联动

首先，利用数字媒介加强产品跨界合作。跨界营销是企业联合营销的有效途径，而媒体技术的发展更是为跨界营销带来新的机遇。片仔癀在 2019 年曾与加多宝、喜马拉雅发起跨界营销，在一定程度上提升了片仔癀牙膏的知名度。片仔癀应进一步针对不同类别的产品寻找相应的跨界合作。主营业务医药产品可以和抖音、淘宝等平台合作，开发 AR 识别身体状况的智能分析应用；和当下热门的电竞产业合作，解决长时间训练带来的身体损害；和游戏产业进行合作，开发片仔癀牌体力恢复剂等类似的游戏电子产品，让玩家在游戏中加深对片仔癀的印象。化妆品类可以和社交平台、支付宝、短视频平台合作，加入 AR 虚拟试妆和 AI 肤质检测功能，还可以和美颜软件合作，分析肤质自动生成合适的妆容和滤镜。日化产品可以和动漫和影视产业进行合作，将牙膏、洗发水、润肤露等产品的功效融入剧情，潜移默化地植入观众认知。保健食品可以和老牌国货如旺旺、大白兔合作，推出特定口味的保健糖等。

其次，加强数字平台产品组合捆绑销售。电商平台的产品套餐可以实现不同品类产品联动，实现对滞销产品的引流，以此提升商品的销量。片仔癀"一核两翼"三大业务在电商平台销售体系中相对独立，主营业务的中医药产品可以进行捆绑销售来带动化妆品、日化产品和保健食品的销量，提升整体知名度。如采取买片仔癀药品送保健品小样或者牙膏小样，将功效相近的不同品类产品捆绑在一起，刺激消费者产生购买欲望。片仔癀还可以利用国家级非遗的知名度，在电商平台中药产品的链接下设置其他类型产品的推荐，提高产品的曝光率。在消费者进行客服沟通时，可根据客户咨询的中医药产品信息进行相关产品的链接推送，并向客户介绍所推荐产品的功效，促成订单的交易。

（三）利用数字技术拓展营销方式

第一，应用大数据挖掘用户需求。大数据能通过海量网络沉淀数据识别用户痛点和需求，感知消费者个性化需求，提高用户的感知有用性（王佳玫、武晓宇，2022）。片仔癀可以加强对大数据技术的应用，对消费者数据进行分析整理，建立消费者资料库，对其产品偏好和消费心理进行研究。在产品开发过程中，通过发布"你的烦恼"等类似活动邀请消费者填写问卷，收集消费者的动态评论，挖掘消费者的潜在需求，针对消费者反馈的信息资料进行产品开发。产品开发完成之后，通过制作针对性的创意广告开展精准营销，促进需求的销售转化。

第二，强化线上市场导向定价。互联网时代下消费者可以在各方电商平台轻松对比商品价格，选择性价比最高的商品。片仔癀应加强数据搜索技术的应用，尽可能搜集用户对片仔癀产品的消费行为数据，分析、洞察和预测消费者的价格偏好，了解消费者对于不同类型产品的价格承受能力。通过客户点击的页面热度、访问路径等技术分析，高效分析信息并做出预测，在明确产品市场定位的基础上设置试行价格，进行市场调研和试水，验证产品价格的可行性，并通过市场反应调整价格，最后确认合理的价格（韦荷琳、冯仁民和唐晓娴，2020）。

第三，加强线上平台价格促销。在线上平台同质化严重的商品给消费者带来极大选择困扰时，购买成本就成为影响消费者购买行为的重要因素（董岩、时光和时雨甜，2020）。市场上平台商家为提高销量和打出知名度，会采取一定的降价补贴或折扣返利策略，通过让利来打开市场，刺激消费者产生购买行为。片仔癀可以积极参与各个电商平台的节日活动，以打折促销、赠送礼品、购物抽奖、满额返现等活动吸引消费者的关注，如采取一定时段内购物满赠、满减等方式延长消费者的购物周期，激发消费者的购物欲望。此外，片仔癀可以提高直播间的优惠力度，并通过提高直播抽奖频次、发放福袋等行为吸引和留住直播观众。

第四，提高网络广告投放比例。随着新媒体使用人群不断增加，广告营销的发力点也逐渐转移到网络广告上面。据《2021 中国互联网广告数据报告》显示，2021 年我国网络广告市场实现广告收入 5435 亿元（不含港澳台地区），同比增长 9.32%。[①] 片仔癀应针对不同层次消费者的媒介偏好和媒介接触习惯调整广告投放费用比例，制定最适合片仔癀的广告宣传战略方案，有机融合传统媒体与新媒体，可以考虑适当减少或保持传统媒体的广告费用，进一步扩大网络广告市场的投入，以提升年轻群体的市场份额。

（四）强化线下线上渠道协同营销

一方面，推动全渠道融合营销。互联网的高速发展使消费者主要购物渠

---

① 岳倩.《2021 中国互联网广告数据报告》正式发布［N］. 中国质量报，2022 - 01 - 17（2）.

道逐渐从线下转移到线上，但线下渠道也不可偏废。片仔癀应构建线上线下立体营销渠道，两者相互配合、相互依托，如举办线上反馈使用体验赢好礼的活动，鼓励消费者针对全国体验馆和终端门店的产品和服务形成反馈，在线上发布相应的体验内容，满足消费者的表达欲，提高消费者自我价值认知，扩大线下消费者对线上潜在消费者的影响。通过实体店、体验店和网店三位一体的线上线下互动转化，实行联动式销售，为消费者创造更大便利和更多选择，也能够提升销量。同时充分运用大数据分析和 GPS 进行营销布局，通过智能分析判定距离消费者最近的门店和库存，规划最佳的运输路线，提升运输速度，增强消费者满足感和体验感。

另一方面，开拓多元化线上渠道。随着线上购物渠道的日益多元化，除了自建销售网站外，片仔癀还应加强第三方平台产品销售。片仔癀的线上购物渠道主要布局在淘宝、京东、拼多多、抖音等用户量和产品销量较为庞大的电商平台，而微博、微信等社交媒体平台的销售渠道有所缺失。片仔癀可以在官方微博相关产品介绍页面设置相应的购买跳转链接，提高消费者购买的便利性。同时，片仔癀也要进一步完善公众号的产品信息和商城中的产品链接，并进行动态更新。片仔癀还可以在微信小程序开通不同类别产品的微信店铺，充分利用微信普及度高和受众群体庞大的红利，缩短购物流程，提升产品销量。除电商和社交渠道外，片仔癀还可以尝试利用 NFT 营销，打造线上线下联动的非遗医药元宇宙。可以借鉴可口可乐的虚拟音乐社交平台TMELAND，打造片仔癀元宇宙街区，用户通过数字化身，实现沉浸式体验非遗医药文化、问诊、逛街、娱乐、和非遗传承人沟通交流等，满足用户数字虚拟体验需求。

第三节　非遗餐饮产业数字化转型案例：沙县小吃

三明沙县小吃制作技艺是中华传统饮食文化代表之一，2021 年被列入第五批国家级非物质文化遗产代表性项目名录。因沙县小吃便捷美味又富含营养，同时"一元进店、两元吃饱、五元吃好"的价格，使其在大众之间迅速树立起了口碑。从餐饮价值链的视角看，沙县小吃价值链包括上游的材料供应、中游的产品加工和下游的营销推广等环节。数字经济时代下，沙县小吃如何应用数字技术和手段，实现传统餐饮价值链到数字餐饮价值链的转型升级，成为业界和学界值得关注的话题。2022年1月国务院印发的《"十四五"数字经济发展规划》指出，要"立足不同产业特点和差异化需求，推动传统产业全方位、全链条数字化转型，提高全要素生产率"。《沙县国民经济和社会发展第十四个五年规划和二〇三五年远景目标纲要》提出"十四五"时期推动持续推进沙县小吃"标准化、连锁化、产业化、国际化、现代化"，逐步实现由小吃产业向小吃经济转型升级。本节基于沙县小吃价值链数字化转型的实践探索和存在问题的分析，探讨非遗餐饮价值链数字化转型的创新路径。

一、沙县小吃价值链数字化转型实践

沙县小吃的价值链包含了材料选用、产品研发、生产加工、营运管理及营销推广几个部分。近年来，沙县小吃价值链各个环节逐步开展数字化转型，并取得一定的探索成效（见图10.1）。

（一）材料选用的数字化实践

沙县小吃在供应链材料选用上实现了智能化监管，通过将摄像机等运用到产品生产中，在生产关键点进行数字化控制，商家只需要通过微信小程序，就能及时查看原料，加强了原料采购信息的透明化。通过及时对原料生产量进行统计，把总部和门店、中央厨房等连在一起，将全链条的数据串联，保证原料的及时供给，顾客通过扫码也能够了解到沙县小吃原料的来源。例如，上海和合肥几家沙县小吃门店开发了专用于原料采集的软件，当原料库存不足时预警系统就会提醒补货，有效减少了人力、物力成本，提高了采购效率。

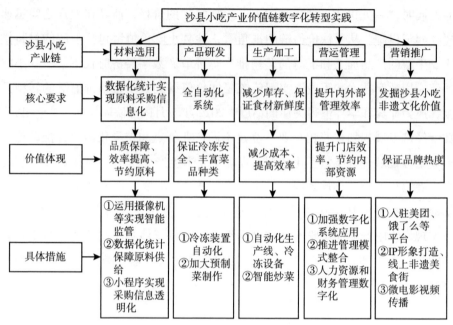

图 10.1　沙县小吃价值链数字化转型实践

资料来源：笔者根据相关资料整理。

（二）产品研发的数字化实践

自动化生产技术促进了餐品的推陈出新，沙县小吃专注于辣椒酱、花生酱等酱料的研发，目前已经研制出了大约 60 多种新品款的酱料，为顾客提供了更多的选择。同时，消费者逐渐从"吃得饱"转向"吃得好"，当今年轻人越来越注重健康养生的理念，越来越偏好以蒸和煮为主的食物。沙县小吃在产品研发上引入了数字化设备，研发了健康养生的汤膳、轻卡套餐等，并通过淘宝、美团等线上平台进行销售，这些预制菜的消费在一定程度上也提升了沙县小吃品牌的知名度。

（三）生产加工的数字化实践

沙县小吃在生产源头与指定的原料生产商进行合作，通过自动化生产线和冷冻设备的应用，加大了扁肉、拌面等大销量菜品的制作，有效把控冷冻菜的安全性。在 2021 年沙县小吃旅游文化节上，由福建舌尖道智能餐饮公司研发的智能炒菜机器人首度亮相，只需将食材放在机器的投料口，选择菜单，机器立即开始"做菜"，不到 5 分钟，菜便可装盘上桌。目前，智能炒菜机器人已实现量产，有利于解决传统小吃店品类单一、人工成本高、标准化、智能化提升等问题，助推沙县小吃转型升级。目前，规模以上的沙县小吃生产企业均在进行生产工艺标准化改造，每天有数十吨产品从产业园发往全国各地，年营业额突破 500 亿元，走向 66 个国家和地区。

（四）营运管理的数字化实践

由于门店和部门逐渐增多，数字化系统在沙县小吃营运管理中的应用范围逐步扩大，主要涉及收银、配菜、验货、点餐、支付、供应链等，开启了"小吃＋数智＋金融"新模式，逐渐实现从供应端到销售端的数字化转型（见表 10.4）。在管理模式整合上，沙县小吃集团有限公司已着手开始打造一体化管理平台，结合总公司、子公司和终端店构建三位一体的连锁加盟模式，形成一二三产融合的数字化产业生态圈。同时，沙县小吃集团有限公司、沙县小吃集团餐饮连锁有限公司等企业将数字化管理运用到沙县小吃门店的内部管理。在员工人力资源管理上，有意识地加强自动化技术培训，采取线上面试、线上线下相结合培训方式，应用 OA 系统等对员工进行实时监测和管控，尽可能实现资源的节约。在财务运作上，注重产销数据的总结，通过收入的高低及时调整内部生产，使门店工作人员之间能够更好地相互协调。在日常管理上，通过员工打卡等制度保证每日工作的正常运行，将智能监测运用到餐厅内，对餐厅的卫生进行实时管控。

表 10.4　　　　　　　　沙县小吃数字化系统应用情况　　　　　　　　单位：家

数字化系统名称	落实门店数量
自主收银系统	500
配菜网系统	1500

数字化系统名称	落实门店数量
移动终端验货系统	5000
智能点餐	5000
线上支付	10000
供应链整合协同管控系统	10000
菜么么	6000

资料来源：三明市沙县区政府网站 2022 年数据。

（五）营销推广的数字化实践

数字技术能有效促进沙县小吃非遗文化内涵的深刻挖掘，使其在新时代下焕发光彩。在线上线下联合方面，沙县小吃积极地入驻美团等平台，推广各种小吃套餐优惠券等，在 2021 年"文化和自然遗产日"之际，沙县联手美团共建"线上非遗小吃街"，将线下"传统技艺小吃一条街"文昌街的 13 家非遗老字号商户搬到网上，为其开通线上门店和外卖服务，进行推广引流。在形象塑造方面，设计沙宝、蒸饺大师、慢炖炖等主题卡通人物形象，使得沙县小吃的产品不再局限于传统的食物，"丑萌"的手办也成为其产品的一部分。同时，沙县小吃还与淘宝商家合作，将画风治愈的萌宠卡通植入线上门店进行推广，使消费者不仅能享用美食还能消费"体验"。在视频传播方面，推出以沙县小吃为题材的微电影《小吃父子》《心结》等，内容创新引人入胜，打破了受众对沙县小吃固有的认知，提高了品牌传播的效果。

二、沙县小吃价值链数字化转型存在问题

（一）产业价值链数字化应用不深

虽然沙县小吃门店数量超过 8.8 万家，但目前试点数据化应用门店的城

市只有六个，信息化平台交易额仅 1.05 亿元左右。在食材采购、配送、原料加工等一系列流程中未形成完整、闭环的产业信息价值链，造成信息存在一定程度的闭塞，生产效率也较为低下。在生产种类上，未能利用产业大数据推动生产者和消费者之间的双向赋能，导致产品品类较为单一，不能满足消费者多样化、个性化的喜好。在备货系统方面，虽然近年来部分门店采用了原材料数量统计系统，但是数据还不够准确，有时产生库存积压，带来浪费。

（二）门店数字化运营能力不足

在数字能力方面，多数沙县小吃从业人员数字技术知识储备较为缺乏，缺少系统的人力培训管理，很多小店仍然处于传统的经营模式。在线上宣传和售后服务方面，多数人员目前仍以固有的线下销售经验为主，卫生意识不强，服务也不够热情，较少运用销售平台数据和线上培训提升自身的服务意识。在用餐环境中，多数门店没有设置数字点餐系统，不能够根据数据更好地了解顾客的喜好、需求和偏好，从而利用算法推送更适合顾客的产品。在菜品管理方面，门店的菜品研发及工艺传授受员工的技术影响较大，由于缺乏数字化标准，在烹饪的火候、调味料等方面缺乏固定的指标，致使全国门店菜品的口感质量良莠不齐。

（三）数字化营销手段过于单一

在营销内容上，沙县小吃的公众号、网站等宣传大多停留在其色、味上，未能深入去挖掘其背后的品牌故事和非遗文化。在营销活动上，运用小程序、微信公众号、微博话题引流等方面还不够到位，在美团、饿了么等平台的营销较为被动，缺乏主动推出优惠券、参与节日活动等意识，线下门店沉浸式数字化用餐体验较为缺乏。在跨界融合上，未能很好利用区块链、虚拟现实、增强现实等数字技术打破餐饮与其他领域之间的壁垒，使得沙县小吃的长尾营销效应没有得到充分发挥。

三、沙县小吃价值链数字化转型路径

（一）加强沙县小吃产业数据挖掘，打造非遗餐饮虚拟价值链

虚拟价值链指通过对数据信息进行分析和再加工从而实现增值。构建虚拟价值链能够通过搜集、分析传统价值链的原始信息，有效降低生产、交易和管理成本，开拓平行网络市场（陈荣、吴金南，2006），对非遗餐饮的数字化转型具有重要作用。在产业信息获取上，可以运用爬虫等技术，通过对美团、饿了么等平台的沙县小吃相关文本、图片等进行分析，分析筛选用户的评价和消费数据。在产业信息护理方面，可继续开发管理应用软件，构建可视化系统，使商家和消费者能够直观获取第一手数据，同时优化沙县小吃信息平台系统功能，对从供应到销售的数据进行整合，根据虚拟价值链的数据合理调整门店的区位分布。虚拟价值链不仅要注重价值链生产过程中数据的运用，还需要注重虚拟价值链中商家与消费者之间的双向关系，提高数据的灵活性和客观性（Bhatt & Emdad，2001）。在产业数据应用方面，基于虚拟价值链供求信息不断拓展增值服务，开发种类更丰富、更具个性化的沙县小吃产品，如针对不同客户群体制定《沙县小吃餐饮指南》、推出健康轻卡套餐，研发沙县小吃虚拟代币、数字明信片、数字工艺品、数字藏品等。

（二）拓展人力资源数字化应用，提升营运管理整体水平

受数字经济、人口老龄化等社会因素，以及云计算、大数据等技术因素驱动影响，人力资源数字化将加速发展渗透。沙县小吃作为传统劳动密集型产业，对人力资源数字化转型的需求更为旺盛。在具体数字赋能举措上，可以加强数字管理系统在人员定期培训方面的应用，如设置网上课程，实现无纸化办公，建立企业微信，扩大打卡、OA系统运用范围，促进人员管理的专业化，甚至在网上建立虚拟人才管理团队，促进人力资源的有效开发。同

时利用网络社区和网络平台，建构沙县小吃的企业文化。在原料采购上，沙县小吃主要以健康营养为主，在原材料上应该给顾客营造安全卫生的印象，通过建立采购软件和系统，保证消费者通过扫码查询追溯原材料的来源。在产品生产上，运用全自动化设备、中央厨房等有效降低人工成本，并最大程度保证食品在制造过程中免受污染，提高食品的品质。在餐品终端上，采取在美团、饿了么、抖音等 App 直播外卖制作过程等方式，确保外卖质量，同时有意识培养门店人员数字化思维，推进消费数据的定期收集和分析以把握顾客的偏好，设计出符合顾客需求的饮食"爆品"、网红菜品。

（三）利用数字技术提升体验感，打造沙县小吃非遗元宇宙

在体验经济时代，消费者呈现个性化和多元化的需求，趋向于追求难忘的、有特别感受的沟通方式（王忠、吴昊天，2017），消费者尤其是年轻群体在用餐体验上已不再满足于传统的堂食方式，这对沙县小吃的用餐体验提出了新的要求与挑战。一方面，可以利用数字技术推进沙县小吃沉浸式光影餐厅建设，进餐者能够透过灯光、影像、音乐及用餐场景的互动，提升用餐的整体感觉和氛围，对餐馆的经济利益具有重要影响。在用餐过程中，可以通过全息投影技术、增强现实、虚拟技术等，在餐厅空间展示沙县小吃的品牌故事和非遗内涵，丰富消费者的用餐体验。另一方面，以非遗文化为背景打造沙县小吃元宇宙，可以让消费者体验复古怀旧的用餐场景，全方位了解和体验沙县小吃文化。借助人工智能技术，点餐环节可以设置虚拟服务员、虚拟味觉体验等，从而精准化点菜的偏好；运用全息投影技术，顾客可以进入虚拟厨房观看厨师的烹饪过程，了解沙县小吃非遗品牌内涵，甚至还能够参与到食品的制作过程中，不仅能提高顾客的食欲，还可以打发消费者等餐的无聊时间。

（四）强化线上线下营销联动，利用数字化促进跨界融合

区域门店可根据沙县小吃价值链各个环节的数据互通，积极探索新市民服务需求，通过在小程序、公众号、微博、本地网络社区等平台创造"就餐

便利性"的话题讨论，引发线上用户对沙县小吃套餐需求的讨论，拓展智慧食堂、能量站、小吃机等产品推广路径。还可以设计"沙县小吃回馈日"，通过发送优惠券、会员积分兑换、"霸王餐"抽奖等活动，营造多样化的"线上引流，线下消费"促销联动，促进沙县小吃的品牌传播。此外，非遗产品的品牌打造不仅局限于非遗领域，更重要的是非遗之外的跨界合作，沙县小吃可以根据餐饮的特点，从感官出发，借助数字技术实现跨界融合。在嗅觉上，借鉴大白兔奶糖与香水品牌"气味图书馆"联动的例子，沙县小吃也可以与相关品牌联合，打造卤味橡皮擦、瓦罐煨汤款雪糕等，开拓新的消费品类。在触觉上，沙县小吃可以在餐厅设置 VR 眼镜、AR 摇椅等，制作并播放和沙县小吃相关的故事，打造沙县小吃微型动感影院，让消费者享受精神和味觉的双重满足。在视觉上，沙县小吃可以借鉴奈雪的茶、肯德基的例子，与盲盒品牌联动开发"沙宝"等 NFT 数字艺术品，塑造沙县小吃的特色化品牌形象。

第四节　非遗戏剧数字化转型案例：梨园戏

梨园戏起源于宋元的泉州，迄今已有八百多年历史，被称为"宋元南戏活化石"，其传承了古南戏的程式化音乐和舞蹈元素，在审美风格、角色行当、演出内容、演出范式等方面对宋元民族的剧种研究具有重要参考价值，与浙江南戏一同被称为"闽浙之音"。2006 年，梨园戏正式列入第一批国家级非物质文化遗产名录。顺应数字赋能非遗的趋势，梨园戏逐渐出现数字影视、虚拟角色、数字戏曲谱等传承方式，部分学者也将目光转向梨园戏数字化传承创新上。但整体上梨园戏数字化方面的文献较为分散，缺乏对梨园戏数字化传承存在问题和路径创新的系统探讨。本节在分析梨园戏数字化现状基础上，针对梨园戏数字化传承存在问题提出路径创新建议，以期为非遗戏剧数字化传承提供借鉴。

一、梨园戏数字化传承的现状

（一）梨园戏数字影像传播

数字影像是最为常见的非遗戏剧数字化生产流程，一方面拓宽了非遗戏剧的表演空间，线上线下传播结合也节约了展演成本，另一方面为非遗戏剧的大规模复制提供了重要素材，丰富了非遗戏剧根基文化的留存方式，为梨园戏跨界带来更多的可能。目前梨园戏的数字影像表现形式主要有三种。一是梨园戏数字影视作品。梨园戏因具有丰富的情景性和故事性，逐渐衍生出系列影片，如中英字幕同步呈现的宣传片《梨园戏音》、彩色影片《陈三五娘》《胭脂记》等。二是梨园戏元素的综艺节目（宋妍，2014）。例如：梨园戏《董生与李氏》选段亮相《相约花戏楼》；旅行音综《寻声而来》探寻泉州梨园戏和木偶戏文化，《姐姐的爱乐之程》主题曲《无价之姐》融入梨园戏舞蹈元素，成功以真人秀形式实现梨园戏的跨界传播。三是梨园戏互联网视频。新编梨园戏《倪氏教子》《御碑亭》和《董生与李氏》等在泉州广播电视台《无线泉州》和梨园戏传承中心官方抖音号线上直播，以梨园戏元素为标志的本土"尚好听"乐队的表演短视频在抖音上热播，都是梨园戏结合互联网思维实现创新传播的例子。

（二）梨园戏数字平台建设

新媒体的高速发展极大扩展和延伸了非遗戏剧的传播空间，社交媒体、电商平台、视听网站各类产业与非遗戏剧的线上线下交融成为非遗戏剧传播的重要渠道。梨园戏网站建设方面，目前尚未有专门网站，相关信息主要在综合性网站中体现，如中国非物质文化遗产网就对梨园戏进行介绍（见表10.5），"泉州文化网"将梨园戏作为民间文化收录在网站数据库。再如中国戏曲网、古往今来非遗保护网、泉州数字网等都有梨园戏相关信息。这些网站大多配有梨园戏照片，内容则有所侧重：有的以背景、特点、传承人等介绍为主，有的则对主要曲目进行搜集整理，使用者点击就可即时收看和收听。梨园戏微信公众号建设方面，以"福建省梨园戏传承中心"微信公众号为主，其设有演出购票、南戏展演、文化信息等版块，同时链接"泉州文化云"，将梨园戏与整个泉州的文化融合在一起。梨园戏应用系统建设方面，伴随泉州地方戏曲社对工尺谱的研究，一些科技人员也开发出工尺谱转译简谱和五线谱的应用系统，便于梨园戏受众的理解与传承。

表 10.5　　　　　　　　中国非物质文化遗产网梨园戏相关内容

序号	名称	内容	备注
1	简介	梨园戏介绍	
2	相关传承人	编号、姓名、出生日期、民族、类别、项目名称、申报地区	以表格形式呈现
3	相关资讯	梨园戏相关政策、影视作品、会议	梨园戏与当下时代发展的联系
4	相关学术	梨园戏相关研究	梨园戏的传承与保护

资料来源：笔者根据中国非物质文化遗产网整理。

（三）梨园戏数字体验打造

数字媒介既是非遗的传播途径，也是非遗的生产手段，为受众提供获取、交流非遗信息的服务功能，同时受众的共享、参与也不断使非遗获得基于数字和网络媒介的创新选择（解梦伟、侯小锋，2021）。借助智能交互、动作捕捉技术、虚拟现实等技术，数字赋能不断推动梨园戏创新展演和体验形式。一方面，通过动作捕捉技术真实还原戏曲的动作，让梨园戏艺人穿戴上相关设备，并在头部、关节等设置传感器，采集信息建立三维动画模型，受众只要戴上头盔，就能随时享受沉浸式梨园戏表演。利用梨园戏表演数据还能开发小游戏、培训软件等，实现梨园戏体验的多样化。另一方面，"云直播""跨界""元宇宙"等概念也创新了梨园戏展演形式。数字媒介搭建起受众对非遗从陌生到认同的桥梁，观众能够即时享受梨园戏直播，通过网络空间实现非遗传播的共情。数字技术不断融入舞台的布景、灯光、音效等，观众能够随意地穿梭在剧场或露天舞台中，并与演员进行有效互动，使观众也成为戏曲的一部分。如新编梨园戏《陈三五娘》在传统科介、传统乐器表演中，融入吉他、卡洪鼓、数字综合周边效果器等流行音乐元素，强化了沉浸式观剧体验。

二、梨园戏数字化传承存在的问题

（一）传播效果具有较强地域差异

传播效果是戏剧传承的直观衡量标准之一，目前梨园戏对"圈外人"传播效果仍有待提升，原因主要有三方面。一是梨园戏本身存在较强的地域色彩。其蕴含浓厚的闽南文化内涵，属于较传统的艺术门类，短时间内让受众了解并喜爱具有一定的挑战性。二是梨园戏影像传播的翻译问题。文化环境和语境差异造成的思维差异，使梨园戏影视作品在制作时对翻译的要求较高。一些梨园戏影视作品、短视频在字幕翻译上存在较为生硬的问题，由此造成的效果差异导致外国观众对梨园戏的理解及艺术感受大打折扣，使梨园戏的艺术价值不能更好展现出来。三是梨园戏影像传播内容陈旧。梨园戏影视作品的创新亟待加强，部分作品存在内容较为单一、表现缺乏新意等问题。

（二）综合性数字平台较为缺乏

目前梨园戏数字平台在信息建设上较为落后，体现在两方面。一是数字信息资源整合度不高。相关网站和公众号信息类型较为狭窄，多数停留在对梨园戏的简单描述上，涉及传承人、曲目、政策、学术等方面的信息并不丰富。网络上的用户大多是较为年轻的群体，综合性数字平台的缺乏导致梨园戏数字资源不能得到有效传播，无法满足梨园戏爱好者和受众通过网络了解梨园戏的需求。二是数字信息关联度不足。已有梨园戏数字平台与泉州地方演出机构、景区景点、文旅企业相互合作的资讯较少，限制了受众系统了解梨园戏文化内涵及演出市场的渠道，导致梨园戏"曲高和寡"。

（三）虚拟技术应用程度不高

迄今梨园戏仍然以传统演出为主，在动作捕捉系统、三维建模等方面普及度不高，主要原因有四方面。一是表演者主观抵触。梨园戏表演者大多对虚拟技术运用缺乏了解，思维局限于传统演艺上，在新媒体的冲击下部分传统艺人难以适应，进而对现代技术产生疑惑和抵触心理。二是数字技术效果不佳。目前虚拟技术仍存在许多瓶颈问题有待突破，如VR、AR专用头盔、眼镜、手柄等硬件设备操作复杂、不够便携、算力负荷大，无法完美贴合用户的需求，会使用户产生不适感，这些都可能导致呈现的梨园戏表演效果不佳（刘中华、焦基鹏，2023）。三是运营成本高。由于虚拟技术运营成本较高，一些传统院团尚不能负担，导致该技术难以得到广泛推广。四是专业人才少。戏曲与科技交叉的人才培养机制存在短板，缺乏将梨园戏艺术与科技相结合的学科建设，高校关于梨园戏数字化的课程和培训也较为匮乏。

（四）数字传承财政支持较少

由于传承人在演出方面的收入有限，政府对传承人的补助尚处于较低水平，80%的传承人处于每月收支失衡的状况，仅仅靠自身的积蓄维持梨园戏的传承。原因一方面在于梨园戏院团获得展演官方补助和支持的机会较少，大部分院团均面临资金困难的窘境。而梨园戏数字化传承需要较高能力的技术人员和相应的设备，高昂的成本导致梨园戏数字化举步维艰。另一方面由于线上推广的通路未打开，不能吸引相关企业品牌投资，缺乏创意的运营和推广方式导致梨园戏无法实现自身造血。梨园戏固守传统的展演方式难以吸引受众，常规演出无法给院团带来收益，仅依靠一些补贴勉强被动进行传承，资金缺乏又进一步导致梨园戏发展的可能性被限制，造成恶性循环。

三、梨园戏数字化传承的路径

（一）提升梨园戏数字影视作品质量

首先，建立专业戏曲语言翻译团队。在梨园戏数字影视作品的翻译上，应该选用了解梨园戏文化的翻译人员，确保梨园戏剧目的意境能够得到更好体现。可以设立专业的翻译团队，成员除了需要翻译技能的培训，还应定期进行艺术涵养的熏陶，如观看梨园戏展演、学习梨园戏文化知识等。

其次，设立专门委员会把关指导。梨园戏影视作品在翻译上要建立一套系统标准，在表现意境及文化内核上可设立委员会严格把关，减少翻译者的主观判断导致内容质量受损。委员会应当由梨园戏传承人、专家学者、内容质量审核人员等组成，并逐渐形成一定的翻译标准和规范。

最后，定期开展交流和采风活动。梨园戏数字影视创作人员可通过定时举办采风活动，深入传统梨园戏传承人生活和工作中。同时根据国内外观众对梨园戏影视作品的反馈，对内容和翻译方式进行调整。此外，尤其应该重视非遗影像媒介实践中的代际传播问题（李鹏，2023），了解年轻群体对梨园戏话题的关注点，推出更多满足年轻受众需求的数字影视作品，增强代际对接。

（二）构建综合性梨园戏数字化平台

一方面，依托高校建立梨园戏数字化研究中心。以中心平台为学术交流和课程推广基地，定期邀请不同领域专家进行学术分享，推进梨园戏传承机构和传承人与高校共建梨园戏数字化课程、人才培养方案、课程教学计划等，依托各专业学生的优势，如将设计、美术、编程、音乐等专业的学生组合在一起，以毕业设计或课程作业形式提交梨园戏数字作品，培养学生梨园戏数字化意识和专业技能。同时借助"学堂云""中国大学 MOOC"等平台推广线上课程，课程可涵盖梨园戏艺术概论、梨园戏美学鉴赏、梨园戏曲谱入门等主题。

另一方面，尝试建设梨园戏数字博物馆。数字博物馆可以运用虚拟仿真、三维技术真实还原梨园戏表演，以网络展播形式弥补即时观戏的限制，还可以结合图文、视频，从演员、剧目、表演等全方位展现梨园戏深厚内涵。同时，可以在数字博物馆展陈中加入沉浸式数字影视，如《昭君出塞》可以结合三维技术，还原出塞途中的所见所感，结合梨园戏唱腔，将科技美与传统美结合起来；《御碑亭》可开发全息式体验，观众可通过虚拟角色扮演体会剧中的女性主义精神。

（三）利用数字技术拓展梨园戏展演形式

一方面，推进虚拟现实技术的运用。区块链、数字孪生、虚拟现实、人工智能等技术是现阶段非遗数字化活态传承的"破圈"利器和有力抓手。梨园戏可以以传统表演为主，辅以能够虚拟捕捉专业演员动作、唱腔甚至是演员的表情、口型等元素的应用系统，对梨园戏纯正的方言、伴奏和具体的步法身段进行记录，用于演员培训和宣传推广。技术人员可以构建三维化虚拟舞台，通过灯光和舞美设计带给观众不同的视觉享受。在声效方面，梨园戏可以加入混响技术，丰富舞台的表现力。

另一方面，加强全息投影在舞台表现的应用。体验式、沉浸式戏曲舞台有利于推动戏曲从消费者文化转型为参与者文化，进而增强传播的有效性。可运用"360度幻影成像"技术，将梨园戏虚拟人物投影在舞台实景的半空中，让现场观众无需其他工具就能与虚拟角色互动。还可利用全息投影、三维动画、运动捕捉等形成立体影像，实现真实梨园戏演员无法实现的高难度动作，提升舞台演出表现力。同时，可借用全息投影进一步凸显梨园戏展演的文化底蕴，如通过舞台投影进行传统梨园戏展演之前的"献棚"。还可打造微缩式全息投影梨园戏舞台，便于在文博场所进行展陈。

（四）借助"O2O"模式推进梨园戏跨界融合

一方面，推进"线上引流，线下消费"。首先，开展线上营销带动线下旅游消费。和"去哪儿网""马蜂窝""微博"等联动，通过"买机票赠送梨园戏门票""梨园戏线上抢答享折扣""美食、住宿、旅游打卡套餐""'你理想中的梨园戏？'微博话题讨论"等系列活动带动线上游客参与到线下。游客线下观赏梨园戏的同时，可以参与学习梨园戏唱腔及舞蹈、体验梨园戏服饰等，盘活文旅资源。其次，利用线上直播带动线下研学活动。鼓励知名梨园戏演员依托 B 站、抖音、快手等平台开展线上演播、联动直播，同时针对不同年龄段推出"零基础入门梨园戏""梨园戏传承人交流会"等线上课程。这些活动均可与实体艺术空间结合，以"线上＋线下"的形式推出梨园戏研学套餐。最后，开发梨园戏 IP 带动线下文创消费。通过创建线上社区、孵化动漫形象、开发网游手游、推出数字藏品等，进一步延展梨园戏 IP 赋能文创产品。如设计"梨园戏小剧院"知识竞答小游戏，玩家每通一关即可欣赏动画版梨园戏，积分最高的玩家可免费获得梨园戏 IP 周边及演出门票等。

另一方面，推进"线下引流，线上消费"。首先，利用线下扫码带动线上产品销售。在剧院、文博场馆、景区景点引导观众扫描二维码关注公众号，在线上定时发送梨园戏门票、周边文创信息及福利，将流量引入电商、抖音、小程序等平台。其次，开发梨园戏剧本杀和影棚提升线上消费意愿。现场开展优惠套餐、预约有礼等活动，陈设与剧本杀主题相关的梨园戏书籍，如梨园戏表演者传记、梨园戏服饰鉴赏、"零基础"学习梨园戏等，带动线上梨园戏文创产品、电子书和数字影视产品消费。最后，创新梨园戏体验空间带动线上文创周边。依托文博场馆、剧院、步行街、商场等场所，设置闽南风格的梨园戏体验空间，摆设梨园戏元素的文化衫、香薰、古风版耳环、玩偶盲盒等周边，加深消费者对梨园戏的直观感受，消费者也可穿上戏服拍照体验，将照片发送到微博、小红书等平台即可领取线上文创产品优惠券（见表 10.6）。

表 10.6　　　　　　　　　　梨园戏 "O2O" 模式相关业态

模式	引流业态	消费业态	效益
线上引流，线下消费	梨园戏主题旅游套餐；线上机票酒店优惠	线下景区景点游览；梨园戏角色装扮体验	合作费用；旅游收入
	梨园戏微博话题	线下梨园戏体验	文旅收入；扩大社会影响
	梨园戏线上直播；视频课程	线下实体艺术空间	流量收入；课程学费
	梨园戏 IP	梨园戏 IP 周边；梨园戏演出门票；梨园戏文创陈设；市集	广告收入；授权收入；线上梨园戏宣传
线下引流，线上消费	线下扫描关注	线上直播带货；小程序	产品销售收益；直播带货流量
	梨园戏主题剧本杀	梨园戏文创；电子书；数字影视产品	剧本杀门票；线上广告；产品销售收益
	梨园戏影棚	梨园戏文创；电子书；数字影视产品	拍摄费用；戏服租赁费用；线上广告
	梨园戏体验空间	梨园戏文创	产品销售收益；扩大社会影响

（五）强化梨园戏技术应用的资金和人才支持

首先，加强政府财政支持。将梨园戏数字化项目和政府相关部门进行对接，设置梨园戏传承人专项财政补贴，如减免梨园戏演出场地租赁费用、提升梨园戏传承人补助等。剧院在引入虚拟技术装置道具、数字影视作品制作和宣传等产生的费用由政府和剧团共同承担。

其次，引入企业和社会资本。相关技术企业如 VR 眼镜公司、服装公司、化妆品公司等可利用梨园戏知名度，通过推出联名文创产品、梨园戏展演现场品牌发布、梨园戏线上流量变现、知名演员形象代言等形式，促进自身品牌形象的打造。梨园戏也可以获得资金、技术上的支持，实现企业与梨园戏之间的双向赋能。

最后，组建高素质数字化专业队伍。定期开设数字技能培训课，帮助梨园戏表演者有意识运用线上平台拓宽受众范围。剧院数字化团队中可纳入专业技术人员进行指导培训，设立严格分工体系的同时，注重技术人员和艺人之间的交流合作，提高技术人员艺术素质的同时培养艺人数字化意识。举办数字技术与梨园戏融合的创新创业赛事，培养数字影视编剧和导演、数据分析和应用、数字舞美等后备力量。

参 考 文 献

一、中文部分

[1] 安家骥，狄鹤，刘国亮．组织变革视角下制造业企业数字化转型的典型模式及路径 [J]．经济纵横，2022（2）：54–59.

[2] 安妮，张瑞萍．基于服装产业链的西南地区纺织类非遗传承 [J]．丝绸，2016，53（2）：79–85.

[3] 白建松．非物质文化遗产内容的博物馆数字化展示模式与产业化研究 [J]．浙江艺术职业学院学报，2011，9（2）：112–117.

[4] 白志如，苏士梅．新媒介语境下民族非遗的品牌叙事与传播取向 [J]．湖北民族大学学报（哲学社会科学版），2020，38（4）：128–135.

[5] 毕传龙．大数据时代民俗文化资源的数字化 [J]．民族艺术研究，2016，29（3）：87–93.

[6] 卜颖辉．临清贡砖砖作技艺虚拟可视体验设计研究 [J]．包装工程，2021，42（20）：395–401.

[7] 蔡璐，熊拥军，刘灿姣．基于本体和元数据的非遗资源知识组织体系构建 [J]．图书馆理论与实践，2016（3）：39–43.

[8] 蔡尚伟，丁锦箫．产业融合视阈下文旅产业与数字经济融合发展现状与对策：基于对成都的考察 [J]．广西社会科学，2021（1）：118–123.

[9] 曹星．非遗借助新媒体与旅游实现联动传播可行性分析：以云南省非物质文化遗产新媒体传播为例 [J]．云南民族大学学报（哲学社会科学

版), 2015, 32 (4): 53-56.

[10] 柴昊, 赵跃. 非物质文化遗产信息传播策略研究: 基于 SMCR 模型的分析 [J]. 河南大学学报 (社会科学版), 2020, 60 (5): 141-145.

[11] 常天恺. "智能+"时代文化装备制造业的数字化升级与创新 [J]. 人文天下, 2021 (7): 8-13.

[12] 陈岸瑛, 黄庆圆. 传统工艺振兴标准与评价体系初探: 基于 310 家传统工艺企业的问卷调研与数据分析 [J]. 艺术工作, 2020 (5): 82-87.

[13] 陈兵, 裴馨. 数字经济发展影响产业结构升级的作用机制研究: 基于区域异质性视角的分析 [J]. 价格理论与实践, 2021 (4): 141-144, 171.

[14] 陈波, 延书宁. 场景理论下非遗旅游地文化价值提升研究: 基于浙江省 27 个非遗旅游小镇数据分析 [J]. 同济大学学报 (社会科学版), 2022, 33 (1): 20-32.

[15] 陈冬梅, 王俐珍, 陈安霓. 数字化与战略管理理论: 回顾、挑战与展望 [J]. 管理世界, 2020, 36 (5): 220-236, 20.

[16] 陈庚, 林嘉文. 我国数字文化产业政策的演进脉络、阶段特征与发展趋势 [J]. 深圳大学学报 (人文社会科学版), 2022, 39 (6): 40-51.

[17] 陈海玉, 等. 基于联盟链的西部少数民族非遗数字资源共享模型构建研究 [J]. 档案管理, 2021 (5): 48-51, 54.

[18] 陈荣, 吴金南. 虚拟价值链: 电子商务环境下企业竞争优势的分析工具 [J]. 经济管理, 2006 (13): 44-46.

[19] 陈少峰. 以文化和科技融合促进文化产业发展模式转型研究 [J]. 同济大学学报 (社会科学版), 2013, 24 (1): 55-61.

[20] 陈思琦. 非物质文化遗产与文化创意产业融合发展路径研究 [J]. 四川戏剧, 2018 (10): 54-56.

[21] 陈晓东, 杨晓霞. 数字经济可以实现产业链的最优强度吗?: 基于 1987-2017 年中国投入产出表面板数据 [J]. 南京社会科学, 2021 (2): 17-26.

[22] 程明, 龚兵, 王灏. 论数字时代内容营销的价值观念与价值创造路径

[J]. 出版科学, 2022, 30 (3): 66 – 73.

[23] 程秀峰, 张小龙, 翟姗姗. 虚拟现实技术在非遗信息资源展示中的应用调查研究 [J]. 数字图书馆论坛, 2019 (1): 37 – 42.

[24] 程宣梅, 杨洋. 破解数字化重构的商业模式创新: 战略柔性的力量 [J]. 科技管理研究, 2022, 42 (16): 111 – 118.

[25] 崔彦彬, 李慧. 从非遗保护和文化产业角度谈河北民间艺术的发展 [J]. 河北学刊, 2013, 33 (3): 205 – 207.

[26] 达妮莎, 李建阁. 线下引发线上: 非遗微博传播效果的影响因素及实证分析 [J]. 湖南大学学报 (社会科学版), 2018, 32 (4): 155 – 160.

[27] 邓婷. 浅析中国非遗手工艺品跨境电商销售策略 [J]. 老字号品牌营销, 2022 (13): 3 – 5.

[28] 邓向阳, 荆亚萍. 中国文化产业新业态创新模式及其发展策略 [J]. 中国出版, 2015 (16): 78 – 81.

[29] 翟姗姗, 代沁泉, 谭琳洁. 基于 SOLOMO 的非遗信息集成推送平台构建及应用研究 [J]. 情报科学, 2018, 36 (10): 71 – 76.

[30] 翟姗姗, 等. 基于 UGC 的非遗短视频传播力测度研究 [J]. 现代情报, 2023, 43 (1): 110 – 119.

[31] 翟姗姗, 等. 基于用户信息行为的新媒体社交平台信息茧房现象及其破茧策略研究: 以非遗短视频传播为例 [J]. 情报科学, 2021, 39 (10): 118 – 125.

[32] 翟姗姗, 刘德印, 许鑫. 抢救性保护视域下的非遗数字资源长期保存 [J]. 图书馆论坛, 2019, 39 (1): 9 – 15.

[33] 刁兆峰, 高恒. 基于价值转移的企业战略创新 [J]. 科技进步与对策, 2009, 26 (9): 99 – 101.

[34] 丁智才. 民族文化产业视域下少数民族非遗文化的生产性保护: 以壮族织锦技艺为例 [J]. 云南社会科学, 2013 (5): 100 – 105.

[35] 董鸿安, 丁镭. 基于产业融合视角的少数民族农村非物质文化遗产旅游开发与保护研究: 以景宁畲族县为例 [J]. 中国农业资源与区划,

2019，40（2）：197－204.

［36］董坤．基于知识元的非物质文化遗产知识抽取与组织研究［J］．情报理
论与实践，2021，44（9）：155－160，148.

［37］董岩，时光，时雨甜．线上营销对网络消费者购买行为的影响研究
［J］．经济问题探索，2020（10）：45－55.

［38］杜莉莉．非物质文化遗产保护作为高等教育的新使命：以法国大学为
例［J］．现代大学教育，2016（3）：45－51.

［39］杜庆昊．数字产业化和产业数字化的生成逻辑及主要路径［J］．经济体
制改革，2021（5）：85－91.

［40］杜庆昊．中国数字经济协同治理理论框架和实现路径［J］．理论视野，
2020（1）：45－50.

［41］段卉，方毅华．个性化展演与现实场域控制：直播平台紫砂非遗文化
再生产解析［J］．现代传播（中国传媒大学学报），2021，43（11）：
131－135.

［42］樊传果，李旭丰．非物质文化遗产 IP 的跨界营销传播探析：基于传统
美术类非遗的视角［J］．传媒观察，2022（12）：85－90.

［43］樊丁．视频号在高校传媒人才培养中的实践研究：以厦门工学院为例
［J］．传媒，2023（13）：79－81.

［44］范青，史中超，谈国新．非物质文化遗产的知识图谱构建［J］．图书馆
论坛，2021，41（10）：100－109.

［45］范小青．让"大教堂"携手"大集市"：论非物质文化遗产传承与保护
的众包模式［J］．中央民族大学学报（哲学社会科学版），2016，43
（4）：166－171.

［46］范周．数字经济变革中的文化产业创新与发展［J］．深圳大学学报（人
文社会科学版），2020，37（1）：50－56.

［47］方潇．基于图像叙事的杨家埠木版年画数字文创设计研究［J］．包装工
程，2023，44（10）：411－419.

［48］高杰，王军．产业数字化转型对居民消费的影响研究［J］．学习与探

索，2022（8）：113 - 120.

[49] 高金燕．媒介融合视野下非物质文化遗产的传承与创新发展［J］．西北民族大学学报（哲学社会科学版），2020（6）：132 - 139.

[50] 高静，高宇．文旅产业中在地非遗的主角化趋势：以疫情倒逼产业升级为视角［J］．南京理工大学学报（社会科学版），2020，33（3）：26 - 32.

[51] 高薇华，白秋霞．"非遗"语境下傩文化的立体化产业与全息技术应用［J］．文化遗产，2015（5）：39 - 44.

[52] 高旸，陈鹏．技术主导与情感零度："非遗"数字化技术伦理反思［J］．广西社会科学，2020（7）：134 - 139.

[53] 耿蕊，刘静．微传播语境中非物质文化遗产的再现与重塑［J］．当代传播，2021（6）：94 - 96.

[54] 龚思颖．论沉浸产业的兴起与发展［J］．商业经济研究，2020（20）：174 - 177.

[55] 郭鸿雁．论文化业态创新的动因与形成机制［J］．当代传播，2009（4）：57 - 60.

[56] 郭会娟，庄德红．徽州非物质文化遗产数字传播的用户体验研究［J］．艺术百家，2017，33（6）：239 - 240.

[57] 郭全中．我国文化大数据体系建设研究［J］．中国编辑，2020（12）：54 - 57.

[58] 郭熙保，储晓腾．文化统计指标体系的国际比较分析［J］．电子科技大学学报（社科版），2015，17（4）：76 - 81.

[59] 郭永平，贾璐璐．全球在地化到地方全球化：互联网时代非物质文化遗产的保护与传承［J］．云南师范大学学报（哲学社会科学版），2023，55（2）：125 - 133.

[60] 郝挺雷，李有文．新基建赋能文化产业高质量发展研究：机制、挑战与对策［J］．福建论坛（人文社会科学版），2021（4）：41 - 51.

[61] 何晓丽，牛加明．三维数字化技术在非物质文化遗产保护中的应用研

究：以肇庆端砚为例 [J]. 艺术百家，2016, 32 (3)：231 - 233.

[62] 胡好，王柳庄，彭圣芳 . 参数化设计在首饰个性化定制中的应用策略研究 [J]. 装饰，2020 (11)：128 - 129.

[63] 胡娟，柯平 . 我国文化遗产数字人文研究的推进策略分析 [J]. 图书馆杂志，2023, 42 (4)：78 - 87, 140 - 145.

[64] 胡西娟，师博，杨建飞 . "十四五" 时期以数字经济构建现代产业体系的路径选择 [J]. 经济体制改革，2021 (4)：104 - 110.

[65] 胡晓鹏 . 价值系统的模块化与价值转移 [J]. 中国工业经济，2004 (11)：68 - 74.

[66] 胡艳，王艺源，唐睿 . 数字经济对产业结构升级的影响 [J]. 统计与决策，2021, 37 (17)：15 - 19.

[67] 黄春萍，等 . 跨界营销：源起、理论前沿与研究展望 [J]. 商业经济研究，2021 (4)：80 - 82.

[68] 黄蕊，徐倩，李雪威 . 文化产业数字化转型的演化博弈研究 [J]. 财经理论与实践，2021, 42 (2)：125 - 133.

[69] 黄先蓉，冯婷 . IP 生态视域下移动阅读产业盈利模式创新研究 [J]. 出版科学，2018, 26 (1)：20 - 26.

[70] 黄益军，吕庆华 . 非物质文化遗产与新型文化业态的融合 [J]. 重庆社会科学，2015 (12)：67 - 75.

[71] 黄益军，吕振奎 . 文旅教体融合：内在机理、运行机制与实现路径 [J]. 图书与情报，2019 (4)：44 - 52.

[72] 黄音，等 . 基于数字孪生技术的校企合作实践教学创新模式研究 [J]. 高等工程教育研究，2021 (4)：105 - 110, 117.

[73] 黄永林，纪明明 . 论非物质文化遗产资源在文化产业中的创造性转化和创新性发展 [J]. 华中师范大学学报 (人文社会科学版)，2018, 57 (3)：72 - 80.

[74] 黄永林，李媛媛 . 新世纪以来中国非遗保护政策发展逻辑及未来取向 [J]. 民俗研究，2023, (1)：5 - 17, 156.

[75] 黄永林，等 . 文化数字化的多维观察与前瞻（笔谈）[J]. 华中师范大学学报（人文社会科学版），2023，62（1）：52 - 69.

[76] 黄永林，谈国新 . 中国非物质文化遗产数字化保护与开发研究 [J]. 华中师范大学学报（人文社会科学版），2012，51（2）：49 - 55.

[77] 黄永林 . 党的十八大以来我国文化产业政策引导成效及未来方向 [J]. 人民论坛·学术前沿，2022，（19）：72 - 82.

[78] 黄永林 . 非物质文化遗产产业利用意义和发展模式研究 [J]. 中国文艺评论，2022（8）：13 - 26.

[79] 黄永林 . 数字化背景下非物质文化遗产的保护与利用 [J]. 文化遗产，2015（1）：1 - 10，157.

[80] 黄韫慧，刘玉杰，陈璐 . 数字新基建促进人文经济的生产机理与产业实践 [J]. 南京社会科学，2023，（9）：51 - 58.

[81] 嵇婷，耿健 . 融合发展与创新驱动：公共数字文化服务平台转型升级建设探索 [J]. 新世纪图书馆，2020，（3）：70 - 75.

[82] 吉峰，贾学迪，林婷婷 . 制造企业数字化能力的概念及其结构维度：基于扎根理论的探索性研究 [J]. 中国矿业大学学报（社会科学版），2022，24（5）：151 - 166.

[83] 贾菁 . 人工智能背景下非物质文化遗产数字化传播的进阶路向 [J]. 当代传播，2020（1）：98 - 101.

[84] 贾宇婷，吴丹 . 公共数字文化移动服务平台用户隐性需求和显性需求识别 [J]. 图书馆论坛，2024，44（4）：93 - 103.

[85] 江伟，周敏 . 文旅融合背景下的非遗主题文创产品开发策略研究：以无锡灵山小镇·拈花湾为例 [J]. 艺术百家，2020，36（5）：200 - 204.

[86] 姜君蕾，夏恩君，贾依帛 . 数字化企业如何重构能力实现数字融合产品创新 [J]. 科学学研究，2023，41（12）：2257 - 2266.

[87] 蒋慧，朱倩文 . 重述神话：壮族节庆类非物质文化遗产传说的数字动漫探析 [J]. 美术观察，2020（10）：73 - 74.

[88] 蒋恺 . 短视频生态下非遗文化空间的生产和消费 [J]. 传媒观察，2022

（7）：90－95.

[89] 解辉．非遗元素与文创产品设计的融合［J］．包装工程，2022，43（14）：335－338.

[90] 解梦伟，侯小锋．非物质文化遗产数字化传播的反思［J］．民族艺术研究，2021，34（6）：139－145.

[91] 解学芳，陈思函．5G＋AI技术群驱动的文化产业新业态创新及其机理研究［J］．东南学术，2021（4）：146－157，248.

[92] 金准．经济换挡期非物质文化遗产的旅游利用与产业的高深演化［J］．旅游学刊，2019，34（5）：1－3.

[93] 靳聪，等．DynArt ChatGPT：一个动态非遗年画的生成平台［J］．图学学报，2023，44（6）：1212－1217.

[94] 凯斯·R.桑斯坦．信息乌托邦：众人如何生产知识［M］．毕竞悦，译．北京：法律出版社，2008.

[95] 匡红云，谢五届．基于虚拟旅游体验的文旅企业线上线下融合发展路径［J］．企业经济，2021，40（6）：129－137.

[96] 赖勤，等．虚拟旅游研究综述：基于Scopus数据库的文献计量与内容分析［J］．旅游科学，2022，36（1）：16－35.

[97] 兰德尔·柯林斯．互动仪式链［M］．林聚任，王鹏，宋丽君，译．北京：商务印书馆，2012.

[98] 雷瑾亮，王海花，王延峰．融合生态学观点的业态与业态创新：兼论与商业模式的比较［J］．上海管理科学，2013，35（6）：50－54.

[99] 雷显峰．"非遗"手工艺传承人的高校研培模式探析［J］．天津师范大学学报（社会科学版），2021（5）：72－75.

[100] 黎娟．互联网众包对现代企业管理模式创新的启示及应用［J］．商业经济研究，2017（2）：113－115.

[101] 李川，朱学芳，冯秋燕．XR技术驱动下的非遗仿真数据服务方案探索［J］．图书馆杂志，2023，42（4）：88－96，146－151.

[102] 李春梅，张瑞洁．"媒体＋文创＋科技"开启融媒体产品创新交互模

式：以新华网首创"瓷文化"IP为例 [J]. 传媒, 2019 (20)：61 - 63.

[103] 李凤亮, 宗祖盼. 经济新常态背景下文化业态创新战略 [J]. 北京大学学报 (哲学社会科学版), 2017, 54 (1)：133 - 141.

[104] 李国兵. 民族文化传承与创新资源库的建设与应用：以"百工录"为例 [J]. 装饰, 2021 (5)：132 - 133.

[105] 李晶, 曹钰华. 基于组态视角的制造企业数字化转型驱动模式研究 [J]. 研究与发展管理, 2022, 34 (3)：106 - 122.

[106] 李景峰, 梁明蕙. 分享经济时代下基于互联网的人力资源众包模式初探 [J]. 经济问题, 2016 (4)：96 - 101.

[107] 李鹏. 影像媒介实践中非物质文化遗产的代际传播 [J]. 传媒, 2023 (9)：78 - 80.

[108] 李荣锋, 李学明, 柳杨. 基于变异字典的中国工尺谱即兴演奏研究 [J]. 复旦学报 (自然科学版), 2019, 58 (3)：314 - 319.

[109] 李舒妤. 非遗文化传承的教育路径研究 [J]. 南京艺术学院学报 (美术与设计), 2023 (3)：191 - 195.

[110] 李腾, 孙国强, 崔格格. 数字产业化与产业数字化：双向联动关系、产业网络特征与数字经济发展 [J]. 产业经济研究, 2021 (5)：54 - 68.

[111] 李显君. 产业价值转移与企业竞争优势 [J]. 数量经济技术经济研究, 2003 (2)：77 - 80.

[112] 李翔. "直播 +"时代下的非遗文化传播创新研究 [J]. 当代电视, 2018 (5)：86 - 87.

[113] 李昕. 非物质文化遗产：文化产业发展重要的文化资本 [J]. 广西民族研究, 2008 (3)：164 - 167.

[114] 李昕. 非物质文化遗产进入文化产业的评估研究 [J]. 东岳论丛, 2011, 32 (4)：112 - 116.

[115] 李旭丰, 樊传果. 非物质文化遗产短视频的品牌化传播研究 [J]. 传媒, 2023 (7)：68 - 70.

[116] 李烨, 王庆生, 李志刚. 非物质文化遗产旅游开发风险评价：以天津

市为例［J］. 地域研究与开发，2014，33（5）：88－93.

［117］李颖. 数字经济趋势下产业组织变革及对策［J］. 商业经济研究，2021（13）：181－184.

［118］李永红，黄瑞. 我国数字产业化与产业数字化模式的研究［J］. 科技管理研究，2019，39（16）：129－134.

［119］李勇，等. 新媒体非遗跨文化传播效果分析：以 YouTube 平台为例［J］. 图书馆论坛，2024，44（2）：92－102.

［120］李雨蒙，苏日娜. 非物质文化遗产信息资源分类组织建构方案探讨［J］. 图书馆杂志，2022，41（8）：21－29.

［121］李雨蒙. 非物质文化遗产信息资源分类：以传统体育、游艺与杂技类为例［J］. 图书馆论坛，2020，40（2）：56－63.

［122］李远龙，曾钰诚. 产业与数字：黔南少数民族非物质文化遗产生产性保护研究［J］. 中南民族大学学报（人文社会科学版），2017，37（4）：64－68.

［123］李志雄. 创意性保护：文化创意产业时代"非遗"保护的新模式［J］. 广西社会科学，2013（10）：47－50.

［124］李治国，车帅，王杰. 数字经济发展与产业结构转型升级：基于中国275 个城市的异质性检验［J］. 广东财经大学学报，2021，36（5）：27－40.

［125］梁莉莉，布瑞丰. 非遗视频直播的技术逻辑及其潜在风险：基于抖音平台的"田野"观察［J］. 青海民族研究，2022，33（3）：136－141.

［126］廖璇. "互联网＋"促进中国"非遗"产业探索［J］. 青年记者，2016（18）：79－80.

［127］林凡军，赵艳喜. 演艺业数字化发展的逻辑、机理与问题探析［J］. 东岳论丛，2022，43（4）：113－120，192.

［128］林加. 传播与传承：非物质文化遗产短视频的创新发展路径［J］. 中国编辑，2023（5）：98－103.

［129］刘彪，等. 文化遗产类功能游戏设计与文化传播研究［J］. 包装工程，

2021，42（22）：47-53.

[130] 刘畅，严火其．论大学对"非遗"传承的组织与制度支持 [J]．江苏高教，2018（5）：79-82.

[131] 刘畅．新媒体对非物质文化遗产传承的影响：以南京民俗博物馆的传统手工艺保护项目为例 [J]．社会科学家，2018（5）：103-107.

[132] 刘丹，杨会．影像为载体的非遗文化活态传承模式研究 [J]．电影文学，2019（3）：31-33.

[133] 刘菲．文化符号与非物质文化遗产传播研究 [J]．东岳论丛，2014，35（7）：147-150.

[134] 刘佳静，郑建明．公共文化服务平台传播影响力测度体系的构建及应用 [J]．情报科学，2021，39（9）：155-161，169.

[135] 刘家楠．移动广播 APP 的知识付费领跑策略：以喜马拉雅 FM 为例 [J]．传媒，2018（12）：55-56.

[136] 刘静，惠宁．数据赋能驱动文化产品创新效率研究：基于中国省域面板数据的实证检验 [J]．华中师范大学学报（人文社会科学版），2020，59（04）：87-97.

[137] 刘利．社会资本与民族地区非遗资源互嵌式开发的利益联结：基于产权视角 [J]．民族研究，2022（1）：67-76，144-145.

[138] 刘倩，王秀伟．文化产业数字化的关键问题、响应策略与实施路径：基于文化产业创新生态系统的研究 [J]．西南民族大学学报（人文社会科学版），2022，43（8）：150-156.

[139] 刘清堂，等．基于虚拟博物馆的土家器乐文化数字化保护与传承 [J]．湖北民族学院学报（哲学社会科学版），2017，35（5）：11-15.

[140] 刘思慧，等．商业模式创新和数字赋能对数字化转型的驱动机制研究：基于 TJ-QCA 的案例分析 [J]．管理评论，2023，35（8）：342-352.

[141] 刘文良，张午言．非遗传承与高校育人协同发展策略研究 [J]．大学教育科学，2022（2）：75-82.

[142] 刘洋，陈晓东．中国数字经济发展对产业结构升级的影响 [J]．经济

与管理研究，2021，42（8）：15 – 29.

［143］刘洋，董久钰，魏江. 数字创新管理：理论框架与未来研究［J］. 管理世界，2020，36（7）：198 – 217，219.

［144］刘洋，肖远平. 数字文旅产业的逻辑与转型：来自贵州的经验与启示［J］. 理论月刊，2020（4）：104 – 110.

［145］刘永超. 知识付费视角下学习类短视频的创新发展策略：以抖音为例［J］. 传媒，2022（13）：79 – 82.

［146］刘宇，张礼敏. 非物质文化遗产作为文化创意产业本位基因的思考［J］. 山东社会科学，2012（11）：94 – 97.

［147］刘媛霞，殷俊. 基于文化转译的桃花坞木版年画数字文创设计［J］. 包装工程，2022，43（10）：326 – 334.

［148］刘中华，焦基鹏. 元宇宙赋能数字非遗的场域架构、关键技术与伦理反思［J］. 浙江大学学报（人文社会科学版），2023，53（1）：19 – 29.

［149］刘子建，等. 基于信息传播的绥德石雕艺术元素数据平台开发［J］. 图学学报，2017，38（6）：925 – 930.

［150］卢尧选. 知识社群：知识付费的内容生产与社群运作：以罗辑思维社群为例［J］. 中国青年研究，2020（10）：12 – 20.

［151］卢毅. 以虚拟技术为翼：南京云锦织造技艺数字化实践性传承探索［J］. 南京艺术学院学报（美术与设计），2020（6）：157 – 160.

［152］卢勇，任思博. 农业文化遗产元宇宙的内涵、路径及应用前景研究［J］. 中国农史，2022，41（2）：136 – 148.

［153］鲁力立，陆怡婕，许鑫. 寓教于乐：元宇宙视角下口头文学类非遗的科普 VR 设计［J］. 图书馆论坛，2023，43（2）：141 – 149.

［154］鲁雯，欧达，雅柔. 基于体感技术的凤凰蓝印花布互动游戏设计［J］. 包装工程，2022，43（4）：182 – 188.

［155］陆霓，张继焦. 新古典“结构 – 功能论”：非物质文化遗产作为现代产业发展的内源性动力［J］. 内蒙古社会科学，2020，41（1）：159 – 165.

［156］栾轶玫，张杏. “多元传播”赋能的非遗扶贫新模式：以脱贫网红贵州

"侗族七仙女"为例 [J]. 云南社会科学, 2020 (5): 140-148, 189.

[157] 罗建强, 蒋倩雯. 数字化技术作用下产品与服务创新: 综述及展望 [J]. 科技进步与对策, 2020, 37 (24): 152-160.

[158] 罗敏, 涂科. 知识分享平台的商业模式探析 [J]. 管理现代化, 2018, 38 (6): 111-113.

[159] 罗仕鉴, 王瑶, 张德寅. 文化产业数字化内生生长与外生协同创新的进化机理研究 [J]. 浙江大学学报 (人文社会科学版), 2022, 52 (4): 94-104.

[160] 罗仕鉴, 等. 文化产业数字化发展模式与协同体系设计研究 [J]. 包装工程, 2022a, 43 (20): 132-145.

[161] 罗仕鉴, 等. 文化产业数字化的创新衍进模式研究 [J]. 包装工程, 2022b, 43 (24): 8-19, 56, 465.

[162] 罗仕鉴, 张德寅. 设计产业数字化创新模式研究 [J]. 装饰, 2022 (1): 17-21.

[163] 吕燕茹, 张利. 新媒体技术在非物质文化遗产数字化展示中的创新应用 [J]. 包装工程, 2016, 37 (10): 26-30, 10.

[164] 吕莹. 论非遗数字出版物著作权的保护策略 [J]. 科技与出版, 2017 (8): 66-67.

[165] 马昌博. 短视频化的知识付费: 行业逻辑、内容打造与未来探索 [J]. 新闻与写作, 2020 (9): 96-99.

[166] 马津卓. 知识付费行业市场现状与商业模式分析 [J]. 青年记者, 2018 (25): 58-59.

[167] 马晓辉, 高素英, 赵雪. 数字化转型企业商业模式创新演化研究: 基于海尔的纵向案例研究 [J]. 兰州学刊, 2022 (6): 28-41.

[168] 马晓娜, 图拉, 徐迎庆. 非物质文化遗产数字化发展现状 [J]. 中国科学: 信息科学, 2019, 49 (2): 121-142.

[169] 迈克尔·豪利特, M. 拉米什. 公共政策研究: 政策循环与政策子系统 [M]. 庞诗, 等译. 北京: 生活·读书·新知三联书店, 2006.

[170] 孟韬，赵非非，张冰超．企业数字化转型、动态能力与商业模式调适 [J]．经济与管理，2021，35（4）：24-31．

[171] 孟雯雯，孟晓蒙．跨境电商新媒体非遗文化产品营销研究：以草柳编为例 [J]．新闻研究导刊，2022，13（2）：227-229．

[172] 米高峰，赵鹏．腾讯互动娱乐的 IP 跨媒介出版策略研究 [J]．出版广角，2017（15）：57-59．

[173] 闵祥鹏．文化遗产数字化及其产业价值分析：基于新媒介载体下出版模式的思考 [J]．中国出版，2015（11）：30-33．

[174] 闵晓蕾，季铁．面向系统性保护：非遗手工艺文化生态的要素探析 [J]．南京艺术学院学报（美术与设计），2023（6）：70-76．

[175] 倪晓春，张蓉．关于非物质文化遗产档案数字资源库建设的思考 [J]．档案学通讯，2017（2）：53-57．

[176] 聂云霞，龙家庆，周丽．数字赋能视域下非遗档案资源的整合及保存：现状分析与策略探讨 [J]．档案学通讯，2019（6）：79-86．

[177] 牛金梁．非物质文化遗产智能化传播的数字技术赋权逻辑 [J]．湖南师范大学社会科学学报，2020，49（5）：150-156．

[178] 牛力，等．本体驱动的档案文献遗产元数据设计与应用研究：以苏州丝绸档案为例 [J]．信息资源管理学报，2023，13（5）：15-31．

[179] 潘彬彬．"互联网 +" 背景下博物馆非遗档案工作探讨 [J]．档案与建设，2019（1）：47-49．

[180] 潘海霞，王亦敏．元宇宙语境下贵州地区非遗数字化活态传承探究 [J]．贵州民族研究，2023，44（2）：93-99．

[181] 彭超楠，刘诗语，胡建珣．数字化转型背景下产品创新对企业绩效的影响分析：基于贵州茅台和片仔癀的案例比较 [J]．财务管理研究，2022（6）：35-42．

[182] 彭慧，秦枫．互动仪式链视角下非遗短视频用户互动研究：以抖音"非遗合伙人"为例 [J]．未来传播，2021，28（3）：84-90．

[183] 彭建波．谈面向非物质文化遗产的特色资源建设：以皮影数字博物馆

为例 [J]. 图书馆工作与研究, 2012 (5): 33 – 36.

[184] 戚聿东, 杜博, 温馨. 国有企业数字化战略变革: 使命嵌入与模式选择: 基于3家中央企业数字化典型实践的案例研究 [J]. 管理世界, 2021, 37 (11): 137 – 158, 10.

[185] 戚聿东, 肖旭, 蔡呈伟. 产业组织的数字化重构 [J]. 北京师范大学学报 (社会科学版), 2020 (2): 130 – 147.

[186] 齐骥, 陈思. 数字经济时代虚拟文化旅游的时空特征与未来趋向 [J]. 深圳大学学报 (人文社会科学版), 2022, 39 (4): 47 – 55.

[187] 钱雨, 孙新波. 数字商业模式设计: 企业数字化转型与商业模式创新案例研究 [J]. 管理评论, 2021, 33 (11): 67 – 83.

[188] 让·鲍德里亚. 消费社会 [M]. 刘成富, 全志钢, 译. 南京: 南京大学出版社, 2014.

[189] 邵燕. 非物质文化遗产数字化中的版权法律问题研究 [J]. 广西民族研究, 2014 (5): 163 – 168.

[190] 申楠. 非遗数字化传播战略 SWOT 模型研究 [J]. 同济大学学报 (社会科学版), 2023, 34 (1): 58 – 67.

[191] 申若希, 吕林雪. 元宇宙在北京雕漆数字化的创新融合应用研究 [J]. 包装工程, 2022, 43 (S1): 283 – 288.

[192] 施旖, 熊回香, 陆颖颖. 基于主题图的非物质文化遗产数字资源整合实证分析 [J]. 图书情报工作, 2018, 62 (7): 104 – 110.

[193] 石美玉. 基于价值共创的非物质文化遗产活化价值增值研究 [J]. 经济纵横, 2022 (12): 118 – 124.

[194] 司若, 宋欣欣. 非遗题材短视频的视觉语法与国际传播研究 [J]. 中国电视, 2023 (3): 13 – 21.

[195] 斯莱沃茨基. 价值转移: 竞争前的战略思考 [M]. 凌郐, 译. 北京: 中国对外翻译出版公司, 1998.

[196] 宋方昊, 刘燕. 文化产业视野下的非物质文化遗产数字化保护与传承策略 [J]. 山东社会科学, 2015 (2): 83 – 87.

[197] 宋河有. 创意旅游开发视角下草原非物质文化产业链延伸研究：以蒙古族"男儿三艺"为例 [J]. 西南民族大学学报（人文社科版），2015，36（9）：153 – 157.

[198] 宋俊华，王明月. 我国非物质文化遗产数字化保护的现状与问题分析 [J]. 文化遗产，2015（6）：1 – 9，157.

[199] 宋俊华. 关于非物质文化遗产数字化保护的几点思考 [J]. 文化遗产，2015（2）：1 – 8，157.

[200] 宋妍. 浅论梨园戏与闽南文化之传承与传播 [J]. 戏剧文学，2014（10）：97 – 105.

[201] 孙传明，陈熙，王萍. 基于在线评论的非遗纪录片受众需求事理图谱构建研究 [J]. 情报科学，2023，41（9）：107 – 114.

[202] 孙传明，张海清. 非遗产品网络营销的影响因素研究：基于38个饮食类非遗技艺的分析 [J]. 华中师范大学学报（自然科学版），2022，56（3）：428 – 436.

[203] 孙丰蕊. "非遗进校园"与"现代学徒制"：高职在非遗保护和传承中的角色与功能再思考 [J]. 中国职业技术教育，2019（3）：25 – 29.

[204] 孙兰. "非遗"语境下长沙窑陶瓷传统技艺传承与产业复兴 [J]. 湖南科技大学学报（社会科学版），2018，21（4）：143 – 148.

[205] 谈国新，何琪敏. 中国非物质文化遗产数字化传播的研究现状、现实困境及发展路径 [J]. 理论月刊，2021（9）：87 – 94.

[206] 谈国新，张立龙. 非物质文化遗产数字化保护与传承刍议 [J]. 图书馆，2019（4）：79 – 84.

[207] 覃京燕，贾冉. 人工智能在非物质文化遗产中的创新设计研究：以景泰蓝为例 [J]. 包装工程，2020，41（6）：1 – 6.

[208] 覃榆翔. 挑战与因应：著作权法对非物质文化遗产数字化成果的适配路径 [J]. 云南民族大学学报（哲学社会科学版），2023，40（2）：140 – 150.

[209] 谭洪波，夏杰长. 数字贸易重塑产业集聚理论与模式：从地理集聚到

线上集聚 [J]. 财经问题研究, 2022 (6): 43-52.

[210] 谭坤, 刘正宏, 李颖. "非遗" 传承创新语境下的 APP 界面设计研究 [J]. 包装工程, 2015, 36 (8): 60-63, 115.

[211] 汤洁娟. 我国虚拟旅游系统建构与应用研究 [J]. 求索, 2016 (4): 139-142.

[212] 汤金羽, 朱学芳. 数字非遗传承中严肃游戏项目开发与应用探讨 [J]. 图书情报工作, 2020, 64 (10): 35-45.

[213] 汤书昆, 郑久良. 泛娱乐文化生态视角下非遗 IP 版权运营策略探究 [J]. 中国编辑, 2019 (5): 31-35.

[214] 唐琳. 双循环中的非遗产业数字化转型研究: 5G 时代广西文化产业转型研究系列论文之二 [J]. 南宁师范大学学报 (哲学社会科学版), 2020, 41 (6): 32-40.

[215] 唐义, 徐薇. 公共数字文化服务平台 PPP 模式应用研究: 以 "韵动株洲" 云平台为例 [J]. 国家图书馆学刊, 2020, 29 (2): 3-15.

[216] 田野. 新基建时代提升大城市群数字文化产业的创新活力 [J]. 同济大学学报 (社会科学版), 2021, 32 (3): 73-81.

[217] 铁钟, 夏翠娟, 黄薇. 元宇宙中的数字记忆: "虚拟数字人" 的数字记忆产品设计思路 [J]. 图书馆论坛, 2023, 43 (6): 115-123.

[218] 万建中. 传承人: 非物质文化遗产学科建设的主体 [J]. 中央民族大学学报 (哲学社会科学版), 2022, 49 (3): 75-81.

[219] 王安琪. 科技创新助推文化产业转型升级的动力机制与战略路径 [J]. 青海社会科学, 2019 (3): 79-86, 101.

[220] 王柏村, 等. 我国中小企业数字化转型的模式与对策 [J]. 中国机械工程, 2023, 34 (14): 1756-1763.

[221] 王翠莹. IP 视角下大庆非物质文化遗产的保护与利用 [J]. 大庆社会科学, 2020 (5): 120-123.

[222] 王德刚, 田芸. 旅游化生存: 非物质文化遗产的现代生存模式 [J]. 北京第二外国语学院学报, 2010, 32 (1): 16-21.

[223] 王德胜，李婷婷，韩杰. 老字号品牌跨界对年轻消费者品牌态度的影响研究 [J]. 管理评论，2022，34（2）：203 - 214，227.

[224] 王芳，陈金华. 福建传统工艺惠安石雕产业发展变迁历程研究 [J]. 广西经济管理干部学院学报，2019，31（2）：75 - 82.

[225] 王福州. 从实践探索到学科建构还须行多久：兼议非物质文化遗产的学科建设 [J]. 文化遗产，2021（6）：8 - 20.

[226] 王桂军，李成明，张辉. 产业数字化的技术创新效应 [J]. 财经研究，2022，48（9）：139 - 153.

[227] 王宏昆. 数码游戏与非物质文化遗产传承 [J]. 青年记者，2014（12）：38 - 41.

[228] 王佳春，曹磊. 基于非遗主题的文创产品设计策略与方法研究 [J]. 包装工程，2022，43（12）：324 - 331.

[229] 王佳玫，武晓宇. 价值链重构与资源战略重组：新媒介生态下数字营销的创新路径 [J]. 编辑学刊，2022（3）：36 - 42.

[230] 王家飞. 基于跨界打造非遗文化创意产品的设计研究 [J]. 包装工程，2019，40（22）：253 - 259.

[231] 王建磊. 新媒体产业资本流通与价值转移的影响机制研究：以网络视听行业为例 [J]. 新闻大学，2020（12）：93 - 104，122.

[232] 王君，等. 宋锦工艺应用于个性化图案定制的可行性及设计案例 [J]. 丝绸，2018，55（6）：59 - 63.

[233] 王凯. 数字经济、资源配置与产业结构优化升级 [J]. 金融与经济，2021（4）：57 - 65.

[234] 王龙. "互联网 +" 时代非物质文化遗产的数字化 [J]. 求索，2017（8）：193 - 197.

[235] 王蒙，黄本亮，Chen Qing. 数字媒介介入非物质文化遗产的文化空间重塑：意义、路径及异化可能 [J]. 文化艺术研究，2021，14（2）：27 - 37，112.

[236] 王苗，张冰超. 企业数字化能力对商业模式创新的影响：基于组织韧

性和环境动荡性视角 [J]. 财经问题研究, 2022 (7): 120 - 129.

[237] 王明月. 非物质文化遗产保护的数字化风险与路径反思 [J]. 文化遗产, 2015 (3): 32 - 40.

[238] 王明月. 非物质文化遗产文化创意产业的衍生性: 理论分析与实践启示 [J]. 四川戏剧, 2020 (12): 37 - 40.

[239] 王娜娜, 等. 基于金陵节庆文化的非遗数字游戏化策略探究: 以南京秦淮灯会为例 [J]. 包装工程, 2022, 43 (24): 420 - 430.

[240] 王钦. 信息化时代背景下的非遗传承与产业发展 [N]. 中国社会科学报, 2020 - 07 - 31 (8).

[241] 王晴. 国内 Data Curation 研究综述 [J]. 情报资料工作, 2014 (5): 33 - 38.

[242] 王箐. 基于区块链技术的非物质文化遗产档案管理优化探析 [J]. 北京档案, 2018 (10): 28 - 30.

[243] 王山, 奉公. 农业虚拟产业集群: "互联网 +" 创新驱动农业产业链融合的新模式 [J]. 上海经济研究, 2016 (6): 86 - 92.

[244] 王爽. 我国文化旅游产业的转型路径研究: 基于媒介生态变革的视角 [J]. 山东大学学报 (哲学社会科学版), 2021 (6): 54 - 61.

[245] 王文聪. 江苏非遗文化微平台交互体验设计研究 [J]. 南京艺术学院学报 (美术与设计), 2017 (6): 215 - 217.

[246] 王文倩, 金永生, 崔航. 移动互联网产业价值转移研究的演进与展望: 从工业经济到数字经济视角 [J]. 科学管理研究, 2019, 37 (2): 55 - 59.

[247] 王文倩, 肖朔晨, 丁焰. 数字赋能与用户需求双重驱动的产业价值转移研究: 以海尔集团为案例 [J]. 科学管理研究, 2020, 38 (2): 78 - 83.

[248] 王文权, 于凤静. 非遗网络直播中政府部门角色定位的思考: 以西南少数民族地区为例 [J]. 新闻爱好者, 2019 (2): 68 - 71.

[249] 王文章. 非遗保护的继承与创新及其与文化市场、文化创意产业的关系: 由黎族传统纺染织绣技艺十年保护引起的思考 [J]. 艺术百家,

2020, 36（4）：4-7, 14.

[250] 王肖芳．"互联网+"背景下新兴文化业态培育研究：以河南省为例
[J]．河南社会科学，2017, 25（9）：104-108.

[251] 王铉，戴姗姗．沉浸式多种媒体融合下的中国电子音乐视听艺术呈现
[J]．人民音乐，2019（10）：32-34.

[252] 王燕仓，黄璟．非物质文化遗产传承人智力成果的知识产权保护路
径：以苏州现状为蓝本[J]．知识产权，2021（4）：58-66.

[253] 王晔，陈洋，崔箫．求变还是求稳：动态能力对企业数字化转型的影
响机制研究[J]．东岳论丛，2022, 43（8）：88-96.

[254] 王永贵，汪淋淋．传统企业数字化转型战略的类型识别与转型模式选
择研究[J]．管理评论，2021, 33（11）：84-93.

[255] 王永贵，张二伟，张思祺．数字营销研究的整合框架和未来展望：基
于TCCM框架和ADO框架的研究[J]．商业经济与管理，2023（7）：
5-27.

[256] 王佑镁，等．从数字素养到数字能力：概念流变、构成要素与整合模
型[J]．远程教育杂志，2013, 31（3）：24-29.

[257] 王振艳，李佳蕊．非遗赋能乡村振兴的机能、机理及政策供给机制
[J]．学术交流，2023（9）：159-172.

[258] 王志平．江西非物质文化遗产保护利用与产业发展研究[D]．南昌：
南昌大学，2013.

[259] 王忠，吴昊天．体验经济视角下的非物质文化遗产旅游开发研究：以
澳门非物质文化遗产的旅游开发为例[J]．青海社会科学，2017
（6）：146-152.

[260] 韦荷琳，冯仁民，唐晓娴．线上商品降价幅度对网络促销效果的影响
研究：基于次优价格双层调节效应的分析[J]．价格理论与实践，2020
（10）：119-122.

[261] 卫军英，吴倩．"互联网+"与文化创意产业集群转型升级：基于网
络化关系的视角[J]．西南民族大学学报（人文社科版），2019, 40

(4)：148 – 154.

［262］魏鹏举，魏西笑. 文化遗产数字化实践的版权挑战与应对［J］. 山东大学学报（哲学社会科学版），2022（2）：38 – 47.

［263］温雯，王青. 创客运动对文化创意产业业态创新的影响［J］. 同济大学学报（社会科学版），2017，28（3）：41 – 47.

［264］温雯，赵梦笛. 中国非物质文化遗产的数字化场景与构建路径［J］. 理论月刊，2022（10）：89 – 99.

［265］温鑫森，刘宗明，李麟. 基于非遗文创的品牌构建与探究：以湘西地区土家织锦为例［J］. 家具与室内装饰，2021（9）：55 – 59.

［266］吴兰. 基于 UCD 视角的非物质文化遗产 APP 的痛点分析［J］. 出版广角，2017（9）：60 – 62.

［267］吴瑞丽. 数字人文视域下的非遗资源整合及保护机制［J］. 图书馆学刊，2018，40（10）：50 – 54.

［268］吴兴帜，彭博. 论价值链与非物质文化遗产多重存续形态：以彝族阿细跳月舞蹈为例［J］. 北京舞蹈学院学报，2020（4）：58 – 64.

［269］西沐. 中国非遗及其产业发展年度研究报告（2018—2019）［M］. 北京：中国经济出版社，2019.

［270］向前，向瑞琪，陈海玉. 基于区块链的云南少数民族非遗数字资源系统模型及其建设［J］. 山西档案，2021（2）：53 – 61，52.

［271］向勇，白晓晴. 新常态下文化产业 IP 开发的受众定位和价值演进［J］. 北京大学学报（哲学社会科学版），2017，54（1）：123 – 132.

［272］项建华. 非物质文化遗产的数字化传承与发展：以常州乱针绣为例［J］. 浙江艺术职业学院学报，2013，11（3）：26 – 30.

［273］肖波，宁蓝玉. 中国文化治理研究三十年：理论、政策与实践［J］. 湖北民族大学学报（哲学社会科学版），2023，41（1）：42 – 52.

［274］肖梦涯. 推荐算法 + 短视频：非遗营销组合创新［J］. 贵州社会科学，2021（2）：141 – 147.

［275］肖旭，戚聿东. 产业数字化转型的价值维度与理论逻辑［J］. 改革，

2019（8）：61－70.

［276］肖子娟.媒体融合背景下地方戏曲曲艺出版的发展对策：以广西文场为例［J］.出版广角，2018（13）：50－52.

［277］谢菲，韦世艺.新时期非物质文化遗产保护中政府角色定位的转向［J］.青海民族大学学报（社会科学版），2022，48（1）：134－139.

［278］谢蓉蓉.数字化学习背景下三维虚拟学习环境的模式与分类研究：以二语习得语境为例［J］.远程教育杂志，2015，33（1）：87－92.

［279］邢江浩，王华年，吴志军.文化创意导向下湘域傩面具艺术数据库构建［J］.包装工程，2019，40（24）：77－81.

［280］邢万里，王頔，刘菲菲.数字技术在京作家具创新发展中的应用研究［J］.家具与室内装饰，2022，29（10）：28－31.

［281］邢小强，周平录.互联网知识付费的商业模式研究［J］.管理评论，2019，31（7）：75－85.

［282］幸雪，厉莉，内里萨·卡林德拉·埃马吉纳塔.非物质文化遗产时尚品牌化的设计管理思想及商业实践：以泰丝绸品牌Jim Thompson为例［J］.装饰，2021（12）：84－88.

［283］胥力伟，丁芸.助推数字文化产业高质量发展的税收政策优化［J］.税务研究，2021，（11）：115－118.

［284］徐传谌，王艺璇.旅游业与非物质文化遗产产业融合：一个综述［J］.经济体制改革，2018（3）：91－96.

［285］徐孝娟，等.面向短视频平台的非遗信息搜寻行为影响因素研究：基于层次回归和模糊集定性比较方法［J］.现代情报，2022，42（11）：121－134.

［286］徐映梅，张雯婷.中国数字经济产业关联网络结构分析［J］.统计与信息论坛，2021，36（8）：30－42.

［287］徐运保，曾贵.大数据战略下我国创意产业业态创新路径探索：基于新经济内涵嬗变视角［J］.理论探讨，2018（6）：108－114.

［288］许鑫，孙亚薇.非遗数字传播中的信息技术采纳研究［J］.图书与情

报，2017（6）：133-140.

[289] 宣晓晏，姚佳根．我国戏曲产业保护扶持促进政策的变迁及特征分析：基于政策文本计量分析视角［J］．戏曲艺术，2023，44（1）：128-135.

[290] 薛贺香．论中国新型文化业态的发展方向［J］．区域经济评论，2018（4）：81-88.

[291] 薛可，李柔．非物质文化遗产数字信息对受众城市认同的影响：基于新浪微博的实证研究［J］．现代传播（中国传媒大学学报），2020，42（11）：19-26.

[292] 薛可，龙靖宜．中国非物质文化遗产数字传播的新挑战和新对策［J］．文化遗产，2020（1）：140-146.

[293] 薛可，鲁晓天．传统戏剧类非遗短视频青少年观看意愿的影响因素：以皮影短视频为例［J］．中南民族大学学报（人文社会科学版），2020，40（6）：67-73.

[294] 闫慧．文化数字化发展政策比较研究［J］．情报理论与实践，2022，45（8）：9-14，30.

[295] 严若谷．文化产业数字化发展的时空演化机理研究：基于深圳网络文化经营单位的微观行为分析［J］．学术研究，2021（10）：75-79.

[296] 杨红，李晓飞．精准定位提升效能：省级非遗专题微信公众号调查报告［J］．艺术百家，2018，34（6）：226-229.

[297] 杨佩璋，向师师．高校手工艺人群层次架构与研培计划模式研究［J］．美术观察，2020（10）：66-67.

[298] 杨天宏．戏曲艺术中数字技术应用存在的问题与创新发展的思考［J］．中国戏剧，2022（7）：81-83.

[299] 杨秀云，李敏，李扬子．数字文化产业生态系统优化研究［J］．西安交通大学学报（社会科学版），2021，41（5）：127-135.

[300] 杨雨晨，薛媛．新零售背景下O2O模式分析：以优衣库为例［J］．经营与管理，2021（8）：12-15.

[301] 杨卓凡．我国产业数字化转型的模式、短板与对策［J］．中国流通经

济，2020，34（7）：60-67.

[302] 姚维瀚，姚战琪．数字经济、研发投入强度对产业结构升级的影响［J］．西安交通大学学报（社会科学版），2021，41（5）：11-21.

[303] 姚小涛，等．企业数字化转型：再认识与再出发［J］．西安交通大学学报（社会科学版），2022，42（3）：1-9.

[304] 意娜．数字经济影响下的国际文化创意产业发展研究［J］．中国人民大学学报，2020，34（6）：50-60.

[305] 尹宏．我国文化产业转型的困境、路径和对策研究：基于文化和科技融合的视角［J］．学术论坛，2014，37（2）：119-123.

[306] 尹西明，陈劲．产业数字化动态能力：源起、内涵与理论框架［J］．社会科学辑刊，2022（2）：114-123.

[307] 于湉．"脱域"的"再嵌入"：短视频平台赋权非遗传播：以抖音为例［J］．电视研究，2022（5）：74-76.

[308] 余东华，李云汉．数字经济时代的产业组织创新：以数字技术驱动的产业链群生态体系为例［J］．改革，2021（7）：24-43.

[309] 余宏亮．数字时代的知识变革与课程更新［J］．课程·教材·教法，2017，37（2）：16-23，60.

[310] 袁梦倩．基于抖音短视频平台的非遗传播：内容策展、参与文化与赋权［J］．中国文艺评论，2021（7）：87-98.

[311] 詹一虹，孙琨．非物质文化遗产传承的梗阻与元宇宙沉浸式场景的运用［J］．江西社会科学，2022，42（8）：180-189.

[312] 张勃．新文科视域下的非物质文化遗产学科建设：从高校使命担当与非物质文化遗产保护的耦合关系谈起［J］．文化遗产，2021（4）：8-19.

[313] 张纯．论数字技术对当代音乐生产和音乐消费的影响［J］．中国音乐学，2012（4）：107-112.

[314] 张浩．3D 打印的文创产品设计定制化服务研究［J］．包装工程，2019，40（14）：1-6.

[315] 张会平，马太平．城市全面数字化转型中数据要素跨界流动：四种模

式、推进逻辑与创新路径 [J]. 电子政务，2022（5）：56-68.

［316］张姣姣，王剑. 基于扎根理论的燕京八绝"多维互动传承模式"研究 [J]. 民族教育研究，2020，31（2）：75-84.

［317］张敬伟，涂玉琦，靳秀娟. 数字化商业模式研究回顾与展望 [J]. 科技进步与对策，2022，39（13）：151-160.

［318］张孟才，李永鹏. 企业虚拟价值链模型分析 [J]. 商业时代，2008（6）：54，77.

［319］张明新. "无价"变有价：知识付费产品的发展之道 [J]. 人民论坛，2019（34）：133-135.

［320］张婷，陈光喜. 以广西壮族铜鼓文化传播为主题的 APP 产品架构设计 [J]. 包装工程，2018，39（12）：169-175.

［321］张婷，彭莉. 基于用户体验的非遗 APP 设计与应用研究 [J]. 包装工程，2020，41（20）：182-187.

［322］张维胜. 网络直播中音乐作品关键问题与应对之道 [J]. 编辑之友，2022（5）：83-87.

［323］张文莉，周明玥，韩啸. 碑林书法艺术情景体验的数字技术应用研究 [J]. 包装工程，2021，42（20）：276-282.

［324］张效娟. 非物质文化遗产的数字化保护与开发：以青海刺绣艺术为例 [J]. 青海社会科学，2018（3）：201-204.

［325］张窈，储鹏. 我国数字出版政策工具选择体系及其优化策略研究 [J]. 科技与出版，2021，（2）：31-42.

［326］张燚，等. 粉丝热忱促进品牌成长的形成与保障机制：基于美妆品牌"御泥坊"的案例研究 [J]. 财经论丛，2019（2）：85-95.

［327］张宇，程晓皎，王琳. 从《2048》看昆剧的游戏传播 [J]. 新闻传播，2014（15）：32-33.

［328］张召林. 非遗主题 IP：传承、活化与当下年轻受众群体之间的共生关系 [J]. 美术研究，2020（6）：122-125.

［329］张哲，等. 国有企业数字化转型的多重模式比较：来自50个国有企业

案例的分析［J］.科技进步与对策，2023，40（16）：1-11.

［330］章立，等.非物质文化遗产三维数字化保护与传播研究：以惠山泥人为例［J］.装饰，2016（8）：126-127.

［331］赵晖，王耀.融合媒体时代非物质文化遗产在短视频平台的衍生开发与传播［J］.艺术评论，2022（2）：24-35.

［332］赵丽锦，胡晓明.企业数字化转型的基本逻辑、驱动因素与实现路径［J］.企业经济，2022，41（10）：16-26.

［333］赵士德，赵晚尔，宋博.服务场景对非遗产品消费者购买行为的影响研究［J］.江淮论坛，2022（2）：53-58.

［334］赵卫军，朱建民.人力资本、技术进步与中国文化产业转型升级：基于中介效应模型的分析［J］.经济问题，2023（2）：85-93.

［335］赵跃，周耀林.国际非物质文化遗产数字化保护研究综述［J］.图书馆，2017（8）：59-68.

［336］赵跃，周耀林.信息视角下我国非物质文化遗产研究进展［J］.图书馆学研究，2017（12）：2-9，18.

［337］郑燕华.海洋旅游数字景区建设策略：以舟山海洋数字景区为例［J］.企业经济，2014（3）：138-141.

［338］郑自立.文化产业数字化的动力机制、主要挑战和政策选择研究［J］.当代经济管理，2022，44（9）：57-63.

［339］钟志贤，等.国际数字化转型框架研究：比较与镜鉴［J］.中国电化教育，2024（2）：79-88.

［340］周鼎，李芳.基于WebGIS的非遗资源数据库知识服务平台构建［J］.科技与出版，2022（2）：47-51.

［341］周锦.数字技术驱动下的文化产业柔性化发展［J］.福建论坛（人文社会科学版），2018（12）：90-95.

［342］周璨，魏欣然，沈子钰.交易费用理论视角下的戏剧数字化发展探析［J］.戏剧文学，2021（11）：84-90.

［343］周秋良.网络戏曲视频的特点、价值及发展前景［J］.学术论坛，

2015，38（3）：149－153.

［344］周夏伟，杨彬如，岳太青. 产业数字化、引致创新与区域经济增长［J］. 经济体制改革，2022（3）：119－126.

［345］周亚，许鑫. 非物质文化遗产数字化研究述评［J］. 图书情报工作，2017，61（2）：6－15.

［346］周旖，林婉婉，陈润好. 传统舞蹈类非遗信息资源分类原则刍议［J］. 图书馆论坛，2018，38（12）：16－22.

［347］周雨卉. 体验经济视域下金陵竹刻非遗技艺生活性保护策略研究［J］. 东南大学学报（哲学社会科学版），2022，24（S1）：137－142.

［348］朱斌，刘芳. 文化记忆视角下非遗类网络短视频身份建构策略［J］. 电视研究，2023（5）：79－82.

［349］朱德亮，曾菲菲，付业勤. 产业集聚视角下的非物质文化遗产旅游［J］. 改革与战略，2015，31（11）：154－156.

［350］朱方胜，王玮，殷俊. 凤阳凤画的数字化保护与开发［J］. 包装工程，2014，35（22）：89－92，97.

［351］朱莉. 公共数字文化平台服务效能评价体系构建及提升策略研究［J］. 情报科学，2023，41（5）：107－114.

［352］朱淑珍，李睿. 以非物质文化遗产为核心的文化产业链模式研究：以旅游商品为例［J］. 科技进步与对策，2014，31（11）：57－61.

［353］朱韬，谢洪忠，肖杰丁. 民族服饰的保护与传承及其产业扶贫路径研究：基于怒江傈僳族自治州民族服饰非物质文化遗产扶贫就业工坊的考察［J］. 民族艺术研究，2020，33（4）：150－156.

［354］朱伟. 非物质文化遗产与文化创意产业［J］. 文化遗产，2015（4）：13－19.

［355］朱秀梅，林晓玥，王天东. 企业数字化转型战略与能力对产品服务系统的影响研究［J］. 外国经济与管理，2022，44（4）：137－152.

［356］朱秀梅，刘月，陈海涛. 数字创业：要素及内核生成机制研究［J］. 外国经济与管理，2020，42（4）：19－35.

［357］祝合良，王春娟.数字经济引领产业高质量发展：理论、机理与路径［J］.财经理论与实践，2020，41（5）：2－10.

［358］左惠.国际文化贸易格局的变动及对中国的启示［J］.南开学报（哲学社会科学版），2018（3）：76－85.

［359］左惠.文化产业数字化发展趋势论析［J］.南开学报（哲学社会科学版），2020（6）：47－58.

［360］曾德麟，蔡家玮，欧阳桃花.数字化转型研究：整合框架与未来展望［J］.外国经济与管理，2021，43（5）：63－76.

［361］曾可昕，张小蒂.数字商务与产业集群外部经济协同演化：产业数字化转型的一种路径［J］.科技进步与对策，2021，38（16）：53－62.

［362］曾渝，黄璜.数字化协同治理模式探究［J］.中国行政管理，2021（12）：58－66.

二、外文部分

［1］Andreoli R, et al. A framework to design, develop, and evaluate immersive and collaborative serious games in cultural heritage ［J］. Journal on Computing and Cultural Heritage, 2017, 11（1）：1－22.

［2］Bhatt G D, Emdad A F. An analysis of the virtual value chain in electronic commerce ［J］. Logistics Information Management, 2001, 14（1/2）：78－85.

［3］Bjrkdahl J. Strategies for digitalization in manufacturing firms ［J］. California Management Review, 2020, 62（4）：1－20.

［4］Blohm I, et al. How to manage crowdsourcing platforms effectively? ［J］. California Management Review, 2018, 60（2）：122－149.

［5］Carrozzino M, et al. Virtually preserving the intangible heritage of artistic handicraft ［J］. Journal of Cultural Heritage, 2011, 12（1）：82－87.

［6］Cavanillas J M, Curry E, Wahlster W. New horizons for a data-driven economy：a roadmap for usage and exploitation of Big Data in Europe ［M］.

Springer International Publishing, 2016.

[7] Cosmin T. The virtual value chain and experiential marketing [J]. Romanian Distribution Committee Magazine, 2016, 7 (4): 20 – 23.

[8] Demirkan H, Spohrer J C, Welser J J. Digital innovation and strategic transformation [J]. It Professional, 2016, 18 (6): 14 – 18.

[9] Doulamis N, et al. Modelling of static and moving objects: digitizing tangible and intangible cultural heritage [M] //Mixed reality and gamification for cultural heritage. Springer, Cham, 2017: 567 – 589.

[10] Garcia-Mundo L, Genero M, Piattini M. Towards a construction and validation of a serious game product quality model [C]. International Conference on Games & Virtual Worlds for Serious Applications. IEEE, 2015.

[11] Giaccardi E, Palen L. The social production of heritage through cross-media interaction: making place for place-making [J]. International Journal of Heritage Studies, 2008, 14 (3): 281 – 297.

[12] Giglitto D, Lazem S, Preston A. A participatory approach for digital documentation of Egyptian Bedouins intangible cultural heritage [J]. Interaction Design and Architecture (s) Journal, 2019 (41): 31 – 49.

[13] Gonçalves A R, Dorsch L L P, Figueiredo M. Digital tourism: an alternative view on cultural intangible heritage and sustainability in Tavira, Portugal [J]. Sustainability, 2022 (14): 1 – 10.

[14] Guttentag D A. Virtual reality: applications and implications for tourism [J]. Tourism Management, 2010, 31 (5): 637 – 651.

[15] Hammou I, Aboudou S, Makloul Y. Social media and intangible cultural heritage for digital marketing communication: case of Marrakech crafts [J]. Marketing and Management of Innovations, 2020 (1): 121 – 127.

[16] Hennessy K. Cultural heritage on the web: applied digital visual anthropology and local cultural property rights discourse [J]. International Journal of Cultural Property, 2012, 19 (3): 345 – 369.

[17] Hull C E, et al. Taking advantage of digital opportunities: a typology of digital entrepreneurship [J]. International Journal of Networking & Virtual Organisations, 2007, 4 (3): 290 – 303.

[18] Khalid M S, Chowdhury M S A. Representation of intangible cultural heritage of Bangladesh through social media [J]. Anatolia, 2018, 29 (2): 194 – 203.

[19] Kim S, et al. Utility of digital technologies for the sustainability of intangible cultural heritage (ICH) in Korea [J]. Sustainability, 2019, 11 (21): 1 – 19.

[20] Li J. Grounded theory-based model of the influence of digital communication on handicraft intangible cultural heritage [J]. Heritage Science, 2022, 126 (10): 1 – 12.

[21] Liu Y. Application of digital technology in intangible cultural heritage protection [J]. Mobile Information Systems, vol. 2022, Article ID 7471121, 1 – 8.

[22] Lombardo V, Pizzo A, Damiano R. Safeguarding and accessing drama as intangible cultural heritage [J]. Journal on Computing and Cultural Heritage (JOCCH), 2016, 9 (1): 1 – 26.

[23] Martín-Pea M L, Sánchez-López J M, Diaz-Garrido E. Servitization and digitalization in manufacturing: the influence on firm performance [J]. Journal of Business & Industrial Marketing, 2020, 35 (3): 564 – 574.

[24] Michela M, et al. Learning cultural heritage by serious games [J]. Journal of Cultural Heritage, 2014, 15 (3): 318 – 325.

[25] Muntean R, et al. ʔeləẁkʷ-Belongings: tangible interactions with intangible heritage [J]. Journal of Science and Technology of the Arts, 2015, 7 (2): 59 – 69.

[26] Pietrobruno S. Between narratives and lists: performing digital intangible heritage through global media [J]. International Journal of Heritage Studies, 2014, 20 (7 – 8): 742 – 759.

[27] Qing F, et al. Research on knowledge organization of intangible cultural her-

itage based on metadata ［J］. Information Technology and Libraries, 2022, 41 (2): 1 –11.

［28］ Qiu Q, Zhang M. Using content analysis to probe the cognitive image of intangible cultural heritage tourism: an exploration of Chinese social media ［J］. ISPRS International Journal of Geo-Information, 2021, 10 (4): 240.

［29］ Rayport J F, Sviokla J. Exploiting the Virtual Value Chain ［J］. Harvard Business Review, 1995, 73 (6): 75 –85.

［30］ Selmanović E, et al. Improving accessibility to intangible cultural heritage preservation using virtual reality ［J］. Journal on Computing and Cultural Heritage (JOCCH), 2020, 13 (2): 1 –19.

［31］ Skublewska-Paszkowska, et al. Methodology of 3D scanning of intangible cultural heritage: the example of Lazgi Dance ［J］. Appl. Sci. , 2021, 11, 11568.

［32］ Stuedahl D, Mörtberg C. Heritage knowledge, social media, and the sustainability of the intangible ［M］// Heritage and social media: Understanding heritage in a participatory culture. New York, NY: Routledge, 2012: 106 –125.

［33］ Teece D J, Pisano G, Shuen A. Dynamic capabilities and strategic management ［J］. Strategic Management Journal, 1997, 18 (7): 509 –533.

［34］ Theodoropoulos A, Antoniou A. VR games in cultural heritage: a systematic review of the emerging fields of virtual reality and culture games ［J］. Applied Sciences, 2022 (12): 1 –19.

［35］ Tzima S, et al. Harnessing the potential of storytelling and mobile technology in intangible cultural heritage: a case study in early childhood education in sustainability ［J］. Sustainability, 2020 (12): 1 –22.

［36］ Verhoef P C, et al. Digital transformation: a multidisciplinary reflection and research agenda ［J］. Journal of Business Research, 2021, 122 (1): 889 – 901.

[37] Wang C L, Ahmed P K. Dynamic capabilities: a review and research agenda [J]. International Journal of Management Reviews, 2007, 9 (1): 31 –51.

[38] Warner K S R, Wäger M. Building dynamic capabilities for digital transformation: an ongoing process of strategic renewal [J]. Long Range Planning, 2019, 52 (3): 326 –349.

[39] Xiao W, et al. What drives creative crowdsourcing? an exploratory study on the persuasion of digital storytelling [J]. Science, Technology and Society, 2022, 27 (1): 23 –45.

[40] Xie J. Innovative design of artificial intelligence in intangible cultural heritage [J]. Scientific Programming, vol. 2022, Article ID 6913046, 8.

[41] Xie R. Intangible cultural heritage high-definition digital mobile display technology based on VR virtual visualization [J]. Mobile Information Systems, vol. 2021, Article ID 4034729, 1 –11.

[42] Zhang Y, Ding Q, Shen D. Character design of somatic game from perspective of intangible heritage digital protection [J]. Journal of Physics: Conference Series, 2020, 1584, 012053.

[43] Zhang Y, Han M, Chen W. The strategy of digital scenic area planning from the perspective of intangible cultural heritage protection [J]. Image Video Proc, 2018 (130): 1 –11.

[44] Zhang Y, Han M, Chen W. The strategy of digital scenic area planning from the perspective of intangible cultural heritage protection [J]. EURASIP Journal on Image and Video Processing, 2018 (130): 1 –11.

[45] Ziku M. Digital cultural heritage and linked data: semantically-informed conceptualisations and practices with a focus on intangible cultural heritage [J]. Liber Quarterly, 2020 (30): 1 –16.